CW01661085

Öz

Melanie Fennell

Özgüveni Keşfedin

Bilişsel Davranışçı Teknikleri Kullanan Bir Kendine Yardım Rehberi

Türkçesi
Nihan Azizlerli
Miray Şaşıoğlu

psikonet

Özgüveni Keşfedin
Bilişsel Davranışçı Teknikleri Kullanan Bir Kendine Yardım Rehberi
Overcoming Low Self-esteem
A self-help Guide Using Cognitive Behavioral Techniques

Çevirenler: Nihan Azizlerli, Miray Şaşıoğlu (Klinik Psikolog)
Editör: Dr. H. Alp Karaosmanoğlu
Yayına hazırlayan: Cem Çobanlı
3. Basım: Mart 2017
ISBN: 978-975-96937-5-6

Baskı ve Cilt:
Mimoza Matbaacılık San. Tic. A.Ş.
Fazıl Paşa Cad. Sezer Sanayi Sitesi No: 9/B
Topkapı, Zeytinburnu - İstanbul
Tel.: (0212) 565 88 00-01
Sertifika No: 33198

Psikonet Yayınları
Valikonağı Cad., Çam Ap., No: 161/8
Şişli 34363 - İstanbul
Tel.: (0212) 231 84 43
Faks: (0212) 231 22 77
info@psikonet.com
www.psikonet.com

İçindekiler

Dr. Melanie Fennell *'Özgüveni Keşfedin'* kitabının ve *'Özgüveni Keşfedin Kendine Yardım Kursu'*nun (Overcoming Low Self-Esteem ve Overcoming Low Self-Esteem Self-Help Course) yazarıdır.

Oxford Bilişsel Terapi Merkezi (OBTM) (Oxford Cognitive Therapy Centre - OCTC) ve Oxford Üniversitesi arasındaki işbirliği ile verilen İleri Bilişsel Terapi derslerinin yöneticisidir. İngiltere'de bilişsel terapiyi tanıtan ilk araştırmacı klinisyenlerdendir. Bilişsel terapi ve eğitimi açısından uluslararası olarak tanınan OBTM'nin kurucu üyelerindendir.

Oxford Üniversitesi Psikiyatri Bölümü'nün araştırma ekip üyesi olarak, Melanie geniş bir aralıkta yer alan birçok duygusal sorunun bilişsel tedavisinin ilerleme ve gelişimine katkıda bulunmuştur. Depresyon üzerinde yoğunlaşan yazar düşük özgüven konusunda tanınmış bir uzmandır. Bu alanda birçok çalıştay yürütmüş ve uluslararası konferanslarda birçok araştırma makalesi sunmuştur.

Önsöz

Niçin bilişsel davranışçı terapi?

Son yirmi otuz yıldır, psikolojik tedaviler alanında devrim niteliğinde gelişmeler olmaktadır. Freud ve takipçileri psikolojik terapinin kavramsallaştırılmasında ve psikanaliz ve psikodinamik psikoterapinin yüzyılın ilk yarısında alana damgasını vurmasında etkili olmuştur. Böylece bunu karşılayabilen danışanlara kişisel sorunların çocukluk kökenlerine odaklanan uzun süreli tedaviler sunulmuştur. Toplumsal duyarlılığa sahip bazı sağlık çalışanları tarafından bu tarz yaklaşımı değiştirme girişimleri olmuştur (örneğin kısa süreli tedaviler veya grup terapi yaklaşımlarıyla). Ancak yardım için talep çok yüksek olduğundan bu girişimler de sınırlı bir etkiye sahip olmuştur. Bu süreçte psikoterapinin işe yaradığına dair vaka öyküleri, bu tarz yaklaşıma sahip klinisyenlerin, sundukları yaklaşımın gerçekten işe yarayıp yaramadığını kanıtlamak için girişimde bulunmamaları ile sonuçlanmıştır.

Psikodinamik terapilerin yalnız belli bir kesime hitap etmesi ve yararına yönelik kanıtın sınırlı oluşuna bir tepki olarak, 1950 ve 60'lı yıllarda "davranışçı terapi" çatısı altında bir dizi teknik geliştirildi. Bu teknikler iki temel özelliği paylaşıyorlardı. Öncelikle, (kaygı gibi) belirtileri, geçmişin derinliklerinde yatan nedenlerden çok, doğrudan bu belirtilerin kendisine odaklanarak ortadan kaldırmayı amaçlıyorlardı. İkincisi, bu teknikler, laboratuvar psikologlarının öğrenme mekanizmasıyla ilgili test edilebilir bulgularıyla ilişkiliydi. Gerçekten de, davranış terapisi uygulayıcıları etkinliği kanıtlanmış, ya da en kötü ihtimalle potansiyel olarak test edilebilir olan teknikleri kullanmaya kendilerini adamışlardır. Bu tekniklerin etkinliğinin en fazla kanıtlandığı alan, geleneksel psikoterapi ile tedavi etmenin güç olduğu, kaygı bozuklukları, özellikle özgül fobi (örneğin hayvan ya da yükseklik korkusu) ve agorafobi tedavisi olmuştur.

Davranışçı terapi ile ilgili başlangıçtaki coşku yerini zamanla memnuniyetsizliğe bırakmıştır. Bunda rol oynayan birçok neden vardır, ancak en önemlilerinden biri davranışçı terapinin, danışanların yaşadığı sıkıntının açıkça merkezinde yer alan içsel düşüncelerle hiç ilgilenmemesidir. Bu bağlamda, davranışçı terapinin depresyon tedavisinde ortaya çıkan yetersizliği, büyük bir revizyona ihtiyaç olduğunu göstermiştir. 1960'lı yılların sonu 1970'li yılların başında sadece depresyon için "bilişsel terapi" adı verilen bir tedavi geliştirilmiştir. Bu girişimin öncüsü Amerikalı bir psikiyatrist olan Profesör Aaron T. Beck'tir. Beck, insanların depresif düşünme biçimlerinin önemini vurgulayan bir depresyon kuramı geliştirmiştir. Aynı zamanda yeni bir terapi biçimi tasarlamıştır. Beck'in çalışmasının, sadece depresyon için değil bir dizi psikolojik sorun için, psikoterapinin doğasını değiştirdiğini söylemek abartı olmayacaktır.

Son yıllarda Beck tarafından tanıtılan bilişsel teknikler, öncesinde davranışçı terapistler tarafından geliştirilmiş olan tekniklerle birleştirilmiş ve "bilişsel davranışçı terapi" olarak bilinen bir kuram ve uygulama geliştirilmiştir. Böyle bir tedavi biçiminin psikoterapi alanında çok önemli duruma gelmesinin iki önemli nedeni vardır. İlki, depresyon için Beck tarafından tanımlanan ve onu izleyenler tarafından geliştirilen bilişsel terapi katı bir bilimsel teste tâbi tutulmuş ve depresyon vakalarının önemli bir oranının tedavisinde çok başarılı bulunmuştur. Etkinliği kanıtlanmış en iyi alternatif terapi olmasının yanısıra (ilaç kullanımının gerektiği en ağır vakalar dışında), bazı çalışmalar bilişsel davranışçı terapi ile tedavi edilen danışanların, diğer terapi yaklaşımları (antidepresan tedavisi gibi) ile başarılı şekilde tedavi edilmiş danışanlara göre, depresyonlarının daha az tekrarladığını ortaya koymuştur. İkincisi, belirli düşünce örüntülerinin bir dizi psikolojik sorunla ilişkili olduğu ve bu düşünce örüntülerine odaklanan tedavilerin oldukça etkin olduğu netlik kazanmıştır. Böylece, panik bozukluk, yaygın kaygı bozukluğu, özgül fobi ve sosyal fobi, obsesif kompulsif bozukluk, hipokondriasis (sağlık kaygısı) gibi kaygı bozuklukları ve aynı zamanda kompulsif kumar oynama, alkol ve madde bağımlılıkları ve bulumiyanervoza ve tıkınırcasına yeme gibi yeme bozuklukları için özel bilişsel davranışçı tedavileri geliştirilmiştir. Gerçekten de bilişsel davranışçı terapilerin psikoloji bozuklukların sınırlı kategorilerini aşan geniş bir uygulama alanı vardır. Örneğin, düşük özgüveni olan ya da evlilikle ilgili güçlük yaşayan kişilere yardım etmek için de etkin bir şekilde uyarlanmıştır. Etkinliği kanıtlanmış tedavilerin geliştirilmesi çok büyük öneme sahiptir. Ancak, terapilerin cephaneliği tamamen dolu olsa bile, hâlâ büyük bir sıkıntı sözkonusudur. Bu da tedavinin yaygınlaştırılmasının çok maliyetli ve kaynakların sınırlı olmasıdır. Böyle bir açık ancak insanların çoğunun kendi kendine yardım etmesi ile kapanabilecekken, genel olarak insanların şu anda daha iyi hissetmek için doğal eğilimleri sorunları sürdüren hatta onları daha da ilerleten şeyler yapmak üzerinedir. Örneğin, agorafobisi olan bir birey kaygı atağını önlemek için evden dışarıya çıkmayacaktır ve bulimiyanervozası olan bir birey potansiyel olarak kilo aldıran yiyecekler yemekten kaçınacaktır. Bu stratejiler bazı ani krizleri çözse de, altta yatan sorun el değmeden kalacak ve gelecek zorluklarla başetmek için gerçek bir yardım sağlamayacaktır.

Bu nedenle, burada iki başlı bir sorun yatmaktadır: Etkin tedaviler geliştirilmiş olsa bile, bunlar yaygın olarak erişilebilir değildir ve insanlar bu konularda kendilerine yardım etmek istediklerinde, sorunu daha kötü duruma getirmektedirler. Son yıllarda, bilişsel davranışçı terapistler topluluğu bu duruma bir çare geliştirmişlerdir. Belirli sorunlar için geliştirilen bilişsel davranışçı prensip ve teknikleri alıp, onları kendine yardım kitapçıklarında biraraya getirdiler. Bu kitapçıklar kişiye güçlüklerin üstesinden gelmek için izleyebileceği sistematik bir tedavi programı sunmaktadır. Böylece etkinliği kanıtlanmış bilişsel davranışçı terapi tekniklerinin mümkün olan en geniş kitle tarafından erişilebilir olması sağlanmıştır.

Kendine yardım kitapçıkları hiçbir zaman terapistlerin yerini almayacaktır. Birçok insan nitelikli bir terapist eşliğinde bireysel tedaviye ihtiyaç duyacaktır. Aynı zamanda, bilişsel terapinin yaygın başarısına rağmen, bazı kişiler tedaviye cevap vermeyecek ve var olan diğer terapi yaklaşımlarına ihtiyaç duyacaktır. Yine de, bilişsel davranışçı kendine yardım kitapçıklarının kullanımı üzerindeki araştırmalar henüz yolun başında olmasına rağmen, bu zamana kadar yapılmış olan çalışmalar böyle bir kitapçığın profesyonel bir destek olmadan büyük bir grup insanın sorunlarının üstesinden gelmesinde etkili olacağını göstermektedir.

Birçok kişi sessizce ve gizlice bazı sorunlardan yakınmaktadır. Bazen çabalarına rağmen uygun bir destek bulamazlar. Bazense sorunlarını birilerine açmak konusunda utanç ve suçluluk hissederler. Bu insanların çoğu için bilişsel davranışçı kendine yardım kitapçıkları iyileşme ve daha iyi bir gelecek için bir can simidi işlevi sağlayacaktır.

Profesör Peter Cooper

The University of Reading

bölüm I

Özgüven Eksikliği Nedir?
Kitaba Giriş

1
Özgüven Eksikliği Nedir

"Özgüven Eksikliği" ile neyi kastederiz?

Öz imaj
Benlik kavramı
Kendilik algısı
Kendine güven
Öz yeterlilik
Kendini kabul
Benlik saygısı
Özdeğer
Özsaygı

Bütün bu kelimeler insan olarak kendimizi nasıl gördüğümüze, kendimiz hakkındaki düşüncelerimize ve kendimize biçtiğimiz değere işaret eder. Hepsi birbirinden anlam olarak az çok farklıdır.

"Öz imaj", "benlik kavramı" ve "kendilik algısı" kavramlarının hepsi, kişinin kendisini genel olarak nasıl gördüğünü ifade eder. Bu terimler her zaman kendini yargılama ya da değerlendirme anlamında kullanılmaz, daha çok bütün bir karakter özelliği yelpazesini anlatırlar. Örneğin:

- Ulusal ya da yerel bir kimlik (örneğin: "Ben İngilizim", "Ben New York'luyum")
- Irksal ve kültürel kimlik (örneğin: "Ben siyahîyim", "Ben Yahudiyim")
- Sosyal ve mesleki rol (örneğin: "Ben bir anneyim", "Ben bir polisim")
- Hayat evresi (örneğin: "Daha otuz yaşındayım", "Büyükanne/Büyükbabayım")
- Fiziksel görünüm (örneğin: "Ben uzunum", "Ben kahverengi gözlüyüm")
- Hoşlanılan ve hoşlanılmayan şeyler (örneğin: "Futbolu severim", "Ispanaktan nefret ederim")
- Düzenli aktiviteler (örneğin: "Beyzbol oynarım", "Bilgisayar kullanırım")

ve

- Psikolojik özellikler (örneğin: "Mizahtan anlarım", "Kolay öfkelenirim")

Diğer taraftan, "kendine güven" ve "özyeterlilik" ise bir şeyleri başarıyla, bazen de belli bir standarda uygun olarak yapabileceğimize dair inancımızı ifade eder. Yani kendine güvenen bir kişi bunu , "Bir şeyleri yapabilirim ve bir şeyleri yapabileceğimi biliyorum" diye ifade edebilir. Örneğin:

- Belirli yeterlilikler (örneğin: "Matematiğim iyidir", "Bir topu yakalayabilirim")
- Sosyal ilişkiler (örneğin: "Yeni insanlarla tanıştığımda, genellikle onlarla iyi anlaşırım", "İyi bir dinleyiciyim")
- Genel başa çıkma becerileri (örneğin: "Bir iş yapmaya karar verdiğimde, çoğu zaman o işi yaparım", "Kriz durumlarında başvurmak için iyi bir kişiyim")

"Kendini kabul", "benlik saygısı"', "özdeğer" ve "özgüven" kavramları ise, farklı bir unsur sunmaktadır. Bunlar sadece, kendimize atfettiğimiz iyi ya da kötü özellikler değillerdir. Sadece yapabileceğimize ve yapamayacağımıza inandığımız şeyler de değillerdir. Bunlar daha çok, kendimiz hakkında sahip olduğumuz genel fikri ve kendimize birey olarak biçtiğimiz değeri ifade ederler. Tonları olumluda (Örneğin: "Ben iyiyim", "Ben değerliyim") olumsuzda ("Ben kötüyüm", "Ben işe yaramazım") olabilir. Ton olumsuz olduğunda, düşük özgüvenden bahsederiz.

Özgüvenimin düşük olup olmadığını nasıl anlarım?

Arka sayfadaki on soruya bakın. Her sorunun yanında, kendinizle ilgili hissinizi en iyi yansıtan sütuna işaret koyun. Dürüst olun – burada doğru veya yanlış cevap yok, sadece kendinizi nasıl gördüğünüz gerçeği var.

	Her zaman	Çoğu zaman	Bazen	Nadiren	Hiçbir zaman
Hayat deneyimlerim bana kendime değer vermemi ve kendimi takdir etmemi öğretti.					✓
Kendim hakkında olumlu düşünüyorum.			✓		
Kendime iyi bakıyor ve kendimle yeterince ilgileniyorum.			✓		
Kendimi seviyorum.			✓		
Niteliklerime, yeteneklerime, değerli ve güçlü yönlerime; zayıflıklarım ve kusurlarıma olduğu kadar önem veriyorum.					✓
Kendimi iyi hissediyorum.			✓		
Başka insanların benimle ilgilenmesine ve bana zaman ayırmasına hakkım olduğunu hissediyorum.			✓		
Hayattaki güzel şeylere hakkım olduğunu düşünüyorum.		✓			
Kendimden beklentilerim, başkalarından beklentilerimden daha katı veya zorlu değildir.				✓	
Kendime karşı eleştirel olmaktan ziyade, nazik ve cesaretlendiriciyim.			✓		

Eğer bu sorulara cevaplarınız "Her zaman" dan farklı ise, bu kitap size yardımcı olabilir. Eğer kendinizi olduğunuz gibi kabul etmek konusunda genel olarak rahatsanız, kendinize saygı duymak ve kendinizi takdir etmekte hiç zorluk çekmiyorsanız, kendinizi insani zayıflıklarınıza rağmen değerli görüyorsanız ve dünyadaki yerinizi doldurmaya ve onun zenginliklerinin tadını çıkartmaya hakkınız olduğunu hissediyorsanız, o zaman özgüveniniz var demektir. Yine de bu kitapta ilginizi çekecek ve size önceden düşünmediğiniz yollar açacak fikirler bulabilirsiniz ama yapacağınız her değişiklik kendi hakkınızdaki bu olumlu sağlam temelin üzerine inşa edilecektir. Öte yandan, eğer gerçek benliğinizin bir şekilde zayıf, yetersiz, aşağı veya eksik olduğunu hissediyorsanız, belirsizlikten ve kendinizden emin olamamaktan huzursuzsanız, kendi hakkınızdaki düşünceleriniz eleştirel ve insafsız ise ya da gerçek bir değeriniz veya hayatta güzel şeylere hakkınız olduğunu hissetmekte güçlük çekiyorsanız, bunlar özgüveninizin düşük olduğunun işaretleridir. Ve düşük özgüven hayatınız üzerinde acılı ve zedeleyici bir etki bırakıyor olabilir.

Düşük özgüvenin etkisi

O halde, düşük "özgüven", kendimiz hakkında sahip olduğumuz genel düşünceyi, kendimizi nasıl yargıladığımızı ya da değerlendirdiğimizi ve kendimize insan olarak biçtiğimiz değeri ifade eder. Şimdi, düşük özgüvenin bir insanın hayatında ne tür etkileri olabileceğini daha ayrıntılı değerlendireceğiz. Bu size kendiniz hakkındaki düşüncenizi, kendinize ne kadar değer verdiğinizi derinlemesine irdeleme ve bunun yanısıra kendi hakkınızdaki düşüncenizin, fikir, his ve işlevinizi nasıl etkilediğini değerlendirme fırsatı verecektir.

Düşük özgüvenin özü: Kendiniz hakkındaki temel inançlarınız

Özgüvenin özünde kendinize dair merkezî inançlarınız ve nasıl bir insan olduğunuza dair temel fikirleriniz yatar. Bu inançlar normalde gerçekmiş gibi görünürler. Bunlar kimliğinizin apaçık bir yansıması, kendi hakkınızdaki gerçekliğin salt bir ifadesi gibi görünebilirler. Oysa ki gerçekte, bunlar genellikle doğrular olmaktan çok, düşünceler – hayatta edindiğiniz deneyimlere ve özellikle nasıl bir insan olduğunuza dair aldığınız mesajlara dayanarak kendiniz hakkında vardığınız kısa sonuç ya da yargılardır. Yani kısacası, eğer çoğu deneyiminiz olumlu olduysa, kendiniz hakkındaki inançlarınız da muhtemelen eşit derecede olumlu olacaktır. Eğer deneyimleriniz oldukça karışık ise (birçok kişinin olduğu gibi), o zaman kendiniz hakkında bir dizi farklı düşünceniz olabilir ve bunlara içinde bulunduğunuz duruma göre esnek bir şekilde başvurabilirsiniz. Ancak, deneyimleriniz çoğunlukla olumsuz olduysa, kendiniz hakkındaki düşüncelerinizin de eşit derecede olumsuz olması muhtemeldir. Kendiniz hakkında negatif inançlar düşük özgüvenin özünü oluşturur. Ve bu öz hayatınızın birçok yönüne rengini vermiş ve bozmuş olabilir.

Düşük özgüvenin kişi üzerindeki etkisi

Kendiniz hakkındaki olumsuz düşünceler –ki bunlar düşük özgüvenin özünü oluşturur– kendilerini birçok farklı yolla belli eder.

Bu konuda bir fikir sahibi olmak için, özgüvenin düşük olduğunu söyleyebileceğiniz birisini düşünün. Eğer özgüveninizin düşük olduğunu düşünüyorsanız, elbette bu noktada kendinizi de ele alabilirsiniz. Ama bunun yerine öncelikle bir başkasını ele almayı daha yararlı bulabilirsiniz. Bunun nedeni, kendinize bakmayı denediğinizde, net bir görüntü elde etmenin genellikle zor olmasıdır – probleme fazla yakınsınızdır. Şimdi, seçtiğiniz kişi üzerinde düşünün. Buluştuğunuz son zamanları anımsayın. Ne olmuştu? Ne hakkında konuştunuz? Sözkonusu kişi nasıl görünüyordu? Ne yapıyordu? Onunla nasıl hissettiniz? Zihninizde onun net bir resmini canlandırmaya çalışın. Şimdi asıl soru: Bu kişinin özgüveninin düşük olduğunu nasıl biliyorsunuz? O kişi hakkında size bu alanda bir sorunu olduğunu söyleyen nedir?

O kişinin özgüveni ile ilgili düşünebildiğiniz kadar şey not edin.

Kişinin söylediklerinin içindeki ipuçlarına bakın. Örneğin, birçok özeleştiri ya da özür duyar mısınız? Bu size, o kişinin kendisi hakkında nasıl düşündüğü ile ilgili ne ifade ediyor? Kişinin ne yaptığına bakın, sizinle ve başkalarıyla nasıl geçindiği de dahil olmak üzere. Birileriyle birlikteyken karakteristik olarak sessiz ve utangaç mıdır? Ya da bunun yerine tam tersi girişken ve kendini öne çıkaran birisi midir? Bu size ne ifade ediyor? Peki ya kendini sunuşu (duruş, yüz ifadesi, bakışların yönü)? Örneğin: Kambur, içe dönük bir duruşu benimsemeye ve başkalarıyla göz göze gelmekten kaçınmaya yatkın mıdır? Tekrar kendinize sorun, bu size onun kendisini nasıl gördüğüyle ilgili ne ifade ediyor? Kişinin duyguları ve hisleri hakkında da düşünün. Onun yerinde olmak nasıl hissettirir? Üzgün görünüyor mu? Ya da bıkkın veya usanmış? Ya da utangaç ve endişeli? Ne tür bedensel duyumlar ya da değişimler bu duygularla uyumlu olur? Muhtemelen ipuçlarının birçok farklı alanda bulunacağını fark edeceksinizdir.

KENDİ HAKKINDA DÜŞÜNCE VE SÖZLER

Kişinin kendisi hakkında olumsuz inançları, alışkanlık olarak kendisi ile ilgili söylediği ve düşündüğü şeylerde ifade bulur. Özeleştiri, kendini suçlama, kendinden emin olamama davranışlarına; kişinin kendisine pek değer vermediğine dair algınıza, olumlu yönleri dikkate almama ve zayıflık ve kusurlara odaklanma davranışlarına dikkat edin.

DAVRANIŞ

Düşük özgüven kişinin gündelik durumlardaki davranışlarıyla dışa yansır. İhtiyaçları söylemek veya düşündüğünü dile getirmekte zorlanmak gibi, mahcup duruş gibi, zorlu işlerden ve fırsatlardan kaçınmak gibi, gerçeği açığa çıkaracak ipuçlarına dikkat edin. Ayrıca boynu eğik duruş, aşağıya eğik duran baş, göz temasından kaçınma, kısık bir ses ve tereddüt gibi küçük ipuçlarına da dikkat edin.

Duygular

Düşük özgüvenin ruh hali üzerinde etkisi vardır. Üzüntü, endişe, suçluluk, utanma, hüsran ve kızgınlık işaretlerine dikkat edin.

Beden durumu

Ruh hali genellikle rahatsızlık veren beden duyumları ile dışa yansır. Yorgunluk, düşük enerji veya gerginlik işaretlerine dikkat edin.

Gözlemleriniz, kişinin kendisi hakkındaki olumsuz temel inancın, düşünceyi, davranışı, ruh halini ve beden duyumlarını etkileyerek nasıl bütün olarak dışa yansıdığını gösterir. Bunun sizde nasıl karşılık bulabileceğini düşünün. Tam az önce başkasını gözlemlediğiniz şekilde kendinizi gözlemliyor olsaydınız ne görürdünüz? Gerçeği açığa çıkaran ipuçları sizin durumunuzda neler olurdu?

Düşük özgüvenin yaşantı üzerindeki etkisi

Düşük özgüven kişiye birçok yönden yansıdığı gibi, aynı şekilde yaşantıya da birçok yönden yansımaktadır.

Okul ve iş

Hata yapma korkusundan kaynaklı düşük performans gösterme ve zorluklardan kaçınma, ya da belki katı bir mükemmeliyetçilik, durmaksızın sıkı çalışma örüntüsü olabilir. Özgüveni düşük insanlar başarılarından dolayı kendilerini övmekte ve güzel sonuçların kendi yetenekleri ve güçlü yanlarının sonucu olduğuna inanmakta zorlanırlar.

Kişisel ilişkiler

Özgüveni düşük insanlar başkalarıyla ilişkilerinde, şiddetli düzeyde (hatta kişiyi etkisizleştirecek kadar) kendilerinin farkında olmaktan, eleştirilmeye ve onaylanmamaya karşı aşırı hassasiyetten, başkalarını hoşnut etmek için haddinden fazla istekten – hatta yakınlık ve temastan tümden geri çekilmeden zarar görebilirler. Bazı insanlar ortamın aranan insanı olma, her zaman kendinden emin ve kontrol sahibi görünme, ya da ne pahasına olursa olsun her zaman başkalarına öncelik tanıma politikası izlerler. Şuna inanırlar ki; eğer bu şekilde hareket etmezlerse insanlar onları asla tanımak istemeyeceklerdir.

BOŞ ZAMAN AKTİVİTELERİ

Özgüven insanların boş zamanlarını nasıl geçirdiklerini de etkileyebilir. Özgüveni düşük olan insanlar, yargılanma riski olan herhangi bir aktiviteden kaçınabilirler (sanat dersleri, ya da rekabetçi sporlar gibi) veya ödülü, iyi davranılmayı, dinlenmeyi, hoşça vakit geçirmeyi hak etmediklerine inanabilirler.

KİŞİSEL BAKIM

Özgüveni düşük olan insanlar kendilerine tam anlamıyla özen göstermezler. Hasta hissettikleri zaman çabalamaya devam edebilirler, kuaföre ya da dişçiye gitmeyi geciktirebilirler, yeni giysi almaya zahmet etmeyebilirler, fazlaca içki ya da sigara içebilirler veya uyuşturucu kullanabilirler. Ya da tam tersi, başkalarının ilgisini çekmenin tek yolunun bu olduğuna ikna olmuş olarak, görünüşlerinin her ayrıntısını mükemmelleştirmekle saatlerini harcayabilirler.

Düşük özgüvende rol ve konumların çeşitliliği

Herkes kendisi hakkındaki olumsuz temel inançlardan aynı derecede etkilenmez. Düşük özgüvenin etkisi, onun hayatınızdaki rolüne bağlıdır.

Düşük özgüven varolan sorunların bir görünümü olabilir

Bazen kendini olumsuz görme sırf o anki modun bir ürünü olabilir. Klinik olarak depresif olan insanların kendilerine bakışları neredeyse her an oldukça olumsuzdur. Bu, antidepresan tedavilerine oldukça olumlu yanıt veren depresyonlarda ve çok güçlü biyokimyasal temeli olan depresyonlarda geçerlidir. Bilinen klinik depresyon işaretleri şunlardır:

- Çökkün duygudurum (Devamlı üzgün, depresif, moralsiz ve boşlukta hissetmek)
- İlgi ve haz deneyimleme yetisinde genel olarak düşüş
- İştahta ve kiloda değişiklikler (artma ve azalmalar)
- Uyku örüntüsünde değişiklikler (yine, artma ve azalmalar)
- Ya sakince oturmayı zorlaştıracak kadar çok kıpır kıpır ve yerinde duramıyor olmak ya da bir şeyleri halletmedeki normal hızına göre yavaşlamış olmak (bu başkalarına görünür olmalıdır, sadece içten gelen bir his olması yeterli değildir)
- Kendini yorgun ve enerjisiz hissetmek
- Kendini aşırı derecede suçlu ve değersiz hissetmek
- Odaklanmada, sağlıklı düşünmede, karar vermede zorluk
- Her şeyin son derece kötü olduğunu, ölmesinin bundan daha iyi olacağını, hatta kendine zarar vermeyi düşünmek.

Tedavi gerektiren bir depresyonun varlığını kabul edilmek için, bu semptomların en az beş tanesi (çökkün ruh hali veya ilgi ve hazda düşüş dahil olmak üzere) uzun bir süre boyunca (iki hafta veya fazlası) sürekli olarak görülmelidir. Bu demek oluyor ki, burada bahsettiğimiz, herkesin zorluklarla karşılaştığında zaman zaman yaşadığı kısa süreli depresif dönemler değil, kalıcı ve rahatsız edici hale gelen bir duygudurumdur.

Eğer kendinize dair fikriniz bu tür bir depresyon bağlamında ise, depresyonu çözmek adına bir tedavi aramak birinci önceliğiniz olmalıdır. Depresyonu başarıyla tedavi etmek, özgüven üzerinde geniş ölçüde çalışmanıza gerek bile kalmadan kendinize olan inancınızı yerine getirebilir. Bununla beraber, yine de bu kitaptaki bazı fikirleri oldukça işe yarar bulabilirsiniz: Özellikle, özeleştirel düşüncelerle nasıl mücadele edileceğini, kişinin olumlu özelliklerine nasıl odaklanacağını, kendini başarılarından ötürü nasıl takdir edeceğini ve hayata dair katı kuralların nasıl değiştirileceğini ele alan 5., 6. ve 7. Bölümleri... Bu serinin bir diğeri olan Paul Gilbert'ın *'Overcoming Depression'* (Depresyonu Yenmek) kitabına başvurmanız da yararlı olabilir.

Düşük özgüven diğer sorunların bir sonucu olabilir

Özgüven kaybı bazen kişinin hayatında sıkıntı ve aksamaya neden olan diğer sorunların sonucu olabilir. Uzun süreli endişe sorunları, örneğin; kontrol edilemeyen panik ataklar, kişinin yerine getirebildiği şeylere ciddi sınırlandırmalar getirebilir ve böylece kendine güveni baltalayabilir, yetersizlik ve eksiklik hislerine yol açabilir. Devam eden ilişki güçlükleri ve sıkıntıları, bitmeyen ağır stres, kronik ağrı ve hastalıklar da benzer bir etkiye yol açabilir. Bütün bu güçlükler moral çöküntüsü ile ve özgüvenin kaybıyla sonuçlanabilir. Bu durumda, kök sorunu ele almak, soruna en etkili çözümü sunacaktır. Örneğin, panik ve endişe ile başa çıkmayı öğrenen kişiler, düşük özgüvenin kendisi ile aşırı derecede uğraşmak zorunda kalmadan, eski güven seviyelerine geri dönerler. Sizin içinde bulunduğunuz durum buysa ve sizin düşük özgüveniniz başka herhangi bir sorunun sonucunda geliştiyse de, yine de bu kitapta kendinizle ilgili inancınızı olabildiğince tam ve hızlı bir şekilde yerine getirecek işe yarar fikirler bulabilirsiniz. Ayrıca, bu serideki diğer kitaplara göz atmanız, sorununuza direkt olarak değinip değinmediğini görmeniz açısından yararlı olacaktır.

Düşük özgüven diğer sorunlara karşı bir yatkınlık etkeni olabilir

Bazen düşük özgüven, var olan sorunların bir görünümü ya da sonucu olmaktan ziyade, daha çok bu sorunların yetiştiği bereketli toprak gibidir. O, orada çocukluktan ya da ergenlikten beri veya kişinin hatırlayabildiği kadar öncesinden beri mevcut olabilir. Araştırmalar gösteriyor ki, düşük özgüven (bireyin kendisi hakkında kalıcı olumsuz inanışları) depresyonun, intihar düşüncelerinin, yeme bozukluklarının ve sosyal endişenin (aşırı utangaçlık) de dahil olduğu bir dizi güçlüğe yol açabilir. Eğer bu sizin için doğruysa, eğer mevcut güçlükler altta yatan düşük özgüvene işaret ediyor ya da bundan kaynaklanıyor gibi görünüyorsa, mevcut güçlükler üzerinde çalışmak kuşkusuz ki kendi içinde yararlı olacaktır. Ancak olasılıkla kendinize bakışınızda anlamlı ve köklü değişiklikler getirmeyecektir. Ve düşük özgüven konusu direkt olarak, kendi içinde ele alınmadığı sürece, gelecekteki güçlüklere karşı kırılganlığınız devam edecektir. Bu durumda, kendinizle ilgili inanışlarınız üzerinde tutarlı ve sistematik olarak çalışmak için rehber olarak bu kitabı kullanmaktan, eski olumsuz görüşü zayıflatarak ve yeni ve daha yardımcı perspektifler geliştirerek, oldukça yarar sağlayabilirsiniz.

Düşük özgüvenin çeşitli etkileri

Düşük özgüven diğer zorlukların bir nedeni ya da sonucu veya bunlar için bir yatkınlık etkeni de olsa, yaşam üzerindeki olumsuz etkisinin boyutu kişiden kişiye farklılık gösterir. Bu nokta aşağıdaki çizelgede açıklanmıştır.

Düşük özgüven: Etkisinde çeşitlilikler

Sadece, özellikle zorlu durumlarda tetiklenen, ciddi stres ve zorluğa girilmediği takdirde başa çıkılan kendinden emin olamama durumu. Bunun dışında, kişinin kendisi hakkında daha olumlu bir bakış açısı mevcuttur. Kişi için sorunların çözülmesi olasıdır - kişilikte kökleşmiş değillerdir. Değişim, görece kolaydır.	Kendinden emin olamama ve özeleştiri çok sayıda durum tarafından tetiklenir. Oldukça stres verici ve kısıtlayıcıdır. Kendi hakkındaki olumsuz bakış açısı kişi için bir hakikat gibi görülür - daha olumlu bir bakış açısı mevcut değildir. Günlük yaşamdaki sorunlara kişinin ayrılmaz bir parçasıymış gibi bakılır. Herhangi bir değişme olasılığını öngörmek zordur.

Özgüveni düşük olan bir kişi bu skalanın herhangi bir noktasında yer alabilir. Skalanın sol başında, kendinden emin olamadıkları anlar nadir olan insanlar bulunabilir. Bu, çoğunlukla oldukça spesifik koşullar altındadır (örneğin: Bir iş görüşmesi, ya da birisine ilk buluşma için çıkma teklifi etmek). Böyle güvensizliklerin hayata olumsuz etkisi minimal düzeylerde olur. Zorlu durumlarda biraz endişeli hissedebilirler, ama endişeleri ile başaçıkmada ciddi bir sıkıntı çekmezler, buna verdikleri önem az olur, kendi güvenlerini tazelemeleri kolay olur ve zorluğa başarıyla göğüs germekten geri durmazlar. Böyle insanlar hayatta güçlükler yaşadıklarında, bunları kendileriyle ilgili temelde yanlış bir şeyler olduğuna dair bir işaret olarak görmektense, açıkça, çözülecek olan sorunlar olarak görme eğilimindedirler. Zorluklar karşısında tetiklenen kendileriyle ilgili negatif bakışa ek olarak, muhtemelen daha pozitif ve yapıcı alternatif bakışları vardır ve bu çoğu zaman kendileriyle ilgili nasıl hissediyor olduklarını etkilemektedir. Genel olarak başkalarıyla ilişki kurmayı oldukça kolay bulurlar ve yardım talep etmek konusunda rahat hissederler. Böyle insanlar için, kendileri hakkındaki zaten mevcut olan olumlu bakışlarını sağlamlaştırıp pekiştirmeleri ve performans üzerine endişe verici beklentilere karşı durmayı ve özeleştirel düşüncelere cevap vermeyi oldukça hızlı bir şekilde öğrenmeleri sayesinde, kendilerinden emin olamama halini deneyimledikleri durumları ayrı tutmaları görece daha kolaydır.

Skalanın diğer ucunda ise kendinden emin olamama ve kendi kendini kınama davranışları neredeyse daimi olan insanlar yer alır. Onlar için, kendilerine karşı bundan daha olumlu olan alternatif bir bakış açısı yoktur. Ve bununla ilgili yapacak bir şey yoktur. En küçük şey bile bir özeleştirel düşünce yığınına yol açmak için yeterlidir. Hayatın herhangi bir zorluğuyla başaçıkma ya da birileriyle kalıcı bir yakınlık kurma yeterliliğini kendilerinde görmekte zorlanırlar. Korkuları ve kendileri hakkındaki olumsuz inançları, hayatlarını ele alma şekillerinde büyük bir yıkıma yol açacak kadar güçlü olabilir kaçırılan fırsatlar, mücadele edilmeyen engeller, bozulan ilişkiler, baltalanan başarı ve kıvançlar ve birçok alanda kendi kendini engelleyen ve kendi kendine zarar veren davranış örüntüleri. Skalanın bu ucundaki kişiler güçlüklerle karşılaştıklarında, onları aşılacak sorunlar olarak görmektense, onları kendi gerçek benlikleriyle ilgili şeyler olarak görmeye yatkın olurlar (bu benim, bu değişmez). Bu nedenle olanları net bir şekilde görebilecek bir mesafeye geri çekilmek ya da dışarıdan yardım olmadan, sistematik bir şekilde çalışarak işleri yoluna sokmak kolay olmaz. Bu durumda bile, gelişme kaydetmek zorlu olabilir, çünkü değişim olasılığına inanmak ya da gelişme yavaş oluyorsa bunda ısrarcı olabilmek zordur.

Çoğumuz bu iki uç nokta arasında bir yerdeyizdir. Bu kitap sol uçta yer alan kişiler için yeterince uygun olmayabilir, fakat yine de zaten yerinde olan özgüven ve özdeğer üzerinde ufak tefek düzeltmeler adına işe yarar tavsiyeler için yararlı bir kaynak olabilir. Skalanın aşırı sağ ucunda yer alan kişiler içinse sadece bu kitaptan yararlanmak yeterli olmayabilir. Ancak, bu kitap bilişsel davranışçı bir terapist ile yürütülen bir terapi programının parçası olduğunda yararlı olacaktır. Asıl kullanımı orta alanında yer alan kişiler içindir – özgüveni, bununla ilgili bir şeyler yapmak isteyecek kadar problematik olan, ama kendilerini her zaman gördükleri yerden geride durup alternatif bakış açıları arayacak kadar hareket özgürlüğü de olan kişiler için.

Bu kitabın nasıl kullanılacağı hakkında

Genellikle özgüveni olan ancak özellikle zorlu durumlarda kendinden emin olamayan bir kişi olabilirsiniz. Ya da özeleştiri içinde sıkışıp kalmış ve kendi hakkında herhangi iyi bir şey düşünmekte zorlanan bir kişi olabilirsiniz. Muhtemelen arada bir yerdesinizdir. Düşük özgüvenin belirli bir türünün şiddeti ve hayatınızda kapladığı alan ne olursa olsun, bu kitap kendini tanıma ve kendini bilme yolculuğunda size rehberlik edecektir. Bu kitap aracılığıyla kendiniz hakkındaki olumsuz fikirlerinizin kaynağını bulmanız ve olumsuz düşünme alışkanlığının ve kendini engelleyen davranış örüntülerinin düşük özgüveni nasıl devam ettirdiğini keşfetmeniz amaçlanmıştır. Bu kitapla kendiniz hakkındaki olumsuz duyguya meydan okumayı ve yeni, daha şefkatli, saygı duyan ve kabul eden bir bakış geliştirmeye yardımcı olacak değişiklikleri başlatmak için tasarlanan bir temel olarak "kendini yakından gözlemleme"yi nasıl kullanacağınızı öğreneceksiniz.

Bu kitabın hayatınızda bir devrim yaratacağına ve sizden yeni bir insan yaratacağına inanmak durumunda değilsiniz. İşte anahtar şeyler:

- Zihninizi açık tutmak
- Yeni fikir ve yetenekler denemeye istekli olmak
- Kendini düzenli olarak gözlemlemek ve pratik yapmak için zaman ve güç harcamaya istekli olmak.

Kitap boyunca, kendiniz hakkındaki olumsuz görüşünüzü nasıl geliştirdiğinizi düşünmek için ve düşük özgüvenin her gün sizi nasıl etkiliyor olduğunu derinlemesine düşünmek için oldukça fazla fırsatınız olacak. Okuduklarınızı kendi kişisel durumunuza uyarlamanız için birçok pratik alıştırma ve kayıt sayfaları bulunmaktadır. Kitaptan tam anlamıyla nasıl yararlanacağınız size bağlı olacaktır. Hızlıca göz gezdirmekte ve birkaç işe yarar tavsiye seçmekte karar kılabilirsiniz. Ya da, bölüm başlıklarına göz gezdirmenin ardından, eski örüntülerinizi değiştirebilmek, başa çıkmak için normalde kullandığınız stratejileri durup düşünmek adına, kendiniz hakkındaki eski olumsuz düşünceleri zayıflatmak ve onları daha destekleyici ve gerçekçi alternatifleri ile değiştirmek adına; sizi rahatsız eden durumlarda nasıl tepki verdiğinizi dikkatlice gözlemleyerek kitap boyunca sistematik olarak çalışmaya zaman ve güç harcamanın yararlı olacağına karar verebilirsiniz.

Eğer öyleyse, her seferinde bir bölüm ilerlemek en yararlı yol olacaktır. Çünkü her bölüm, siz ilerledikçe yararı olacak bilgi ve beceriler sunar ve her biri bir öncekinin temelleri üzerine inşa edilir. Bu durumda, bölümü öncelikle hızla gözden geçirip ne ile ilgili olduğuna dair fikir edinin. Bu genel değerlendirmeyi, sizde bir şeyler çağrıştıracak hikâye ve örnekleri fark etmeniz ve bölümün sizinle kişisel olarak nasıl ilgili olduğunu görmeniz için kullanabilirsiniz – sonuçta siz kendiniz üzerinde uzmansınız. Sonrasında geriye dönerek bölümü dikkatlice, ayrıntılı olarak, devam ederken egzersizleri de tamamlayarak okuyun. Anlatılan değişim yöntemlerini iyice kavradığınızı hissetmediğiniz – ne olduklarını ve onları nasıl kullanacağınızı ve sonuçlarını görmeye başladığınızı hissetmediğiniz sürece bir sonraki bölüme geçmeyin. Eğer acele ederseniz, hiçbir şeyi gereğince yerine getirmemiş olma riskiniz olacaktır. Bu durumda, sunulan fikirlerin kendiniz hakkındaki hissinizde kayda değer bir etkisi olamayacaktır. Alacağı kadar zaman alacaktır – ve siz buna değersiniz.

Eğer kitap boyunca sistematik olarak çalışmaya karar verirseniz, bunu yapmak zaman alır. Eğer her gün, okumak, düşünmek, yapılacakları planlamak ve kayıtlarınızı gözden geçirmek için belirli bir süre ayırırsanız (örneğin: 20-30 dakika), olasılıkla en iyi şekilde yararlanmış olacaksınız. Kuşkusuz ki bu, ciddi bir kararlılıktır. Özellikle de kitabın bazen sizin için acı olmuş olabilecek konu ve olaylar hakkında düşünmenizi isteyeceği zamanlarda. Ancak, özellikle kendinizle ilgili sıkıntılarınız çoktandır varsa ve bunlar günlük yaşamda sizi sıkıntıya sokuyor ve hayatınızı kısıtlıyorsa, o zaman bu kararlılık azımsanmayacak derecede önemli olabilir. Çıkmaza girdiğiniz ve bir şeyleri nasıl yoluna koyacağınızı düşünemediğiniz, ya da her zamanki düşünme biçiminizin alternatifini bulamadığınız zamanlar olabilir. Kendinize kızmayın ve vazgeçmeyin – işinizi bir süreliğine bir kenara bırakın ve ona daha sonra, zihninizi toparladığınızda ve rahatladığınız zaman geri dönün. Ayrıca kitap üzerinde bir arkadaşınız ile birlikte çalışmanız da yararlı olabilir. İki kişi olmak tek kişi olmaktan daha iyi olabilir ve takıldığınız noktalar onunkilerle aynı olmayabilir. Birbirinize yardımınız dokunabilir, devamlılık göstermek için birbirinizi cesaretlendirebilirsiniz. Böylece, deneylerin çoğunu yeni yolları kullanarak yaptığınızdan emin olabilir, olumlu yönleriniz üzerinde dikkatinizi keskinleştirebilir ve kendinize, değer verdiğiniz, sevdiğiniz ve saydığınız birisi gibi davranmanın yaratıcı yolları üzerinde düşünebilirsiniz.

Uyarı notu

Bu kitap özgüveni düşük olan herkese yardım etmeyecektir. Bazen bir kitap yeterli olmayabilir. Bizi zorlayan şeylerle başa çıkmanın en yaygın yolu birisiyle bunun üzerine konuşmaktır. Genellikle, sevilen bir aile bireyi ile ya da iyi bir arkadaşla konuşmak stresi azaltarak yola devam edebilmemiz için yeterlidir. Ancak bazen bu bile yeterli olmaz. Bazen stres altındaki insanlara profesyonel olarak yardım etmek konusunda eğitimli birisini –doktor, danışman veya psikoterapist– görmemiz gerekir. Özgüvene odaklanmanın size, daha net bir görüş kazanmanız ve bir şeylerin nasıl iyiye gideceğine dair yapıcı bir şekilde düşünmeniz konusunda yardımcı olmak yerine; daha kötü hissettirdiğini fark ederseniz, ya da kendiniz hakkındaki olumsuz düşünceleriniz ve asla bir değişim olmayacağına dair inancınız çok güçlü ise ve belirtilen formülleri ve pratik teknikleri kullanmaya başlamanızı engelliyorsa, profesyonel yardım talep etmeniz daha uygun olacaktır. Bu özellikle, kendinizi önceden anlatıldığı gibi depresif hissediyorsanız, işlerinizi düzgün bir biçimde yerine getiremeyecek kadar endişe içindeyseniz ve kendini engelleyen ve kendine zarar veren davranışlar üzerinde kafa yormaya başlıyorsanız geçerlidir.

Psikolojik destek talep etmenin utanılacak bir yanı yoktur. Bu, arabanız düzgün çalışmadığında onu tamire götürmek kadar ya da çözemediğiniz yasal sorunlar olduğunda avukata danışmak kadar normaldir. Yardım talep etmek demek, farklı bir gelecek ihtimaline kapı açmak demektir. Bu, yeni ve bağımsız bir yolu kendi başınıza izlemektense, arkadaşça ve sizinle ilgilenen bir rehberin yardımıyla çıktığınız bir kendini tanıma ve kendini kabul etme yolculuğu demektir. Eğer kitapta anlatılan yaklaşım ve bu yaklaşımın kendini gözlem, sistematik değişim ve kişisel güçlendirme odaklı yapısı sizin için uygunsa, sizin için en yararlı rehber bilişsel davranışçı bir terapist olacaktır.

Yaklaşım: Bilişsel davranışçı terapi

"Bilişsel davranışçı terapi", Philadelphia'da bir psikiyatrist olan Profesör Aaron T. Beck'in Birleşik Devletler'de geliştirdiği bir psikoterapi türüdür. Bu, psikolojik teoride ve klinik çalışmalarda sağlam bir temeli olan, kanıta dayalı bir yaklaşımdır. İlk kez 1970'lerin sonlarında, depresyon tedavisindeki geçerliliği kanıtlanmıştır. O zamandan beri, etki alanı genişlemiş, şimdi ise insanların çok daha geniş bir yelpazedeki sorunlarını çözmeye yardımcı olmada başarı ile kullanılmaktadır. Bu sorunların arasında kaygı, panik, ilişki zorlukları, cinsel sorunlar, yeme sorunları (anoreksi ve bulimia nervosa gibi) alkol ve madde bağımlılığı ve travma sonrası stres bozukluğu yer almaktadır. Bu serideki diğer kitaplar bu sorunların bazılarını ele almaktadır.

Bilişsel davranışçı terapi düşük özgüven için ideal bir yaklaşımdır. Bunun nedeni sorunun nasıl geliştiğini ve nasıl sürmeye devam ettiğini anlamak adına kolay anlaşılan bir çerçeve sunmasıdır. Bilişsel davranışçı yaklaşım özellikle düşünceler, inançlar, tutumlar ve algılar ('bilişsel' bu anlama gelir) üzerinde durmaktadır. Ve daha önce de belirtmiş olduğumuz gibi, bir kişinin kendisi hakkındaki algısı özgüveninin merkezini oluşturur.

Ancak anlamak ve farkındalığın tek başına yeterli olduğunu sanmayın. Bilişsel davranışçı terapi; kalıcı değişim için pratik, denenmiş ve sınanmış, etkili yöntemler öneriyor. Özetle, sözel seviyede kalmıyorsadece bir "konuşma terapisi" değil. Düşük özgüven sorununu aşmanız için aktif rol almanızda günlük olarak yeni fikirleri pratiğe dökmekte, farklı davranmakta ve böyle yaparak nasıl hissettiğiniz konusundaki etkileri gözlemlemekte sizi yüreklendiriyor. (Bu "davranışsal" bileşendir)

Bilişsel davranışçı terapi yaşamımızdaki temel konulara yönelik sağduyulu, gerçekçi bir yaklaşımdır. Kendiniz, başka insanlar ve yaşamla ilgili fikirlerinizi fark etmek ve değiştirmek için sizi yüreklendirir. Günlük durumlar karşısında, işle ilgili yeni fikirleri uygulamakta, arkadaşlarınız ve aileniz ile ilgili konularda ve evde yalnızken bile kendinize nasıl davrandığınız konusunda deneysel bir yaklaşım sizi cesaretlendirecektir. Bilişsel davranışçı yaklaşım farkındalık, planlama, değişim ve ölçme-değerlendirme konularında kendi kendinizin terapisti olmanıza imkan verir. Geliştirdiğiniz ve uyguladığınız yeni beceriler yaşamınız boyunca yararlı olacaktır.

Sonuç olarak, bölümün başında tanımladığımız tüm alanlarda değişimler olabilir:

- Olumsuza odaklanıp, olumluyu elemek yerine kendinizle ilgili, tüm yanlarınıza dikkat eden daha dengeli bir algı
- Sizi olduğunuz gibi tamamen kucaklayan daha dengeli bir öz imaj veya benlik kavramı - bir başka deyişle kendini kabullenme
- Artan kendine güven ve özyeterlilik - yapabilecekleriniz, nitelikleriniz, vasıflarınız, becerileriniz ve güçlü yanlarınızla ilgili daha az kısıtlayıcı bir görüşünüz olur ve benlik saygınız artar
- Yeni, artmış bir özdeğer ve özgüven, değerinizi bilmek ve hayatta yerinizi bulmak.

Kitabın akışı

2. Bölüm, düşük özgüvenin neden kaynaklandığını ayrıntılı olarak incelenmektedir. Bu bölüm, yaşamınızdaki hangi deneyimlerin kendinizi nasıl gördüğünüze katkıda bulunduğu üzerinde düşünmenize ve bu iki alanı ilişkilendirmenize olanak veriyor.

3. Bölüm geçmişteki olumsuz bakışları günümüzde neyin devam ettirdiğini ve zaman aşımına uğramış düşünce alışkanlıkları ile yararsız davranış örüntülerinin birlikte çalışarak kısırdöngü haline gelip özgüven gelişmesini nasıl bloke ettiğini anlatıyor.

4. Bölüm çemberin dışına çıkmayı ve sizi endişelendiren, yapabileceklerinizi kısıtlayan ve düşük özgüvene katkıda bulunan olumsuz beklentileri sorgulamayı öneriyor.

5. ve 6. Bölümler birbirini bütünlüyor. 5. Bölüm size özeleştirel düşünceleri nasıl yakalayıp, yanıtlayacağınızı ve kendinizle ilgili olumsuz bakışı nasıl zayıflatacağınızı öğretiyor. 6. Bölüm aktif olarak daha olumlu bir bakış açısı yaratmak ve bu bakış açısını güçlendirmek için yollar sunuyor.

7. Bölüm yaşamınıza egemen olan kuralları, düşük özgüveni telafi etmek için geliştirdiğiniz stratejileri nasıl değiştirebileceğinizi gözden geçirerek ilerliyor.

8. Bölüm düşük özgüvenin tam da merkezinde yer alan kendilik algınızla direkt olarak çalışmayı hedefliyor.

Son olarak 9. Bölüm, öğrendiklerinizi özetliyor ve pekiştiriyor. İsterseniz özgüveninizi nasıl daha ileri taşıyabileceğinizi ele alıyor.

Kendinizle ilgili inanışları değiştirmeye yönelik yöntemlerin en sonda geldiğini fark etmişsinizdir. Bu, tuhaf görünebilir. Kendinizle ilgili olumsuz düşünceleri değiştirmek yapacağınız ilk şey değil midir? Gerçek şudur ki, bugünde davranışa nasıl döküldüklerini inceleyerek işe başlamak, köklü inanışları değiştirmek için en kolay yoldur. Bu inançların nasıl geliştiklerini anlamak ilginç ve yararlıdır. Ancak en çok değişmesi gereken bu inançları sürdüren unsurlardır. Kendinize bakışınızla ilgili köklü bir değişiklik (veya başka bir şeyle ilgili) haftalar veya aylar sürebilir. Yani bu geniş ve soyut alanda işe başlayarak, ilk olarak en zor şeye teşebbüs etmiş olursunuz. Bu, sizi yavaşlatabilir, hatta hevesinizi kırabilir.

Tersine, daha yüzeydeki düşünceleri ve davranışlarınızı değiştirmek, kendinizle ilgili nasıl hissettiğiniz konusunda etkili olabilir. Böylece zamanla radikal değişiklikler yapmak mümkün olabilir. Günlük durumlarla ilgili olarak düşünceler ve duygular üzerinde çalışmak kendinizle ilgili inançlarınızın doğasını ve yaşamınız üzerindeki etkilerini açığa çıkartır. Sonraki aşamada daha büyük konularla başetmek için sağlam bir temel oluşturur. Bu temel, olumsuz düşünceleriniz konusunda –onlar üzerinde direkt olarak çalışmaya başlamadan bile– etkili olabilir. Devam ederseniz kendinize şöyle sorular yöneltmeyi sürdürebilirsiniz:

- Kendimle ilgili, inançlarımla ilgili konularda bunun olası sonuçları neler?
- Bu, kendine güvensiz düşüncelerime nasıl uyuyor? (ya da uymuyor)
- Kendimi insan olarak nasıl gördüğümle ilgili nasıl değişiklikler bu süreci takip edebilir?

Düşünce ve davranışınızda yaptığınız küçük değişikliklerin kendinizle ilgili olumsuz temel inançlarınızı gitgide nasıl yok ettiğini göreceksiniz. Hatta 8. Bölüm'e ulaştığınızda bu temel inanışların son birkaç rötuştan fazlasına ihtiyacı kalmadığını fark edeceksiniz. Bu aşamaya kadar direkt olarak üzerinde durmamış olsanız bile, olumsuz düşünceyi zayıflatmak ve olumluya odaklanmak konusundaki çabanız, daha büyük ve soyut konulara geldiğinizde sizin için yararlı olacaktır. 8. Bölüm açık ve somut olarak kitabın önceki bölümlerinde yapılan çalışmaya dikkat çekiyor. Bu, daha önceki bölümlerde yer alan fikir ve becerileri iyice sindirip onlardan en iyi şekilde yararlanacağınız anlamına gelir.

İyi şanslar. Yolculuğunuzun tadını çıkartın!

ÖZET

1. Özgüven kendimizle ilgili sahip olduğumuz fikri, kendimizle ilgili yaptığımız yargıları ve insan olarak kendimize verdiğimiz değeri yansıtır.
2. "Düşük özgüven" kendimizle ilgili olumsuz bir görüşümüz olduğu anlamına gelir. Kendimizi yargılamak ve kendimize verdiğimiz değerin az olmasıdır.
3. Düşük özgüvenin temelinde kendimizle ilgili olumsuz inançlarımız yatar. Bunlar, günlük olarak davranış tarzımızla dışa yansır ve yaşamın pek çok alanında hatırı sayılır etkileri olabilir.
4. Düşük özgüvenin hayatımızdaki rolü farklılıklar gösterir. Mevcut bir sorunun nedeni ya da sonucu veya farklı diğer güçlükler için bir yatkınlık faktörü olarak karşımıza çıkabilir.
5. Bu kitap, düşük özgüveninizin nasıl geliştiği ve onu sürdürenin ne olduğu konusunda bilişsel davranışsal bir çerçeve sunuyor. Ayrıca kişiyle ilgili eski, olumsuz düşünceleri zayıflatmak ve yeni, daha gerçekçi ve yardımcı alternatif bakış açıları geliştirip güçlendirmeyi öneriyor.

bölüm 2

Düşük Özgüveni Anlamak

2
Düşük özgüven nasıl gelişir

Giriş

Düşük özgüvenin özünde kişinin kendiyle ilgili olumsuz düşünceleri yatar. Bunlar, tıpkı boyunuz, kilonuz veya nerede yaşadığınız gibi gerçeğin doğrudan ifadeleriymiş gibi görünebilirler. Yalan söylemediğiniz takdirde (gerçekte olduğunuzdan daha uzun veya daha ince olduğunuzun düşünülmesini isteyebilirsiniz. İnsanların sizin kentin daha tercih edilen bir semtinde oturduğunuzu düşünmelerini isteyebilirsiniz.), veya doğru bilgi verme durumunda olmadığınız zamanlarda (yakın geçmişte tartılmamış, boyunuzu ölçmemiş olabilirsiniz. Yeni bir eve taşınmışsınızdır ve adresi hatırlamakta güçlük çekebilirsiniz); bu gibi açıklamalar tartışmaya açık değildir ve siz veya başkaları tarafından doğrulukları kolaylıkla kontrol edilip onaylanabilir.

Aynı şey kendimizle ilgili yargılarımız ve kendimize verdiğimiz değer konusunda geçerli değildir. Kendinizle ilgili görüşünüz, –özgüveniniz– bir görüştür, gerçek değil. Ve görüşler yanılabilir. Önyargılı olabilir veya doğru olmayabilir hatta basitçe yanlış olabilir. Kendinizle ilgili fikirleriniz yaşamdaki deneyimlerinizin sonucu olarak gelişti. Eğer deneyimleriniz genel olarak olumlu ve onaylayıcı ise, kendinizle ilgili görüşünüzün de olumlu ve onaylayıcı olması muhtemeldir. Diğer yandan eğer yaşamdaki deneyimleriniz yüksek oranda olumsuz ve küçümseyici olduysa, kendinizle ilgili görüşünüzün de olumsuz ve küçümseyici olması mümkündür.

Bu bölüm deneyimlerin düşük özgüvene nasıl yol açtığı ve onu nasıl pekiştirdiği konusunu araştıracaktır. Düşük özgüvene dahil olan süreçler, sayfa 39'daki çizelgenin ilk bölümünde özetlenmiştir. Çizelge, düşük özgüvenin bilişsel davranışçı bakış açısıyla nasıl anlaşılabileceğini göstermektedir. Bunu, bölümü okurken aklınızda bulundurun. Ve okudukça, burada taslak olarak verilen düşüncelerin size nasıl uyarlanabileceğini düşünün. Size uyan ne? Uymayan ne? Kendinizi nasıl hissettiğinizi anlamanıza ne yardımcı oluyor? Bölümde anlatılan öykülerin hangileri sizde bir yerlere dokunuyor? Özgüveninizdeki düşüklüğe katkıda bulunan deneyimler neler? Temel inancınız ne? Yaşamınızda aktif olan kurallar neler?

Yanınızda bir kağıt veya defter bulundurun ve okudukça aklınıza gelenleri not edin – düşünceler, anılar, önseziler. Amaç, kendinizle ilgili görüşünüzü anlamak ve düşük özgüveninize katkıda bulunan deneyimleri tanımlamak ve bir haritasını çıkarmaktır. Kendinizle ilgili düşüncenizin başınıza gelenlere karşı anlaşılır bir tepki olduğunu, sizin yaşam deneyiminize sahip birinin de benzer görüşe sahip olabileceğini keşfedeceksiniz.

Farkına varma, değişim için ilk adımdır. Kendinizle ilgili ulaştığınız sonuçların (belki yıllar önce) zaman içinde nasıl düşündüğünüz, hissettiğiniz ve davrandığınızı nasıl etkilediğini görmeye başlayacaksınız. Bir sonraki bölüm, bugün nasıl davrandığınızın düşük özgüven halini nasıl sürdürdüğünü ve yerleşmiş tepki örüntülerinin sizi nasıl kendinizle ilgili düşünceleri değiştirmekten alıkoyduğunu anlamanıza yardımcı olacak. Burada farkına varacağınız en temel nokta şu olacak: Düşünceler değiştirilebilir. Diğer bölümler, değişimi sağlamakla ilgili daha ayrıntılı fikirler sunmaktadır. Kendinizle ilgili eski olumsuz bakışın nasıl zayıflatılacağını ve daha olumlu, nazik, kabullenici bir alternatifin nasıl güçlendirileceğini anlatıyor.

Tablo 1. Düşük özgüven: Çevre haritası

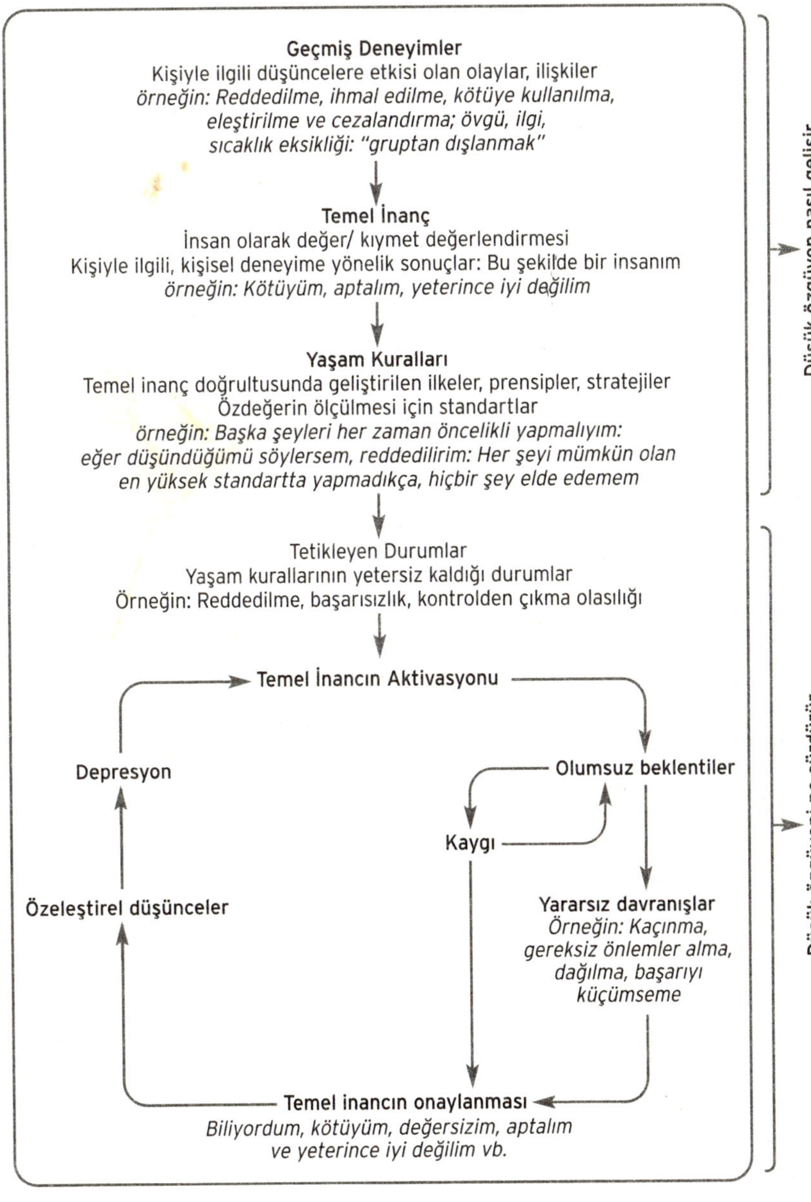

Deneyim nasıl düşük özgüvene yol açar?

Bilişsel terapi, kendimizle ilgili (ve hatta diğer insanlar ve yaşamla ilgili) inançların tamamının öğrenilmiş olduğu üzerine kuruludur. Kökenleri kişinin deneyimlerinde yatar. Kendinizle ilgili inançlarınızın temelini başınıza gelenlerle ilgili çıkarttığınız sonuçlar oluşturur. Her ne kadar şimdi işe yaramaz ve zaman aşımına uğramış olsalar da, bu düşüncelerin geçmişte size çok anlamlı geldiği ve işinize yaradığı bir dönem olmuştur. Bu yüzden de anlaşılırdırlar.

Öğrenmek pek çok farklı kaynaktan gelir – doğrudan deneyim, gözlem, medya, etrafınızdaki insanların söylediklerini dinlemek ve onların ne yaptığını izlemek. Kişinin kendi hakkındaki inançlarını oluşturan önemli deneyimler (şart olmamakla birlikte) daha çok yaşamın erken dönemlerinde ortaya çıkar. Çocukken ailenizde, yaşadığınız çevrede, okulda, akranlarınız arasında gördükleriniz, duydüklarınız ve deneyimledikleriniz bugüne kadar devam ettirdiğiniz şekilde düşünmenizi etkilemiş olabilir. Farklı deneyimler kendinizle ilgili olumsuz düşünmenize katkıda bulunmuş olabilir. Bunların bazıları aşağıda özetlenmiştir. Daha sonra her biri daha ayrıntılı ele alınmaktadır.

Tablo 2. Düşük özgüvene katkıda bulunan deneyimler

Erken deneyimler:
- Düzenli ceza, ihmal veya kötüye kullanılma
- Ebeveyn standartlarını karşılayamama
- Akran gruplarının standartlarını karşılayamama
- Başkalarının stres veya üzüntüsüne maruz kalma
- Önyargılı bir aile veya sosyal gruba ait olma
- İyi şeylerden mahrum kalma (örneğin: Övgü, sevgi, sıcaklık, ilgi)
- Evde "dışlanan" olmak
- Okulda "dışlanan" olmak

Sonraki deneyimler:
- İşyerinde tehdit veya zorbalık, kötüye kullanıcı ilişkiler, süregiden stres veya zorlanma, travmatik olaylarla karşılaşma

Düzenli ceza, ihmal veya kötüye kullanılma

Kendinizle ilgili fikriniz ve değerinizle ilgili duygunuz size yaşamın erken döneminde nasıl davranıldığı ile ilgili olabilir. Eğer çocuklara kötü davranılırsa, genellikle bunun kendileriyle ilgili kötü bir şeyin yansıması olduğunu düşünürler – bir şekilde hak etmişlerdir. Eğer sıklıkla cezalandırıldıysanız (özellikle eğer ceza aşırı, öngörülemez veya size anlamlı gelmeyecek şekildeyse), ihmal edildiyseniz, terk edildiyseniz veya suiistimal edildiyseniz, bu deneyimler psikolojik yara izleri bırakmış olabilir. Kendinizi nasıl gördüğünüzü etkilemişlerdir.

Örneğin, Briony 7 yaşındayken anne-babası trafik kazasında öldükten sonra amcası ve yengesi tarafından büyütülmüştü. Yeni ailesinin ondan yaşça büyük iki kızı vardı. Ailenin günah keçisi oldu. Kötü giden her şeyden o sorumlu tutuluyordu. Hiçbir şeyi doğru yapamıyordu. Briony, insanları mutlu etmeyi seven, sevecen küçük bir kızdı. Çaresizce iyi olmayı deniyordu ama bu hiçbir şey işe yaramadı. Her gün yeni cezalarla karşı karşıya kaldı. Arkadaşlarıyla ilişkiden yoksun kaldı, müziği bırakması istendi –çok seviyordu– evin içinde adil olandan çok daha fazla iş yapmaya zorlandı. Briony'nin kafası giderek daha fazla karıştı. Yaptığı her şeyin niye yanlış olduğunu anlayamıyordu.

Bir gece, 11 yaşındayken Briony'nin üvey babası gecenin bir yarısında sessizce odasına geldi. Elini onun ağzına bastırdı ve tecavüz etti. Adam ona, bunu istediği için yaptığını, kirli ve iğrenç olduğunu ve birine anlatması halinde kimsenin ona inanmayacağını çünkü herkesin onun pis bir yalancı olduğunu bildiğini söyledi. Bundan sonra Briony evde dehşet içinde gezindi. Kimse fark etmiyor, umursamıyordu. Briony'nin o noktada kendi hakkındaki görüşü kristalleşti. Kötüydü. Diğerleri bunu görebiliyor ve ona göre davranıyorlardı.

Ebeveyn standartlarını karşılayamama

Briony'nin deneyimleri aşırı uçtaydı. Kendinizle ilgili küçümseyici görüşler geliştirmek için sistematik olarak bu denli suiistimal edilmiş olmanız gerekmez. Çok daha az ceza ve eleştiri de iz bırakır. Eğer diğerleri size yaptığınız hiçbir şey yeterince iyi değilmiş gibi davrandılar; başarınız ve güçlülüklerinize rağmen hatalarınıza ve zayıflıklarınıza odaklandılarsa, alay edip, dalga geçtilerse, kötüleyip kendinizi aşağı hissetmenize neden oldularsa tüm bu deneyimler (daha az yoğunlukta olsalar bile) kendinizle ilgili temel olarak yanlış bir şey olduğunu veya bir şekilde eksik olduğunuzu hissetmenize neden olabilir.

Jesse'in babası sigorta satıcısıydı. Müdürlük pozisyonuna yükselme arzusunu hiç gerçekleştiremedi ve bunun nedenini ebeveyninin onu okulda desteklememesine indirgedi. Hiçbir zaman yaptıklarıyla özel olarak ilgileniyor gibi görünmezlerdi ve onlar için çocuklarının okuldan kaçmasını ya da ödevlerini görmezden gelmek kolaydı. Kendisi aynı yanlışı çocuklarına karşı yapmamakta kararlıydı. Her gün yemek masasında çocuklarını o gün ne öğrendikleri konusunda sorgulardı. Herkesin bir cevabı bulunmalı ve bu cevap da yeterince iyi olmalıydı.

Jesse, eve dönerken babasının arabadaki korku verici görüntüsünü hatırlıyordu. Bu başka bir sorgunun yaklaştığı anlamına geliyordu. O an geldiğinde, zihninin boşalacağı ve söyleyebilecek hiçbir şey düşünemeyeceğinden emindi. Bu olduğunda babasının yüzü umutsuzlaşırdı. Jesse, babasını hayal kırıklığına uğrattığını görebiliyordu. Sonrasında gelen "Bundan daha iyisini yapamıyorsun" yorumunu hak ettiğini hissediyordu. Babası "hayatta hiçbir yere gelemeyeceksin" derdi. Jesse, içinden tamamen onaylardı. Yeterince iyi olmadığı ve asla yapamayacağı onun için açıktı.

Akran gruplarının standartlarını karşılayamama

Çocuklar ve gençler sadece ailelerinin açık ya da örtülü standartlarından değil, yaşıtlarının taleplerinden de güçlü şekilde etkilenebilirler. Özellikle ergenlikte, kişinin bağımsız bir birey olma ihtiyacı doğduğunda ve cinsel kimlik gelişimi sırasında yaşadığı uyum baskısı çok güçlü olabilir. Akran grubunuzun standartlarına uyum sağlamakta başarısız olduğunuzu görmek acı verici, özgüvenle ilgili kalıcı etkileri olan bir deneyim olabilir.

Örneğin; Karen sporu ve dansı seven çekici, azimli, enerjik bir kızdı. Kadınlar için ideal beden şeklinin uzun ve oldukça ince olması gerektiğinin düşünüldüğü bir zamanda büyümüştü. Hiç de aşırı kilolu olmamasına rağmen, Karen'ın vücut şekli bu ideale yakın değildi. Annesi ona "yapılı" olduğunu söyleyerek güvenini güçlendirmek istedi. Kendisini iyi hissetmesi için yapılan bu beceriksiz deneme, ters tepti. "Yapılı" onun için "olması gereken" değildi. Karen'ın arkadaşlarının tümü modayla ilgiliydi ve alışverişte, giysi denemekte saatler harcıyorlardı. Karen onlara katılırdı ama ortak deneme odalarında, kendini aşırı derecede çekilmez, tuhaf ve utangaç hissediyordu. Her ayna, bedeninin ideal olandan ne kadar uzak olduğunu gösteriyordu. Geniş omuzları ve yuvarlak kalçaları tamamen yanlıştı.

Karen diyet yapma kararı aldı. İlk haftalarda birkaç kilo verdi. Arkadaşları harika göründüğünü düşünüyorlardı. Karen buna çok memnun oldu. Yemesini kısıtlamayı sürdürdü ve kilo vermeye devam etti. Ama bir şekilde, ne kadar denediyse de yeterince ince olamıyordu. Sürekli olarak açtı. Sonunda pes etti ve tekrar normal yemeye, hatta fazla yemeye başladı. Bu, onun için yaşam boyu diyet ve aşırı yeme arasında gidip gelen bir sürecin başlangıcı oldu. Karen fiziksel görünümünden hiçbir zaman hoşnut değildi. Şişman ve çirkin olduğuyla ilgili kaygılıydı.

Başkalarının stresine veya üzüntüsüne maruz kalma

Temel olarak sevgi dolu, çocuklarından yürekten seven ve değer veren ailelerde bile, durum değişiklikleri çocuklar üzerinde baskı ve üzüntü yaratarak kalıcı etkilere yol açabilir. Stresli, mutsuz veya çok meşgul ebeveynlerin normal yaramazlıklar veya doğal kişisel kontrol kayıpları ya da beceri eksikliklerine ilişkin sabırları azdır.

Örneğin; Geoff enerjik, macerasever, meraklı küçük bir çocuktu. Yürümeye başladığında her şeye el atıyordu. Bir şey gözüne iliştiğinde, onu incelemek için koşuşturuyordu. Korkusu çok azdı. Yeni yürümeye başladığında bile ağaçlara tırmanıyor, düşünmeksizin derin sulara dalıyordu. Annesi onu izleyebilmek için arkasında gözleri olması gerektiğini söylüyordu. Geoff'un maceracı ve sorgucu zihninden gurur duyuyorlardı ve onu neşeli, sevimli buluyorlardı.

Ancak üç yaşındayken ikiz bebekler geldi. Aynı zamanda babası işini kaybetti ve çok daha düşük ücretli bir işi kabul etmek zorunda kaldı. Aile, küçük bahçeli evlerinden daha büyük bir blokta dördüncü kattaki bir eve taşındı. İki yeni bebekle işler iyice karışmıştı. Geoff'un babası işini kaybettiğini düşündü, suratsız ve sinirli hale geldi. Annesi sürekli yorgundu. Dairenin kapalı alanında Geoff'un enerjisinin gideceği bir yer yoktu ve ilgisiyle merakı sadece karmaşa yaratıyordu.

Öfke ve engellenmenin hedefi haline geldi. Küçük olduğu için bu değişikliğin nedenini anlayamadı. Sessizce oturup, beladan uzak kalmayı çok denedi ama yine de sonunda ona bağırıldı ve bazen tokatlandı. Artık yaramaz, uyumsuz ve kontrol edilemez bir çocuk olduğu söylenmeden kendi olması olanaksız duruma gelmişti. Yetişkinliğinde bile onay almama veya eleştiri ile karşılaştığında yine yanlışlık ve umutsuzluk hissediyordu – bir şekilde kabullenilmezlik.

Ailenizin toplumdaki yeri

Kendinizle ilgili görüşlerin temeli sadece size kişisel olarak nasıl davranıldığıyla ilgili olmayabilir. Bazen düşük özgüven kişinin nasıl bir insan olduğu, ailesinin nasıl yaşadığı veya grup içindeki kimliğiyle ilgili olabilir. Örneğin eğer aileniz çok yoksul idiyse, aileniz komşuların onları aşağıladığı ciddi zorluklar yaşadıysa, düşmanlık, horlanma çeken bir ırk, kültür veya dini gruba ait idiyseniz, başka insanlar tarafından kalıcı bir küçümsenme hissi sizi ele geçirmiş olabilir.

Bu, Arran için geçerliydi. Onun öyküsü, azimli ve çekici bir çocuğun, içinde yaşadığı çevrede ailesinin toplum tarafından dışlanması nedeniyle, nasıl verecek hiçbir şeyi olmadığına inanabildiğini gösteriyor.

Arran, sürekli seyahat eden bir ailenin yedi çocuğun ortancasıydı. Annesi ve anneannesi tarafından büyütülmüştü ve kalıcı bir baba figürü hiç olmadı. Hayat zordu. Sürekli maddi zorluklar vardı ve herhangi bir konuda istikrar nadirdi. Arran'ın anneannesi parlak açık renge boyanmış saçlarıyla dikkat çeken, içen bir kadındı. Arran koşturarak okula giderken, anneannesi iki küçük çocuğun arabasını itiyor, diğer çocuklar da arkadan geliyordu. Yoksulluk, tüm çocukların birbirlerine devrettikleri ikinci el kıyafetleri giymesi demekti. Üstleri başları pis, ayakkabıları hışırtılı, yüzleri kirli, saçları dağınıktı. Anneanneleri sıklıkla durup arkadan gelen yaşı büyük çocuklara acele etmelerini söylerdi.

Arran'ın aklında kalan karşıdan gelenlerin yaklaşmakta olan aileye bakarkenki yüzleri oldu. Ağızlarının bükülmesi, onaylamayan kaş çatışları ve göz temasından kaçmalarını görebiliyordu. Birbirlerine mırıldanmaları duyabiliyordu. Okula ulaştıklarında da aynısı oluyordu. Oyun alanında diğer çocuklar ve ebeveynler ailesinden uzak duruyordu.

Arran'ın anneannesi de insanların kendilerine karşı duruşlarının farkındaydı. Kendi yöntemiyle ailesini şiddetle koruyordu. Bağırmaya, küfretmeye, tehditler savurmaya başlardı.

Okul yılları boyunca Arran derin bir utanç hissetti. Kendini değersiz ve dışlanmış olarak gördü. Tek savunması saldırıydı. Sürekli olarak kavga ediyor ve itişiyordu. Derslere katılmakta başarısız oluyor, yetersiz kalıyor ve yasadışı işlerin eşiğindeki genç adamlarla görüşüyordu. Kendini başarılı hissettiği zamanlar sadece kuralları çiğnediği zamanlardı – yakalanmadan çaldığında veya birini misilleme olmadan dövdüğünde.

İyi şeylerden mahrum kalma

Yukarıda tanımlanan acı veren deneyimlerin kendini kötü, yetersiz, aşağı, zayıf ve sevilmez hissetmeye nasıl yol açabildiğini görmek kolaydır. Bazense önemli deneyimler daha az açıktır. Bu, sizin kendinizle ilgili hissettiklerinizi bir bulmaca haline getirebilir. Çocukluğunuzda bu denli aşırı bir şey olmadı – kendi değerinize ilişkin inancınızla ilgili nasıl bu kadar sorunlu oldunuz?

Sorun, dramatik olarak kötü şeylerin *varlığı* sonucu değil; kişinin kendisini kabul edilebilir, iyi ve değerli hissetmesine katkıda bulunacak gündelik yaşantıların *eksikliği* sonucu gelişebilir. Belki örneğin, *yeterli* ilgi, yeterli övgü ve yüreklendirme, *yeterli* sıcaklık ve şefkat, sevildiğinize, istendiğiniz ve değer gördüğünüze dair *yeterli* açık onay almadınız. Belki ailenizde açık bir nezaketsizlik olmasa da, sevgi ve beğeni doğrudan belirtilmiyordu. Eğer böyleyse, bu kendinizle ilgili görüşlerinizi etkilemiş olabilir.

Örneğin Kate, orta sınıf kökenli yaşlı anne-baba tarafından büyütülmüştü. Özünde her ikisi de iyi insanlardı ve tek kızlarını ellerinden gelen en iyi şekilde yetiştirip, hayata iyi bir başlangıç yapmasını istemişlerdi. Ancak her ikisinin de yetiştirildiği değerler, şefkatlerini açıkça belirtmelerinde güçlüğe neden oluyordu. Ona sevgilerini göstermenin tek yolunun pratik ihtiyaçlarını gidermek olduğuna inanıyorlardı. Kate'in ödevlerini yapmasını, düzenli beslenmesini, iyi giyinmesini, birçok kitap ve oyuncağa sahip olmasını sağlamakta iyilerdi.

Yaşı ilerledikçe, iyi bir okula gitmesini sağladılar. Kızı izci kamplarına ve yüzme derslerine götürdüler ve arkadaşlarıyla gittiği tatillerin parasını ödediler. Ama ona neredeyse hiç dokunmadılar; hiç kucaklaşma, öpücük, sıvazlama veya özel adlarla seslenme yoktu. Başlangıçta Kate bunun neredeyse farkında değildi. Ama açıkça sevgisini gösteren diğer aileleri gördükçe, evde üzüntülü bir boşluk yaşamaya başladı. Değişiklik yapmak için elinden gelenin en iyisini yaptı. Birlikte yürürlerken babasının elini tutardı ve ardından onun terbiyeli bir şekilde hemen elini çektiğini fark etti. Kollarıyla annesini sarardı, onun gerildiğini hissederdi. Nasıl hissettiğiyle ilgili konuşmaya çalışırdı ama annebabasının nasıl tuhaf görünüp, konuyu derhal değiştirdiklerini görürdü.

Kate, onların kendine karşı olan tavırlarının kendisiyle ilgili bir şeyi yansıttığı sonucuna vardı. Anne ve babası ona karşı görevlerini yapmıştı, daha fazlasını değil. Bu onun için temelden sevilemez olduğu anlamına geliyordu.

Evde "dışlanan" olma

Düşük özgüvene katkıda bulunan bir diğer örtük deneyim ise, evde "dışlanan" olmaktır. Bununla, ailenize tam olarak "uymayan" birini kastediyorum. Belki akademik bir ailede sanatçı yönleri öne çıkan bir çocuktunuz. Veya sessiz bir ailenin enerjik, sportif çocuğuydunuz veya sürekli hareket halindeki bir ailenin okumayı, düşünmeyi seven çocuğuydunuz. Sizinle veya onlarla ilgili yanlış olan bir şey yoktu ama bir şekilde aile şablonuna veya aile normlarına uymuyordunuz. İyi niyetle dalga geçilmenin ya da orta düzeyde bir şaşkınlığın ötesinde bir deneyimle karşılaşmamış olabilirsiniz. Ama bazen bu durumdaki kişiler normlardan farklı olmayı tuhaflık, kabul edilemezlik ve aşağıda olmak olarak görür.

Sarah, sıradışı bir sanatçıydı. Öğretmen olan anne babası ise hayatta en önemli şeyin akademik başarı elde etmek olduğunu düşünüyordu. Onun okulda başarılı olan, üniversiteye giden avukat ve doktor olan iki ağabeyinden memnundular. Sarah ise ortalama bir öğrenciydi. Okuluyla ilgili özel olarak yanlış giden bir şey yoktu, sadece ebeveyninin istediği kadar parıldamıyordu.

Gerçek yeteneği ellerinde ve gözlerinde yatıyordu. Resim çizip, boyayabiliyordu ve kolajları renk ve enerji doluydu. Annesi ve babası Sarah'nın artistik yeteneklerinden hoşnut olmayı denediler ama sanatı ve zanaatı önemsiz bir iş ve zaman kaybı olarak görüyorlardı. Onu hiçbir zaman açıkça eleştirmediler ama o, ağabeylerinin başarılarını duyunca ebeveyninin yüzlerinin nasıl aydınlandığını görebiliyordu. Eve sanat işleriyle geldiğinde onların eksik coşkusunu fark etmekten başka bir şey yapamıyordu. Her zaman onun yaptıklarına dikkatlice bakmak yerine yapacak daha önemli şeyleri varmış gibiydi ("Çok, çok güzel canım").

Sarah'nın çıkarttığı sonuç diğerlerinden, daha zeki insanlardan aşağı olduğu yönündeydi. Bu bir yetişkin olarak yeteneklerine değer vermeyi veya onlardan zevk almayı zorlaştırdı. Bir sanatçı olarak yaptığı eserlerle ilgili özür dilemeye ve onları küçük görmeye meyletti. Kendinden daha zeki veya eğitimli gördüğü kişilerin yanında sessiz kaldı ve zihni özeleştirel düşüncelerle fazlasıyla meşgul oldu.

Okulda "dışlanan" olma

Kişinin ailesine uymamasının kendisini iyi hissetmesini güçleştirmesi gibi okulda da başkalarından farklı olmak kişinin kendisini tuhaf, yabancı veya aşağı hissetmesine neden olabilir. Gruptan ayrı görülen çocuklar ve gençler acımasızca alaya alınıp, dışlanabilirler. Pek çok çocuk için farklı olmak yanlıştır. Bu, görünümle ilgili farklılıklar (örneğin: ten rengi, gözlük takmak) psikolojik oluşumdaki farklılıklar (örneğin: utangaçlık, hassaslık), davranışlardaki değişiklikler (örneğin: farklı bir aksana sahip olmak, belli bir yaştan sonra havalı bulunmasına rağmen ebeveyne karşı açıkça sevgi dolu olmak) ve yetenekteki farklılıklar (örneğin: açıkça zeki ve derslerde iyi olmak, öğrenmede yavaşlık) nedeniyle yaşanabilir.

Chris, erken çocukluk döneminde mutluydu. Ancak okula gider gitmez zorluklar yaşamaya başladı zira teşhis edilmemiş disleksisi vardı. Sınıftaki tüm diğer çocuklar okuma ve yazma konusunda yarışta önde giderken, o geride kalıyordu. Öğrenemiyordu. Ona özel yardım sağlaması için bir öğretmen verildi ve başkalarından farklı olarak evde özel bir okuma listesi tutması gerekiyordu.

Diğer çocuklar ona gülmeye ve "kalın kafa", "aptal" diye seslenmeye başladılar. Bunu sınıfın palyaçosu olarak telafi etmeye çabaladı. Her zaman kaba şakalara dahil olması beklenen kişi oydu. Öğretmenlerin de ona karşı sabrı azalmaya başladı ve öğrenme güçlüklerini tembellik, dikkat yetersizliği olarak etiketlediler. Ebeveyni, tavırlarını konuşmak üzere okula çağrıldıklarında, onlara yaptığı yorum şöyleydi: "Ne bekliyorsunuz ki? Ben aptalım."

Sonraki deneyimler

Düşük özgüvenin kökenleri genellikle kişinin çocukluk veya ergenlik döneminde yatmasına rağmen, durumun her zaman böyle olması gerekmediğini de bilmek önemlidir. Kendileri hakkında olumlu görüşleri olan pek çok kendine güvenen insanın bile, yaşamlarında daha sonra gelişen, yeterince güçlü ve kalıcı etkilere sahip olaylar sonucu, özgüvenleri zayıflayabilir. İşyerinde yıldırma ve zorbalık, sömürücü bir evlilikte hapsolmak, uzun süreli yoğun stres, maddi zorluk veya travmatik olaylar bu türden yaşantılardandır.

Jim'in öyküsü sağlam bir kendine güvenin nasıl bu şekilde zayıflayabileceğini gösteriyor. Jim itfaiyeciydi. İşinin parçası olarak pek çok yangın ve kazada görev almıştı ve birden fazla hayat kurtardığı durumlar olmuştu. Düzenli, mutlu bir çocukluğu olmuştu ve her iki ebeveyni tarafından da sevildiğini hissetmişti. Kendini güçlü, ehil, yaşamın sunduğu her şeyle başedebilecek biri olarak görüyordu. Bu nedenle zorlu, riskli ve talepkâr işinde başarılı olup neşeli kalabiliyordu.

Bir gün kalabalık bir sokakta arabasını kullanıyordu. Bir kadın kaldırımdan aniden önüne atladı ve aracının tekerlekleri altında kaldı. Durabildiğinde kadın ağır yaralanmıştı. Jim her zaman bir ilk yardım çantası taşırdı, arabadan atlayıp ne yapabileceğine baktı. Bir süre sonra diğer insanlar ambulans çağırdığında ve yardım etmek için etrafa toplandığında, kendini giderek daha çaresiz hissetti ve arabasına çekildi.

Korku dolu kazalar yaşayan veya bu gibi durumlara tanıklık eden pek çokları gibi, Jim de daha sonraları travma sonrası stres bozukluğu yaşamaya başladı. Kazayı zihninde tekrar tekrar yaşıyordu. Kurban, "aklından çıkmıyordu"– uyanıkken ve hatta uyurken bile onu aklından atamıyordu. Suçluluk duygusuyla acı çekiyordu – arabayı durdurabilmeliydi, acı sona kadar kurbanla kalmalıydı. Sürekli olarak gergin, tetikte ve mutsuzdu – bu Jim'in her zamanki halinden çok farklıydı.

Jim'in genelde güçlüklerle başetme yöntemi, kendine hayatın devam ettiğini hatırlatması, olanı arkasında bırakması ve şimdiyi yaşaması şeklindeydi. Olanları hatırlamamaya ve hislerini bastırmaya çalıştı. Ne yazık ki bu onun olanlarla başetmesini daha da olanaksız duruma getirdi. Kişiliğinin kötüye doğru değiştiğini hissediyordu. Kazayı önleyememiş olması gerçeği, arabaya çekilmesi, duygularını ve düşüncelerini kontrol edememesi; olduğuna inandığı güçlü, ehil kişi olmaktan çok, ona zayıf, yetersiz, nevrotik bir enkaz olduğunu gösteriyordu.

Geçmiş ve bugün arasında köprü kurmak: Temel İnançlar

Bu öykülerin tümü deneyimlerin özgüveni nasıl şekillendirdiğini gösteriyor. İnsanlar büyüdükçe kendileri için önemli olan insanların seslerine kulak verir. Bunların ebeveyn sesi olması gerekmez. Diğer aile üyeleri (büyükanne ve babalar, örneğin kendilerinden büyük kardeşler), öğretmenler, çocuk bakıcıları, arkadaşlar, okul arkadaşları – hepsinin kendine güven ve özgüven konusunda önemli bir etkisi olabilir. Kendimizi tam da onların sesleriyle eleştirirken, aynı nazik olmayan adlarla çağırırken ve başkalarıyla aynı şekilde kıyaslayıp, nasıl olmamız gerektiğini söylerken bulabiliriz. Bu, günümüzde kendimize dair sahip olduğumuz inançların, genellikle çocukken aldığımız mesajları yansıtmasıdır.

Bununla birlikte, duyguları ve bedensel duyumları yeniden deneyimleyip, zihin gözümüzle daha erken dönemde var olan görüntüleri görebiliriz. Örneğin Sarah, bir sergi için resmini sunduğunda annesinin tahammül gösteren sesini duyuyordu. ("Yani, eğer sen seviyorsan canım") Ve midesinde çocukken hissettiği o yumruyu yeniden deneyimliyordu. Geoff, enerjik ve muhteşem fikirlerle doluyken birden babasının buruşturulmuş, bağıran, sinirli yüzü gözünün önüne geliyor ve anında hatalı, uyumsuz ve çökkün hissediyordu.

Bunun nedeni nedir? Sonuçta, hayat devam ediyor. Artık çocuk değiliz. Bir yetişkin olarak yeni deneyimler ediniyoruz. O zaman çok önceye dayanan bu yaşantılar, bugün nasıl davrandığımızı neden etkiliyor?

Yanıt, deneyimlerimizin kendimizle ilgili genel sonuçlara, yargılara ulaşmamızda bir temel oluşturmasında yatıyor. Bu sonuçlara, "temel inançlar" diyebiliriz. "Temel inanç" düşük özgüvenin tam merkezinde yer alan kendilik algısıdır. "Temel inanç", genellikle, "Ben..." diye başlayan tek bir cümleyle özetlenebilir. Son birkaç sayfada okuduğunuz öykülere tekrar göz atın. Orada tanımlanan kişilerin "temel inanç"larını belirleyebiliyor musunuz?

Tablo 3. Durum

• *Briony*	Kötüyüm
• *Jesse*	Yeterince iyi değilim
• *Karen*	Şişman ve çirkinim
• *Geoff*	Kabul edilmezim
• *Arran*	Değersizim
• *Kate*	Sevilmezim
• *Sarah*	Önemsizim, aşağıyım
• *Chris*	Aptalım
• *Jim*	Güçlü ve yetkinim = Ben nevrotik bir enkazım

Kişilerin kendileri hakkında geliştirdiği baskılayıcı fikirler yaşadıkları deneyimlerden kaynaklanır. Başlarına gelenler düşünüldüğünde kişilere bu fikirler müthiş anlamlı gelir. Ancak öykülerini okuduğunuzda siz bu fikirleri onayladınız mı? Briony'nin kötü olduğunu, Jess'in yeterince iyi olmadığını, Karen'ın şişman ve çirkin olduğunu, Geoff'la ilgili her şeyin yanlış olduğunu düşündünüz mü? Sizin görünüşünüzle Arran dışlanmalı mıydı? Kate'in sevilemez olduğuna kanaat getirdiniz mi? Sarah önemsiz ve aşağı, Chris aptal, Jim yetersiz ve zayıf mı?

Dışarıdan biri olarak Briony'nin kendisine yapılandan sorumlu olmadığını, Jesse'in babasının yargılarında kendi ihtiyaçlarının bozucu etkisi olduğunu, Karen'ın tek eksikliğinin yanlış bir ideali karşılayamamak olduğunu, Geoff'un ebeveynlerinin zorlu koşullar nedeniyle ona karşı değiştiğini, onun sevilebilir niteliklerine karşı duyarsızlaşıp, güçlü yanlarını ise stres kaynağı haline getirdiklerini kuşkusuz görmüşsünüzdür. Muhtemelen Arron'ın yaşadığı kabul görmemenin kendi kusuru olmadığı, Kate'in anne ve babasının bazı inançlarının ona karşı ne kadar sevecen olabileceklerini kısıtladığı, Sarah'nın ebeveyninin katı standartlarının, onu yeteneklerinin tadını çıkartmaktan nasıl alıkoyduğu, Chris'in öğrenme güçlüğünün aptallıkla ilgisi olmadığı ve Jim'in bunaltısının korkunç bir olaya yönelik normal ve anlaşılabilir bir tepki olup, zayıflık veya yetersizlik işareti olmadığı sizin için artık açıktır.

Şimdi kendinizle ilgili algınızı; büyürken ve sonrasında onu besleyen deneyimlerinizi düşünün. Temel inancınızın ne olduğunu düşünüyorsunuz? Kendinizi nasıl eleştiriyorsunuz? Sinirli olduğunuzda veya hayal kırıklığı içindeyken kendinizi ne gibi sıfatlarla çağırıyorsunuz? Hayatınızdaki insanlar size kızdığında veya sizinle ilgili hayal kırıklığına uğradıklarında size ne derlerdi? Anne babanızdan, ailenizin diğer bireylerinden, yaşıtlarınızdan kendinizle ilgili hangi mesajları aldınız? Eğer kendinizle ilgili kuşkularınızın temelini tek bir cümlede yakalayabilseydiniz, ("Ben ________"), bu ne olurdu?

Temel inancınız yoktan var olmamıştır. Kendinizle ilgili kötü düşünerek doğmadınız. Bu fikir, deneyimlerinize dayalı. Tam olarak hangi deneyimler? Kendinizle ilgili ilk kez ne zaman böyle düşündünüz dersek aklınıza neler gelir? Kendinizle ilgili fikirlerinizin kristalleştiği belirli bir olay, belirli anılarınız var mı? Veya zaman içinde gelişen düzenli olaylar mı var? Veya genel bir iklim, örneğin; soğukluk veya onay vermeme? Fikirlerinizi not edin. Bu bilgileri kendinizle ilgili bakışınızı değiştirmek için daha sonra temel olarak kullanacaksınız.

Düşük özgüveninizin kökenini anlamak değişime yönelik ilk adımdır. Briony ve diğerlerinin kendileriyle ilgili ulaştıkları sonuçların, deneyimlerine yönelik yanlış anlamalar olduğunu göreceksiniz – yetişkin bilgisine sahip olmadan, daha geniş bir temele oturtmadan, daha gerçekçi düşünemeyecek kadar kaygılı olduklarında ulaştıkları o zaman için onlara çok anlamlı gelen yanlış anlamalar.

Bu düşük özgüvenin temelinde yatan temel inançla ilgili anahtardır. Ne kadar güçlü ve ikna edici görünse ve ne kadar köklü olsa da, genellikle önyargılı ve yanlıştır. Çünkü bir çocuğun bakışına dayalıdır. Eğer kendinize güveniniz her zaman az olduysa, temel inancınız oluştuğunda, "bir dakika dur!" diyebilmek, geri durup ona bir bakabilmek ve geçerliliğini sorgulamak için; kısacası bu fikrin gerçek olmadığının farkına varmak için çok gençtiniz demektir.

Temel inancınız düşünün. Kendinizle ilgili sonuçlara benzer yanlış anlamalarla varmış olmanız olası mıdır? Suçunuz olmayan bir şeyle ilgili kendinizi suçlamış olabilir misiniz? Başka birinin davranışının sorumluluğunu yüklenmiş olabilir misiniz? Bazı sorunları değersiz olduğunuza yönelik bir işaret olarak mı algıladınız? Onların sınırlılıklarını yeterince deneyimlemeden başkalarının standartlarını mı özümsediniz? Özellikle sizin deneyimlerinizi yaşayan başka birini hayal etseniz, onu kendiniz gibi olumsuz şekilde mi yargılardınız veya farklı sonuçlar mı çıkartırdınız? Eğer saydığınız ve özen gösterdiğiniz birine size olanlar olsaydı, durumu nasıl anlar ve açıklardınız?

Bu aşamada ilerlemeyi ve farklı bir bakış açısı edinmeyi güç bulabilirsiniz. Temel inanç etkin olduğunda, yanlı düşüncelerin de katkısıyla, kendini ondan koparıp onu sorgulamak giderek zor duruma gelir. Sistematik önyargılarınız temel inancınızı destekleyen şeyleri fark edip, ağırlık vermenizi; desteklemeyenleri ise görmeyip, değersizleştirmenize ve sonuçta da inancınızın sürmesine neden olur. Bu da kendiniz için belli başlı yaşam kuralları oluşturmanıza yol açar: Temel inancın doğru olduğu varsayımıyla kendinizi, diğerlerini ve dünyayı idare edebilmek için çeşitli stratejiler edinirsiniz.

Yanlı düşünce

Düşük özgüvende kişinin kendiyle ilgili olumsuz inançlarını devam ettirmesine iki yanlı düşünce katkıda bulunur. Bunlar: Kendinizi nasıl algıladığınız ile ilgili önyargınız (yanlı algı) ve algıladığınızdan çıkarttıklarınızdır (yanlı yorum).

1 Yanlı algı

Eğer özgüveniniz düşükse, kendinizle ilgili olumsuz düşüncelerinizi destekleyen şeyleri fark etmeye daha eğilimli olursunuz. Spotu kendinizle ilgili mutsuz olduğunuz veya sevmediğiniz herhangi bir şeyin üzerine çevirirsiniz. Bu; fiziksel görünümünüz, (örneğin: gözleriniz çok küçüktür) karakteriniz, (örneğin: sosyal değilsinizdir) veya sadece yaptığınız hatalar, ("Yine mi? Nasıl bu kadar aptal *olabildim*?) veya bir standart, ideali karşılamaktaki eksikliğiniz (örneğin: Bir görevde yüzde 110 başarılı olamamak). Tüm eksiklikleriniz, hatalarınız ve zayıflıklarınız fazlasıyla görünür olup yüzünüze çarpar.

Aynı zamanda, temel inancınızla tutarlı olmayan kendinizle ilgili olumlu yönlere dikkatinizi çevirmezsiniz. Güçlü yanlarınız, nitelikleriniz, değerleriniz ve becerilerinizle ilgili net bir görüşe sahip olmak zordur. Sonuç olarak, yaşamınız boyunca genel odağınız doğru yaptıklarınız üzerinde değil, yanlış yaptıklarınız üzerinde olur.

2 Yanlı yorum

Düşük özgüven sadece kendinize bakışınızı çarpıtmakla kalmaz. Aynı zamanda gördüklerinize verdiğiniz anlamı da çarpıtır. Eğer bir şey iyi gitmezse; bunu kendinizle ilgili evrensel, genellenmiş yargınızın temeli olarak kullanmaya eğilimlisinizdir – tipiktir, her zaman yanlış yaparsınız vb. Yani önemsiz yanlışlar, başarısızlıklar insan olarak değerinizi belirliyor gibi görünür ve gelecekle ilgili tahminlerinizi şekillendirir. Nötr ve hatta olumlu deneyimler saptırılıp, kendinizle ilgili algınızı etkileyebilir. Eğer örneğin; biri iyi göründüğünüz hakkında övgüde bulunursa şimdiye kadar oldukça kötü göründüğünüz sonucuna varabilir veya iltifatı önemsizleştirebilirsiniz (istisnalar kaideyi bozmaz, sadece nazik davranıyorlardı vb). Kendinizle ilgili algınız; cesaretlendirme, değer verme, kabul ve övgü yerine sürekli özeleştiri üzerine kuruludur.

Sonuç

Yanlı düşünceler, sistemi yerinde tutmak için elbirliği ile çalışırlar. Kendinizle ilgili temel görüşleriniz olumsuz olduğu için, olayların olumsuza döneceği beklentiniz olur. (4. Bölüm'de ayrıntılarıyla inceleyeceğimiz üzere) bu beklenti sizi herhangi bir işareti, olayların sizin öngördüğünüz gibi olacağı konusunda hassas duruma getirir. Ek olarak, işler nasıl giderse gitsin olaylarla ilgili olumsuz bir tasarım yapmak eğilimindesinizdir. Böylece, olanlarla ilgili anılarınız olumsuz yönde biçimlenecektir. Bu, hem kendinizle ilgili olumsuz görüşlerinizi güçlendirecek hem de gelecekle ilgili en kötüyü öngörmenize katkıda bulunacaktır.

Tablo 4. Düşük özgüven: Yanlı düşünceler

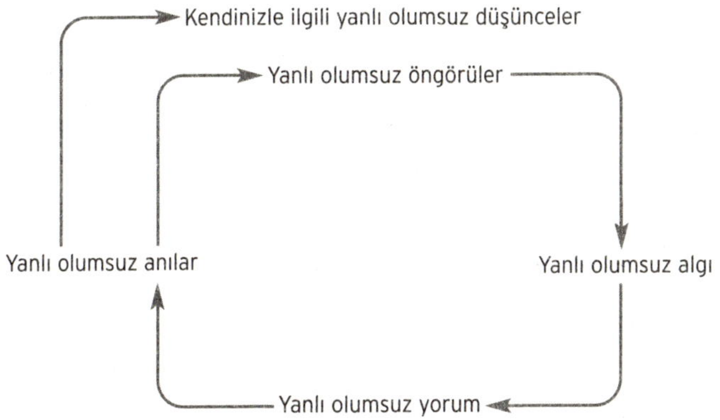

Düşüncedeki bu sürekli yanlılıklar kendinizle ilgili inançlarınızın sadece fikirlerden ibaret olduğunu fark etmenize engel olur. Evet deneyime dayalı, yeterince gerçekçi ve oldukça ikna edicidirler – ama bununla birlikte yalnızca fikirdirler. Ve fikirler, yanlı bir bakış açısına dayandıkça, gerçek sizden gittikçe uzaklaşır. Bilişsel terapist olan Christine Padesky'ye göre kişinin kendisiyle ilgili olumsuz fikirlerinin bir tür önyargı olduğunu düşünmek oldukça zihin açıcıdır. "Önyargı" tüm gerçekleri dikkate almak yerine, daha ziyade temel inancı destekleyecek durumları dikkate alır ve böylece bu durumlar gerçek değerlerinden daha güçlü duruma gelirler. Etrafta bu denli güçlü inanış örnekleri görmek kolaydır – belirli ırk, kültür, din gruplarından olan, belli yaştaki, cinsel yönelimdeki insanlara karşı önyargılı olmak gibi.

Gerçek kanıtlara dayanmayan böylesine güçlü görüşler insanları savaşa bile sürükler. Düşük özgüven de böyledir. Kendinizle ilgili yanlı düşünceleriniz (kendinize karşı önyargılarınız) olumsuz düşüncelerinizi sürdürmüş, sizi endişeli ve mutsuz duruma getirmiş, hayatınızı kısıtlamış ve sizi gerçekte nasıl bir insan olduğunuza yönelik daha geniş, dengeli ve gerçekçi bir bakış açısından alıkoymuş olabilir.

Yaşam kuralları

Bir şekilde başarısız veya yetersiz, itici veya sevilmeyen biri olduğunuza, kısaca yeterince iyi olmadığınıza inansanız bile, dünyada işlev göstermek durumundasınızdır. Yaşam kuralları size bunu yapmanız için yardımcı olur. Bu kurallar, onlara uyduğunuz takdirde görece kendinizi rahat hissetmeniz için size yardımcı olurlar. İnsanlara, temel inançlarına karşın, yaşamda az ya da çok etkili davranmaları için olanak sağlarlar.

Aslında çelişkili olarak gerçekte temel inancı yerinde tutarak, düşük özgüvenin sürmesine katkı sağlarlar. Yukarıda tanımlanan kişilerin yaşam kurallarına göz atmak, size durum bağlamında ne anlama geldikleri ve pratikte özgüveni korumak için nasıl çalıştıkları konusunda fikir verebilir.

Kişilerin geliştirdiği yaşam kurallarının her biri, temel inancı doğru kabul ederek; durumu idare etme ya da kaçınma girişimidir. Gündelik hayatta çeşitli politika ve stratejiler olarak ifade bulurlar. Örneğin Briony'nin sömürülme tehlikesi ve gerçek kendini saklama ile ilgili kuralları onun yakın ilişkilerden kaçınmasına yol açtı. Sosyal teması en alt düzeyde tutup ve eğer insanlarla zaman geçirmeye zorlanırsa sohbeti yüzeysel olarak devam ettirip, kendiyle ilgili sorulardan kaçınırdı. İstemediği şeyleri yapması için insanların onu yönlendirmek istediğine yönelik işaretlere karşı her zaman oldukça tedbirliydi ve kişisel alanını şiddetle koruyordu.

Bu tip stratejiler bir yere kadar işe yarar. Örneğin Jesse'in yüksek standartları, başarısızlık ve eleştiri korkusu onu sürekli daha yüksek seviyelere yönelik performans göstermek için motive etti ve onun iş yaşamıyla ilgili yükselen bir başarı oldu. Ama bunun için bir bedel ödedi. Yaşam kuralları artan bir zorlanma geliştirdi ve onun için gevşemeyi, başarılarının tadını çıkartmayı olanaksız hale getirdi. Ek olarak: görevini yapma ihtiyacı, kişisel ilişkileri ve boş zamanları pahasına da olsa işinin hayatına egemen olduğu anlamına geliyordu.

Tablo 5. Yaşam kuralları

	Temel inançlar	Yaşam Kuralları
Briony	Kötüyüm	Birinin bana yakınlaşmasına izin verirsem, beni incitir ve kullanır. Kimsenin gerçek beni görmesine asla izin vermemeliyim.
Jesse	Yeterince iyi değilim	Her zaman doğru olanı yapmadıkça, hayatta asla bir yere gelemem. Eğer biri beni eleştirirse, bu başarısız olduğum anlamına gelir.
Karen	Şişman ve çirkinim	Değerim nasıl göründüğüm ve kaç kilo olduğumla ölçülür.
Geoff	Kabul edilmezim	Kendimi her zaman sıkı kontrol altında tutmalıyım
Arron	Değersizim	Hayatta kalmak, misilleme yapmaya bağlıdır. Ne yaparsam yapayım, kimse beni kabullenmeyecek.
Kate	Sevilmezim	İnsanların benden beklediklerini yapmadıkça, reddedilirim. Eğer ihtiyacım olanı istersem, hayal kırıklığına uğrarım.
Sarah	Önemsizim Aşağılıyım	Eğer biri benimle ilgilenmiyorsa, ilgiye layık olmadığım içindir. Başkaları fark etmedikçe yaptığım hiçbir şey değerli değildir.
Chris	Aptalım	Başaramamaktansa denememek daha iyidir.
Jim	Güçlü ve ehilim Nevrotik bir enkazım	Hayatta başıma gelen her şeyle başedebilmeliyim Duygularımın beni yenmesine izin vermek zayıflık göstergesidir.

7. Bölüm'de yaşam kuralları; onların düşünce, duygu ve davranışlarınızı nasıl etkilediği; onları nasıl değiştireceğiniz ve bu kuralların size yüklediği taleplerden nasıl özgürleşeceğinize yönelik daha fazla bilgi bulacaksınız.

ÖZET

1. Hakkınızdaki olumsuz inanışlarınız (Temel İnançlarınız) birer düşüncedir, olgu değil.
2. Deneyimlerinize dayanarak çıkardığınız sonuçlardır (şart olmamakla birlikte genellikle erken dönem deneyimlere). Olumsuz yaşantıların varlığı ve olumlu yaşantıların yokluğunu içeren geniş bir deneyim yelpazesi bu kurallara katkıda bulunur.
3. Temel inanç aktifken onu değiştirmek zordur. Bu, yanlı düşüncelerle korundukları ve güçlendirildikleri içindir. Temel inanç ile tutarlı deneyimlere daha fazla dikkat ve önem verilir. Ona ters düşen deneyimler ise görmezden gelinir ve küçümsenir.
4. Temel inanç aynı zamanda kendinizi rahat hissetmeniz için uymak zorunda olduğunuz yaşam kurallarının, standartların, yönergelerin gelişimine yol açar. Temel inancın doğru varsayılması sonucu oluşan bu kurallar sizin dünyadaki işlevinize yardımcı olarak tasarlanmıştır. Ancak aslında yaptıkları temel inancınızı ve dolayısıyla düşük özgüveninizi sürdürmenize katkı sağlamaktır.

3
Düşük özgüveni sürdüren nedir

Giriş

Kendinizle ilgili olumsuz inançlarınızın kökeni geçmişte olabilir ama etkileri günümüzde devam eder. Aksi takdirde, bu kitabı okuyor olmazdınız! Bu bölüm; günlük düşünce ve davranış örüntülerinizin, düşük özgüveni nasıl sürdürdüğünü ve sizi rahatlamaktan, kendinize değer verip, sevmekten nasıl alıkoyduğunu anlamanıza yardımcı olacaktır.

Kendinizi yaşam kurallarınızı uyamadığınız ve dolayısıyla temel inancınızın aktive olduğu durumlar içinde bulduğunuzda tetiklenen kısırdöngüyü inceleyeceğiz. Döngü, sayfa 39'daki tablonun alt kısmında gösterilmiştir ve aşağıda ayrıntılı bir biçimde tanımlanmıştır. Bu bölüm; endişeli beklentilerin ve özeleştirel düşünmenin sizin günlük yaşamda duygu ve davranışlarınızı nasıl etkilediğine, kısırdöngünün pratikte nasıl işlediğine dair bir taslak sunuyor. Amaç, burada sözü edilen fikirleri kendinize uyarlamanız ve sizin düşüncelerinize, duygularınıza ve davranışınıza ne ölçüde uyduklarını keşfetmenizdir. Bölümü okurken kendinize, bu bana ne kadar uyuyor? diye sormayı sürdürün. Endişeli beklentilerimi tetikleyen durumlar neler? Varsayımlarım duygu ve beden durumumu nasıl etkiliyor? Öngörülerimin gerçekleşmesi için ne yapıyor (veya yapmıyorum)? Kendimle ilgili inançlarımın doğrulanması bana ne hissettiriyor? Bunu nasıl anlıyorum? Özeleştirel düşüncelerimin doğası ne? Hislerim ve yaptıklarım üzerinde –özellikle kendimle ilgili inanışlarımda– nasıl bir etkileri var?

Yanınızda bir kağıt kalem bulundurup bölüm boyunca kendi kısırdöngünüzü çizmeyi yararlı bulabilirsiniz. Burada tarif edilen fikirleri, kendinize bakmak ve düşük özgüvenin günlük hayatta sizi nasıl etkilediği konusunda anlayışınızı derinleşmek için bir fırsat olarak kullanın.

Kısırdöngüyü tetiklemek: Kuralları kırmak

Geçen bölümde, geliştirdiğiniz yaşam kurallarının ve bu kuralların ifade buldukları günlük stratejilerin kısa dönemde düşük özgüveni nasıl devam ettirdiğinden bahsettik. Kurallar ve stratejiler günün sonunda düşük özgüveni sürdürür, zira sizden karşılanması olanaksız taleplerde bulunur, örneğin; mükemmeliyetçilik, evrensel sevgi ve onay, tamamen kişisel kontrol veya dünyanız üzerindeki kontrolünüz. Bu iyi halin kaçınılmaz olarak pamuk ipliğine bağlı olduğu anlamına gelir. Eğer kendinizi kuralları yıkma tehlikesinin olduğu bir durumda bulursanız, (örneğin: yüzde 100 kapasitenin altında çalışmak, sevilmez veya onaylanmamış olmak, kendinizin veya dünyanızın kontrolünü kaybetmek gibi) kurallarınızın arkasına gizlenmiş temel inancınız hemen çirkin başını uzatır. Kendinden kuşku duymak gölgeler arasından çıkar ve resmi egemen olur. Bir belirsizlik hissedersiniz ve aniden kendinizi güvensiz hissedersiniz.

Temel inancınızı harekete geçiren durumların doğası, temel inancınızın kendisine ve onunla başetmek için geliştirdiğiniz kuralların doğasına bağlıdır. Örneğin, eğer temel inancınız, başkaları tarafından kabul edilmek ile ilgiliyse ve kurallarınız da kabul edilmeyi sağlamak üzerine kurulduysa, sizin için sorunlu durumlar kabul edilebilirliğinizle ilgili korkularınızın olduğu durumlardır. Öte yandan, eğer temel inancınız kazanma, başarı, yeterlilik ile ilgiliyse ve kurallarınız yüksek standartlara odaklanmış ve her zaman bunları sağlamaya göre tasarlanmışsa, kendinizden beklentilerinizin altında kaldığına inandığınız durumlarda kendinizi tehdit edilmiş hissedersiniz.

Geçen bölümde tanıştığınız kişileri düşünün. Temel inançlarını tetikleyen durumlar kendileriyle ilgili inanışların ve yaşam kurallarının doğrudan bir yansımasıydı:

Tablo 6. Durumu tetikleyenler

Briony	Gerçek benliğinin (kötü) ortaya çıktığını hissettiği durumlar.
Jesse	Kendisine koyduğu yüksek standartları karşılayamayacağından korktuğu veya eleştiri ile karşılaştığı zamanlar.
Karen	Kilo aldığını veya giysi alması gerektiği fakat ve gözlerin üzerinde olduğunu düşündüğü; olması gerektiğini düşündüğü bedene sığamadığı durumlar.
Geoff	Yüksek düzeyde enerji ve duygu yoğunluğu (olumlu duyguları da içerir) hissettiği; herhangi bir onaylanmama işaretiyle karşılaştığı durumlar.
Arron	Yakın ilişkiler de dahil olmak üzere saldırı ve reddedilmeye karşı incinebilir oldukları durumlar.
Kate	Kendinden bekleneni yapamadığı ve yardım istediği durumlar.
Sarah	Çalışmalarını kamu görüşüne açtığı zamanlar.
Chris	Yazmak zorunda olduğu; özellikle bunu başkalarının önünde yapmak Herhangi bir sınamayla karşılaştığında (özellikle entellektüel sınamalar).
Jim	Hâlâ gergin olduğu ve kendisi gibi olmadığını hissettiği durumlar.

Temel inancı harekete geçiren ve devreye sokan durumlar, kuralların kırılabileceği (veya kırıldığı) durumlardır. Kendinizle ilgili kuşkuları arttıran, kendinizi nasıl hissettiğiniz ve birey olarak kendinize verdiğiniz değer konusunda etkileri olan durumlardır. Bunlar çok ana konular olabilirler. Örneğin; biten bir ilişki, kaybedilen bir iş, ciddi bir hastalık veya evden ayrılan bir çocuk. Ancak kişisel kuşkuyu veya belirsizliği gündelik hayatta uyandıran pek çok durum, daha küçük ölçektedir. Pek çoğu tamamıyla farkında bile olmayabileceğiniz veya "saçmalama", "kendini topla" diyerek kenara ittiğiniz iniş çıkışlardır.

Kendinizle ilgili zayıf düşüncelerinizi neyin sürdürdüğünü tamamıyla anlamak istiyorsanız, onları küçük olaylara bölmek önemli bir adımdır. Gelecek bölümlerde temel inancınızın harekete geçtiğini haber veren mod değişikliklerine karşı daha hassas olmayı ve düşünceleri, duyguları, harekete geçme sonrası gelen davranışı gözlemlemeyi öğreneceksiniz. Şimdi bir an gözlerinizi kendinize çevirin ve geçen haftayı düşünün. Kendinizi gergin veya tedirgin, kendinizle ilgili rahatsız veya olan biteni ele almakla ilgili kuşkulu hissettiğiniz anlar oldu mu? İstediğiniz gibi üstesinden gelemediğinizi düşündüğünüz, yararsız hissettiğiniz veya başkalarından tepki çektiğinizi düşündüğünüz ve endişelendiğiniz zamanlar oldu mu? Herhangi bir noktada işlerin sizi aştığı veya kendinizden beklenenin altında çalıştığınızı hissettiniz mi?

Bunları not alın. Örüntüleri fark ediyor musunuz? Eğer öyleyse, bu size kişisel yaşam kurallarınız ile ilgili bir şey söylüyor mu? Kendinizle ilgili iyi hissetmek için kendinizden ve başkalarından neye ihtiyacınız var? Hangi kuralları kırdınız veya kırmak tehlikesindeydiniz? Bu durumlarda aklınıza kendinizle ilgili hangi fikirler geldi? Kendinizi tanımlamak için hangi hoş olmayan sözcükleri kullandığınızın farkında mıydınız? Bunlar nelerdi? İşte bunlar kendinizle ilgili merkezî olumsuz inanışlarınızı (temel inançlarınızı) yansıtıyor olabilirler.

Tehdide yanıt: Endişeli beklentiler

Temel inanç bir kez aktif duruma geldiğinde, onu tetikleyen duruma ilişkin belirsizlik, belirli olumsuz beklentileri (ne olabileceğine yönelik korkuları) arttırır. Bu beklentilerin içerikleri ise endişelerinizin size özgü doğasına bağlıdır.

Bunu açıklamak için pek çok kişinin gözünü korkutacak, düşük özgüvenli kişilere ise işkence gibi gelecek bir durumu ele alalım. Bir grup insan karşısında sunum yapmak istediğinizi varsayalım (bir izleyici grubu karşında olma örneği gibi). Bunu, tanıdık olduğunuz bir ortamda yapmanız gerektiğini varsayalım – örneğin iş veya dini bir mekân, katıldığınız bir akşam kursu, çocuğunuzu götürdüğünüz bir klinik veya çocuğunuzun okul toplantısı gibi. Toplum karşısında durup konuşmak zorunda olduğunuzu tasarladığınızdaki ilk tepkiniz ne olurdu? Aklınıza hangi düşünceler geliyor? "Yapamazdım" mı?" Kendimi rezil ederim" mi? Kimse beni dinlemek istemezdi" mi? " O kadar gerilirim ki, kaçmak zorunda kalırım" mı?

Veya belki o durumda ne olabileceği ile ilgili zihninizde bir görüntü canlanıyor mu? Kendinizi kızaran yüzünüzle terlerken ve herkes size bakarken mi görüyorsunuz? Veya insanlar sıkılmış ve rahatsız olmuş halde pencereden dışarıya mı bakıyorlar? Ya da belki size nazikçe bakıp içlerinden sizin ne kadar üzücü bir vaka olduğunuzu mu düşünüyorlar? Kalabalık karşısında konuşma yapacağınızda zihninizde canlanan imge, olacaklarla ilgili ve özellikle neyin yanlış gideceği hakkındaki öngördüğünüzle ilgilidir. Bunlar sizin geleceğe dair kişisel tahminlerinizdir – o halde olumsuz düşünceler, duygularınız ve davranışınız üzerinde etki sahibidir.

Topluluk karşısında konuşması ve bununla yüzleşmesi gereken özgüveni düşük birinin aklına hemen sunumun hangi şekillerde kötü gidebileceği gelir. Bu kişi en kötüsünün olabileceğini ve onu önlemek için çok az şey olduğunu ya da hiçbir şey olmadığını varsayar. Endişenin odağına bağlı olarak temel inancı tetikleyen durumların kişiden kişiye değişmesi gibi, olumsuz beklentilerin doğası da kendileri için en önemli şeyin ne olduğuna bağlı olarak kişiden kişiye göre değişir. Örneğin Arran topluluk karşısında konuştuğunu hayal ettiğinde, aklına kendisi ağzını bile açmadan insanların onu sileceğine dair bir senaryo geliyordu – kimse onun gibi birinin dinlemeye değer bir şey söyleyebileceğini kabul etmezdi. Jane'in temel endişesi ise izleyicinin beklentisini karşılayamamaktı. Sarah'nın öngörüsü insanların sıkılabileceğiydi. Geoff uygun olmayan bir şey söyleyip kendini rezil edeceğini düşünüyordu. İnsanlar gösteriş yaptığını düşünebilirdi. Jim, gergin olacağından ve bunun belli olacağından endişe ediyordu.

(Burada her insanın beklentisinin kendisiyle ilgili sahip olduğu inanışlardan ve bu inanışları telafi etmek için geliştirdiği kurallardan kaynaklandığını görebilirsiniz.) Öykülerini öğrendiğinizde, korkuları anlamlı duruma gelir. 4. Bölüm'de uzlaşı sağlanmaz ise özgüveninizin tehlike altında olduğunu hissettiğinizde, sizi gergin kılan ortamlardaki tepkilerinizi ve aklınıza gelen sözcük ve görüntüleri gözlemleyerek endişeli beklentilerinizi nasıl daha uyumlu duruma getirebileceğinizi öğreneceksiniz. Bu önemlidir çünkü olumsuz beklentiler, onlara meydan okunmadıkça, duygu durumunuz üzerinde güçlü etkilere sahiptir ve düşük özgüvenin sürmesine katkıda bulunurlar. Bunu topluluk karşısında konuşma örneğine üzerinden ele alalım.

Olumsuz beklentilerin duygusal durumunuz üzerindeki etkisi

Tekrar kendinizi topluluk karşısında konuşma senaryosuna götürün. Olabilecek en kötü şeyi hayal edin. Endişeli beklentilerinizi olabildiğince gerçekçi yaşayın. Bunu yaptığınızda duygu durumunuza ne oluyor? Duygularınızda ne gibi değişiklikler fark ediyorsunuz?

İşlerin kötü gideceğini öngörmek normalde endişeye yol açar. Bu, belki sizin tam olarak kullanacağınız kelime değildir – kendinizi belki tedirgin, sinirli, gergin, korkmuş, paniğe kapılmış hatta dehşete düşmüş hissedebilirsiniz. Korkunun tüm bu türlerini ayırt edeceksinizdir. Şimdi korktuğunuzda bedeninizde ne olduğunun farkına varın. Hangi değişiklikleri gözlemliyorsunuz? Kalp atış hızınıza ne oluyor? Nefesinize? Kaslarınızdaki gerginliğe? Özellikle hangi kaslar gerildi? Terleme gözlemliyor musunuz – mesela alında veya avuç içlerinizde? Titriyor musunuz? Ya sindirim sisteminiz? Midenizde hassasiyet hissediyor musunuz – kanat çırpan bir his veya çalkalayan bir duyum?

Tüm bunlar fiziksel endişe göstergeleridir. Bedenin tehdide karşı verdiği yanıttır.

Düşük özgüvenli birine, bu normal tepkiler daha kötücül gelebilir. Daha fazla endişeli beklentinin kaynağı olabilirler (bu küçük kısırdöngü sayfa 39'un sağ alt tarafındaki tabloda belirtilmiştir). Örneğin eğer ağzınız kuruduysa, konuşamayacağınızdan korkuyor olabilirsiniz. Eğer elleriniz titriyorsa, gerginliğinizin izleyiciler tarafından açık duruma geleceğini, sizi yetersiz ve tuhaf bulacaklarını öngörebilirsiniz. Eğer gergin olduğunuzda zihniniz boşalma eğilimindeyse, dilinizin tutulacağı, tutarsız olduğunuzun veya neden bahsettiğinizi bilmediğinizin düşünüleceği için tasalanabilirsiniz. Doğal endişe işaretlerine yönelik bu tarz tepkiler, endişeyi yoğunlaştırma ve durumu daha da stresli bir duruma getirmeye katkıda bulunur.

Endişeli beklentilerin davranışınız üzerindeki etkisi

Endişeli beklentiler, davranışınızı size yararı olmayan pek çok şekilde etkileyebilir. Bunun nasıl işlediğini görmek için tekrar topluluk karşısında konuşma senaryosuna dönelim.

Endişeli beklentiler kaçınmaya neden olabilir

Eğer endişeli beklentilerinize olan inancınız güçlüyse, durumdan tamamen kaçınmaya karar verebilirsiniz. Sunumu organize eden kişiyi arayıp, grip olduğunuzu ve katılamayacağınızı söyleyebilirsiniz veya gitmezsiniz.

Bu, endişeli beklentilerinizin gerçek olup olmadığını keşfetme fırsatını bulamayacağınız anlamına gelir. İşler öngördüğünüzden çok daha iyi gidebilir – organizasyonlar gerçekte sanıldıklarından daha az göz korkutucudur. Kaçınmak bunu kendiniz için keşfetmeniz önünde engel olur. Yani kaçınma kısa vadede daha iyi hissetmeniz için yardımcı olsa da (ne rahatlama – kurtuldunuz); eninde sonunda düşük özgüvenin sürmesine katkıda bulunur.

Var olan örüntüleri nasıl değiştireceğimiz üzerinde düşünmeye gelince, bunun uygulamaya dökülmüş hali, kendinize olan güveninizi geliştirmek için halihazırda kaçındıklarınıza yönelmeye başlamaktır. Aksi takdirde yaşamınız korkularınızla kısıtlanmaya devam edecek ve kendinizle ilgili gerekli olan gerçekçi, olumlu bakış açısına katkı sağlayacak bilgiyi asla toplayamayacaksınız.

Endişeli beklentiler gereksiz önlemlere neden olabilir

Durumdan tümüyle kaçınmak yerine, gidip konuşmanızı yapmaya karar verebilirsiniz ama en kötü korkularınızın gerçekleşmemesi için çeşitli önlemler alırsınız – böylelikle kurallarınıza uymayı ve bu durumun özgüveninize olası etkisinden kaçınmayı becerirsiniz. Örneğin Jane, insanların ne duymak isteyebilecekleri konusunda düşünmeye çok fazla zaman harcaması gerektiğini düşünür ve konuşmasını her türlü olasılığa cevap verebilecek şekilde hazırlar. Konuşması boyunca katılımcıların söylediklerinden memnun olmadığına yönelik her türlü işareti izler ve izleyicisine gülümserdi. Diğer taraftan Jesse, önemli olanın yüzde 100 güvenli ve yetkin görünmek olduğuna; konuşmasını defalarca prova etmesi, tarzı ve içeriğinin her ayrıntısının doğru olması gerektiğine inanıyordu. Konuşmasının her an'ı doldurduğundan emin olmalıydı, böylelikle soru almaya zaman kalmazdı. Zira Jesse soruları yanıtlayamayacağına inanıyordu.

En kötü korkularınızın ortaya çıkmasını engelleyecek bir konuşma sunmak zorunda olsanız ne yapardınız?

Bunun gibi kişisel koruyucu manevralarla ilgili sorun, işler ne kadar iyi giderse gitsin "neredeyse yapamayacaktım" hissiyle karşı karşıya olmanızdır. Bu önlemleri almasaydınız, en kötüsü olabilirdi. Böylelikle yine korkularınızın gerçek olup olmadığını, önlemlerinizin aşırı ve hatta gereksiz olduğunu keşfetme fırsatınız olmaz. Başarınızın (dolayısıyla özdeğerinizle ilgili hissinizin) tamamen aldığınız önlemlere bağlı olduğu hissiyle başbaşa kalırsınız. Pratikte bu, kendinden daha emin ve hoşnut duruma gelmenin yolunun normalde önlemler aldığınız durumları boş ellerle (önlem almadan) karşılamaktan geçtiği anlamına gelir. Sadece bunu yaparsanız önlemlerinizin gereksiz olduğunu keşfedebilirsiniz – bu önlemler olmadan da yaşamdan istediğinizi elde edebilirsiniz.

Endişeli beklentiler performansı bozabilir

Bazen performansınızın endişe ile gerçekten bozulması olasıdır. Kendinizi kekelerken, titreyen ellerinizle notlarınızı tutarken veya zihniniz tamamen boşalmışken bulabilirsiniz. Bunlar, usta konuşmacılarda bile görülebilir. Böyle bir şey sizin başınıza gelse, tepkiniz ne olurdu? Aklınıza neler gelirdi?

Sağlam özgüvenli insanlar bunu gerginlik işaretleri veya korkudan çok, baskı altında olmanın anlaşılabilir tepkileri olarak görebilir. Bu durumda gergin olmanın oldukça normal olduğunu ve endişelerinin dışarıdan daha az görünür olduğunu düşünebilirler. Kısaca, güvenli kişiler sözkonusu olduğunda, endişeli olmak özel bir anlam taşımaz. Onların kişisel kuralları mükemmelin altında bir performans sergilemeyi kaldırır ve bu durumu onların değeri ile ilgili bir işaret olarak görmezler.

Eğer düşük özgüveniniz varsa, herhangi bir güçlüğü veya mükemmeliyetten uzaklığı; tipik işe yaramazlığınızın, başarısızlığınızın vb. işareti olarak görebilirsiniz. Tüm bunlar size kişisel olarak bir şey söyler. Doğal olarak bu durum, düşük özgüveninizi beslemeyi sürdürür. Yaşam içinde her zaman istediğiniz gibi hareket edemeyebilirsiniz. Düşük özgüvenin üstesinden gelmenin yolu, kendinizi insan olarak tamamen mahkum etmek yerine; zayıflıklarınızı ve kusurlarınızı –iyi yapamadığınız şeyleri ve yaptığınız hataları– bunu insan olmanın doğasında yer alan ve sizin tamamınız değil sadece bir parçanız olarak görmenizdir.

Endişeli beklentiler başarının küçümsenmesine neden olur

Endişelerinize rağmen sunumunuz gayet iyi geçebilir. Söylemek istediğinizi söylemişsinizdir, insanlar ilgili görünmüştür, gerginliğiniz kontrolden çıkmamış, bazı ilginç sorular sorulmuştur ve onlara iyi yanıtlar bulmuşsunuzdur. Bu, size olsaydı: Tepkiniz ne olurdu? Kendinizi iyi hisseder miydiniz? İyi bir iş çıkarttınız ve sırtınızın sıvazlanmasını hak ettiniz mi? Yoksa zorlukla yaptığınız bir iş konusunda sinsi bir kuşku mu hissederdiniz? İzleyiciler sadece nazikti, şanslıydınız veya yıldızlar sizden mi yanaydı? Ama bir sonraki sefere...

İşler iyi bile gitse, düşük özgüven başarılarınızla ilgili keyfinizin altını oyup sizi kendinizle ilgili olumsuz görüşlerinize uymayan şeyleri görmezden gelmeye, başarılarınızı küçük görmeye, hatta yok saymaya sürükleyebilir. 2. Bölüm'de tanımlanan kendinize yönelik "önyargı" aksi yöndeki kanıtı görmenizi ve kabullenmenizi engeller. Düşük özgüvenin üstesinden gelmenin bir yolu da yaşamınızdaki güzel şeyleri ve başarılarınızı fark edip tadını çıkartmaya başlamaktır. 6. Bölüm, bu konuda nasıl ilerleneceğine odaklanmaktadır.

Temel inancın doğrulanması

Sınayıcı durumlardan tamamen kaçınsanız, onları gereksiz önlemlerle kuşatıp, kendinizi iyi iş çıkartmadığınız için kınasanız da veya ne kadar iyi yaptığınızı küçümseyip inkâr etseniz de, sonuç kendinizle ilgili olumsuz inançlarınızın doğrulandığı yönündedir. Tamamen haklıydınız – siz işe yaramazsınız, yetersizsiniz, sevilmezsiniz vb. Bunu kendinize pek çok sözcükle söyleyebilirsiniz – "İşte bu. Her zaman biliyordum. Yeterince iyi değilim." Temel inancın doğrulanması daha çok duyguyla (üzüntü, ümitsizlik) ya da beden durumundaki değişikliklerle de (midede bir ağırlık veya ağrı) ifade edilebilir. Doğrulama hangi yolla yapılırsa yapılsın, asıl mesaj kendinizle ilgili bildiğiniz şeyin tekrar kanıtlanmış olmasıdır – her zaman olduğunuzu düşündüğünüz kişisinizdir. Süreç burada da noktalanmayabilir.

Özeleştirel düşünceler

Kendinizle ilgili olumsuz düşüncelerin doğrulanması genellikle özeleştiri sağanağına neden olur. Burada, "özeleştirel", bir şeyi istediğinizden daha az iyi yapmış olmakla ilgili sakin bir gözlem veya bir başkasının olumsuz tepkisini çekmeyi takiben işleri yoluna koymak için yapıcı bir şeyler yapmak değildir. Kendinizi, kişisel olarak kınamaktır. Dikkatinizi başka yere vermeden önce, özeleştirel düşünceler hızlıca zihninizde belirebilir. Veya belki kendinize saldırı sarmalında kapana kısılabilirsiniz. İşte Jesse'nin (babasının yemek masasında sorguladığı çocuk) iş yetiştirirken bilgisayarı çöktüğünde ve önemli bir belgeyi kaybettiğinde kendine söyledikleri:

Bak şimdi ne yaptın. Tam bir geri zekalısın. Nasıl bu kadar aptal olabildin? Her zaman işleri karıştırırsın – tamamen tipik. Hiçbir zaman bir şey beceremeyeceksin – olması gereken yok sende. Niye her zaman bu kadar işe yaramazsın? Niye hiçbir şeyi doğru yapamıyorsun? Boşuna yer kaplıyorsun bu dünyada.

Hiçbir şekilde kendi kusuru olmayan bir şey kendi hakkındaki olumsuz fikirleri onaylamak adına Jesse tarafından üstlenilmişti. Bilgisayarın çökmesinin tamamen kişiliğiyle ilgili bir şey olduğunu farz ettiği için, bu ona geleceği ile ilgili temel etkileri olacak gibi göründü – her zaman böyle olurdu. Jesse'nin o noktada deneyimlediği hüsran, keder karışımını ve durumu sakince hale yola sokmanın onun için ne kadar zor olduğunu hayal edebilirsiniz.

Endişeli beklentiler gibi özeleştirel düşünceler de nasıl hissettiğimiz ve hayatla nasıl başettiğimiz konusunda temel etkilere sahiptir. Düşük özgüvenin devam etmesine katkıda bulunurlar. İşler yanlış olduğunda veya istediğiniz gibi gitmediğinde kendi tepkilerinizi düşünün. Böyle durumlarda aklınızdan ne geçiyor? Kendinize karşı acımasız mısınız? Jesse gibi kendinizi küçük görüp, isimler takıyor musunuz? Özeleştirel düşüncelerinizin ayrımına varıp daha gerçekçi ve nazik bir bakış açısı ile yanıtlamak düşük özgüvenin üstesinden gelmenin bir yoludur. 5. Bölüm, bunun nasıl yapılacağına odaklanacaktır.

Özeleştirel düşüncelerin duygusal etkisi

Jesse'nin bilgisayarı çöktüğünde, projesini tamamen bıraktı. Kendini tamamen kötü ve kendinden bıkmış hissetti. İçine kapanıp, yaralarını sarmak istiyordu. Tekrar başlayamıyordu. Haftasonunda arkadaşlarıyla yolculuğa çıkacaktı ama bununla yüzleşemedi. Herkese hasta olduğunu söyledi ve evde hiçbir şey yapmadan oturdu. Televizyon bile seyretmeye katlanamadı. Zihnini oyalayacak başka bir şey olmayınca, gelecekle ilgili derin düşüncelere dalmaya başladı. Bir şeylerin değişeceğine ilişkin bir olasılık göremiyordu, o zaman devam etmenin ne anlamı vardı?

Özeleştirel düşünceler duygu durumunu etkiler. Bunu kendiniz için düşünün. Kendinizi aşağıladığınızda veya kendinize karşı katı olduğunuzda nasıl hissediyorsunuz? Bunun sorun çözme motivasyonunuz veya hayatınızdaki güçlükleri aşmanız üzerinde ne gibi bir etkisi oluyor? Kendinize karşı eleştirel olmak, özellikle de eleştirdiğiniz şeyin yapınızın kalıcı ve değişmez bir parçası olduğunu düşünürseniz, sizi depresyona sürükler. Bu, değer verdiğiniz insanlarla zaman geçirince veya bir aktiviteye yönelince çabucak geçen sadece anlık bir üzüntü olabilir. Veya ciddi bir depresyona doğru çığ gibi büyüyüp –Jesse'de olduğu gibi– içinden çıkması güç hale gelebilir. Eğer sizin durumunuz da böyleyse, düşük özgüvenin üstesinden gelmeden önce depresyona odaklanmanız gerekebilir. (Tedavi gerektirecek depresyonun tanımı için 1. Bölüm'e bakın)

Duygu durumundaki düşüş geçici ya da içinden çıkması daha zorlu olabilir. Her iki durumda da depresyon kısırdöngüsünü tamamlar. Bilişsel terapideki araştırmalarımızdan depresyonun düşünme üzerinde doğrudan etkisi olduğunu biliyoruz. Bir kez depresyona girdiğinizde duygu durumunuzdaki eğilim ne olursa olsun, depresyon sizi özeleştirel düşüncelere kapılmaya, geleceği sıkıntı ve kasvetle düşünmeye yöneltir. Depresyon temel inancı aktif halde tutar ve sizi en kötüyü öngörmeye yöneltir. Bingo! Eğer engel olmazsanız, uzun süre devam edecek ve döngüyü sürdürürken kendini de sürdürecek olan bir süreç sizi bekliyor.

Kendi kısırdöngünüzün haritasını çıkarmak

İlerleyen kısımlarda, sizden belirli bazı durumlarda nasıl tepki vereceğiniz üzerinde düşünmeniz istenecek. Endişeli beklentilerinizi ve onların duygularınız, davranışlarınız üzerindeki etkisini fark edeceksiniz. Olumsuz inançlarınızın doğrulanmasının özeleştirel düşüncelerinizi nasıl tetiklediğini; bu düşüncelerin hisleriniz üzerinde nasıl bir etkisi olduğunu; yaşamınızı sizin için tatmin edici duruma getirmenin ne kadar kolay olduğunu anlayacaksınız. Eğer henüz yapmadıysanız, şimdi kendi kısırdöngünüzü çizip, gözlemlerinizi biraraya getirme şansınız var. Sayfa 72'de Jesse'nin bilgisayarı çöktükten sonra hazırladığı örneği bulabilirsiniz.

Kendinizi endişeli ve kendinizden emin hissetmediğiniz bir durumu düşünerek işe başlayalım. Şimdi yakın tarihli bir örnek arayın. Hâlâ aklınızda taze olan bir örneği seçin. Böylelikle nasıl hissettiğiniz ve düşündüğünüzü daha doğru olarak hatırlayabilirsiniz. Sayfa 72'deki tablonun başlıklarını kullanarak döngüyü takip edin. Her başlık altına kişisel deneyimleriniz ve tepkilerinizi not edin. Eğer isterseniz döngüyü tamamlayınca endişe uyandıran başka bir durumla işlemi tekrarlayın. Böyle yaparak endişeli ve özeleştirel düşünce örüntülerinizin düşük özgüveni yerinde tutmak için nasıl çalıştığı ile ilgili farkındalığınızı arttırıyorsunuz. Bu döngüyü kırmak, ilerlemek için ilk adımınızdır.

Döngüyü kırmak

İlerleyen bölümlerde düşük özgüveni sürdüren kısırdöngüyü kırmak için yollar keşfedeceksiniz. Endişeli beklentilerinizin farkına varmayı, onları nasıl sorgulayacağınızı ve doğruluklarını doğrudan deneyimlerle sınamayı, normalde kaçındığınız durumlara yönelmeyi ve gereksiz önlemleri bırakmayı öğreneceksiniz. Böylelikle kendinizle ilgili aslında ne olup bittiğini keşfedeceksiniz. Özeleştirel düşüncelerinizi, onları nasıl budayacağınızı fark etmeyi ve depresyonun gelişimine bir nevi kısadevre yaptırmayı öğreneceksiniz. Kendinize yönelik önyargıları;

Tablo 7. Düşük özgüveni sürdüren kısırdöngü: Jesse

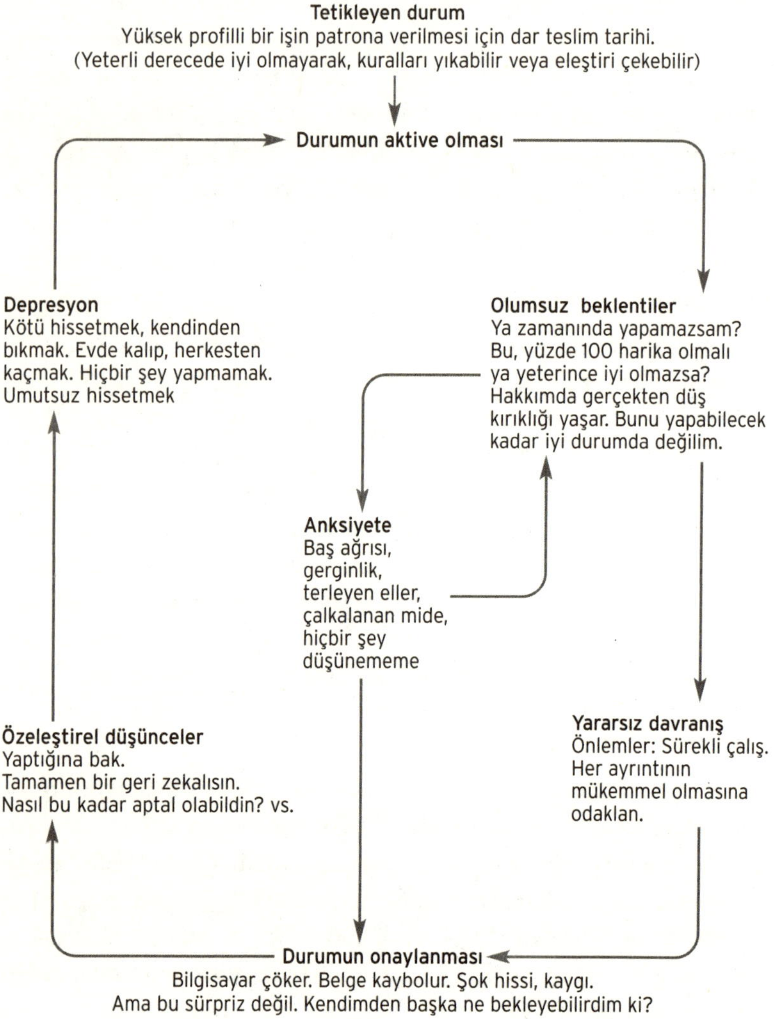

becerilerinize, özelliklerinize, sahip olduklarınıza, güçlü yanlarınıza odaklanıp cevaplamayı ve kendinize hayatta güzel şeyler sunmayı öğreneceksiniz. Sizi kısırdöngüye karşı incinebilir duruma getiren kuralları, onlarla olan anlaşmanıza uymayıp, değiştirmeye yöneleceksiniz. Ve son olarak yaptığınız tüm değişiklikleri biraraya getirip temel inancınızı yeniden düzenleyeceksiniz. Süreç boyunca amacınız kendinizden hoşnut olmak, hayatın tam anlamıyla tadını çıkartmanızı engelleyen düşük özgüvenin üstesinden gelmek ve daha yeni, nazik, yardımcı bir perspektif geliştirip, güçlendirmek olacak.

ÖZET

1. Düşük özgüvenin altında yatan temel inançlar, yaşam kurallarınız yıkıldığında devreye girer. Temel inançlar aktive olduğunda bugünde düşük özgüveni sürdüren kısırdöngüyü tetikler.
2. Belirsizlik ve kişisel şüphe olumsuz beklentilere yol açar - önlemek için yapabileceğiniz çok az şey varmış ya da hiçbir şey yokmuş gibi en kötüyü öngörür.
3. Olumsuz beklentiler, tüm fiziksel işaretleri ve belirtileriyle birlikte (bedenin tehdide normal tepkisi) endişe yaratır.
4. Tamamen kaçınma, gereksiz önlemler alma veya performansta kesintilere yol açıp davranışı da etkilerler. İşler yolunda gitse bile, kendinize karşı önyargınız bunu fark etmenizi veya kabullenmenizi güçleştirir.
5. Sonuç, temel inancınızın doğrulandığı hissidir.
6. Doğrulama öz eleştiriyi tetikler.
7. Özeleştirel düşünce duygusal durumda düşüşe neden olur ve depresyona dönüşebilir.
8. Düşük duygu durum, temel inancın sürekli aktivasyonunu sağlar. Döngü tamamlanır.

bölüm 3

Özgüven Eksikliğinin Üstesinden Gelmek

4
Endişeli beklentileri gözden geçirmek

Giriş

Tabiri caizse insanlar bilim adamı gibidir! Öngörülerde bulunuruz (örneğin: "Eğer bu tuşa basarsam, ışık yanacak", "Eğer yağmurda kalırsam, ıslanırım", "Eğer çok içersem, yarın akşamdan kalma olurum") ve onlara göre davranırız. Öngörülerimizi doğrulamak veya değiştirmek için bize olanları ve yaptıklarımızı veri kullanırız. Söze dökülmese de davranışlarımız üzerinde etkili olan, öngörülerimize dayalı bu davranış sistemi, zihnimiz yeni bilgiye açık olduğunda ve deneyimlerimiz ışığında ve değişen koşullara göre esneyebildiği takdirde yararlıdır. (örneğin: elektrik kesintisi durumunda ışığı yakmaya çalışmak düş kırıklığı yaratabilir.)

Düşük özgüven gerçekçi öngörülerde bulunmayı veya onları açık bir zihinle ele almayı güçleştirebilir. Düşük özgüveni olan kişiler kendileriyle ilgili tahminlerde bulunduklarında (örneğin: "Başedemeyeceğim", "Herkes aptal olduğumu düşünecek", "Eğer duygularımı gösterirsem, beni reddedecekler") bunları doğru olabilecek ya da olmayan varsayımlar yerine gerçekmiş gibi ele alırlar. Yani geriye çekilip, kanıtları objektif olarak değerlendirmeleri veya kanıtların gerçeğe uymadığına dair deneyimlere açık kalmaları güçtür. Buradaki ana nokta nedir? Amaç, olacakları önceden tahmin etmektir.

Düşük özgüvende endişeli beklentiler temel inancın aktive olduğu durumlarda yükselir. Zira kişisel yaşam kurallarının yıkılabilme şansı vardır. (Eğer kuralınızın kırıldığı konusunda yüzde 100 kesinlikle eminseniz, endişeyi geçer; temel inancınızın doğrulanması, özeleştiri ve depresyon noktasına gelirsiniz.) Eğer bir kuralın kırılıp kırılmayacağı açıkça belli değilse ve bir belirsizlik veya kuşku varsa, sonuç endişe olacaktır.

Kuşku ve belirsizlik kişiyi daha sonra ne olacağını merak etmeye iter. Başedebilecek miyim? İnsanlar beni sevecek mi? Bu işi yüzüme gözüme bulaştıracak mıyım? Bu sorulara verilen yanıtlar –yanlış gidebilecek şeylerle ilgili beklentiler– endişeyi ateşler ve olabilecek en kötü şeyi önlemek için çeşitli davranışlara yol açar. Ne yazık ki, uzun dönemde bu stratejiler nadiren işe yarar. Her ne kadar kuşkunun gerçeklerle dağılması beklense de, sonunda olan temel inancın doğrulandığının veya en iyi olasılıkla doğrulanmasından güç bela kaçıldığının hissedilmesidir.

Bu bölümde, kendi endişeli beklentilerinizi tanımlayıp geçerliliklerini sorgulayarak, normalde kaçınabileceğiniz durumlara girişip, gereksiz önlemleri bir kenara bırakıp düşük özgüveni sürdüren kısırdöngüyü nasıl yıkacağınızı öğreneceksiniz. Buna yönelik kısırdöngü şöyledir:

Tablo 8. Kısırdöngü: Düşük özgüveni sürdüren endişeli beklentilerin rolü

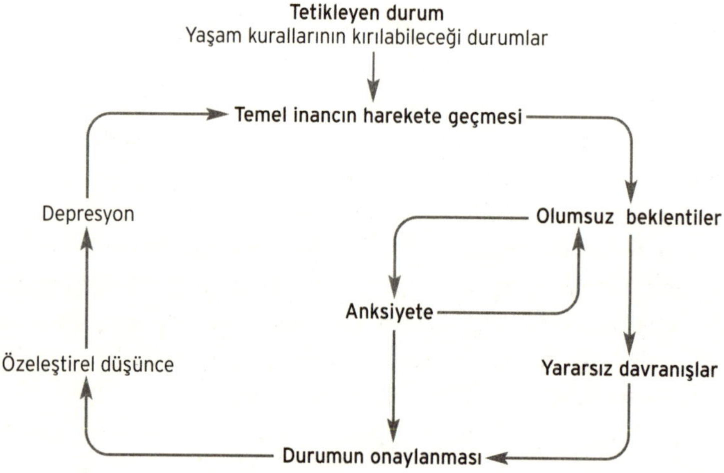

Endişeyi tetikleyen durumlar

İkinci ve 3. Bölüm'de tanıştığınız kişileri düşünün. Sayfa 61'de onların temel inancını aktive eden durumları gördünüz. Göreceksiniz ki, bu örneklerin her birinde kişiyi koruyan bu kuralların kırılabileceği durumlar vardır. Her vaka belirsizlik veya kuşku ögesi içermektedir. Briony'nin gerçek (kötü) kendisi belki ortaya çıkabilir – ama emin değildir. Jesse yüksek standartlarını karşılamayabilir – ama emin değildir. Karen alışverişe gitmeden önce -kendisinden hoşnut olması için-beden ölçüsünün olması gerektiği gibi olmadığından kuşkulandı – ama yine de tam bir kanıtı yok.

Kuşku, endişeli deneyimlerimizin merkezinde yer alır. Kuşku, içini korkulu imgelerle, en korktuğumuz şeyin başımıza geleceğine yönelik öngörülerle doldurduğumuz bir vakum yaratır. Zihnimizin bir kısmıyla en kötüsünün olabileceğinin, hatta olması halinde bununla başedebileceğimizin farkındayızdır – ama tamamen ikna olmamışızdır ve endişemiz arttıkça buna daha da az ikna oluruz.

Endişeli düşünce nasıl işler?

Endişeli beklentiler, özgüvenimiz açısından önemli olan bazı kuralları kırmak üzere olduğumuzda ortaya çıkar. Yedinci Bölüm, yaşam kurallarını değiştirme ve koşullara adapte etmeye odaklanıyor. Ama önce, günlük durumlardaki endişeli beklentilerinizi belirleyip değiştirerek, düşük özgüveni sürdüren kısırdöngüyü nasıl kıracağınızı öğrenerek işe başlayacağız.

Endişeli beklentiler genellikle belirsizlik ve korkuyu besleyen yanlı düşünceler içerir. Bunlar:

Kötü bir şey olacağı konusunda abartılı tahminde bulunmak

Kendimizle ilgili kuralların tehdit altında olduğu hissettiğimiz durumlarda, zihnimizde bir şeylerin ters gideceğine yönelik şeyler alevlenir. Örnek olarak Kate'i ele alalım. Kate'in anne babasının ona sevgilerini göstermekte güçlük çektiğini hatırlayacaksınız. Temel inancı; kendisinin sevilemez olduğuydu. Yaşam kuralları ise başkalarının beklentilerini karşılamakta yetersiz olduğunda reddedileceği ve ihtiyaçlarının karşılanmasını istemesi halinde düş kırıklığına uğrayacağı yönündeydi. Kate kuaförde çalışıyordu. O ve meslektaşları dönüşümlü olarak dışarıya çıkıp öğle yemekleri için sandviçlerini alıyorlardı. Bir gün sıra ona geldiğinde patronu sandviç parasını ödemeyi unuttu. Kate kendisine olan borcu geri istemekten tamamen acizdi. Parayı istemesi halinde patronunun onu küçümseyeceğinden ve kendisinin cimri olduğunu düşüneceğinden emindi. Oysa aylarca birlikte çalıştığı patronu nazik, düşünceli ve çalışanlarını düşünen bir adamdı. Bu durumda patronunun utanmasının, kendisinden özür dilemesinin ve vermesi gerekeni vermesinin daha olası olduğuna yönelik kanıtları hiç düşünmedi.

Kötü bir şey olmasının ne kadar kötü olabileceğiyle ilgili abartılı tahminde bulunmak

Kötü şeylerin olması sadece olasılık dahilinde değildir, gerçekten olduklarında çok kötü olur. Endişeli beklentilerimiz varsa, kötü bir şey olduğunda bunun geçici bir rahatsızlık yaratacağını, çabuk atlatılacağını ve hayatın devam edeceğini nadiren düşünürüz. Endişeli beklentilerin özünde en kötü olasılığın gerçekleşeceği ve bunun da kişisel ölçekte bir felaket doğuracağı varsayımı yer alır.

Örneğin Kate ileriye baktığında patronunun ona ödeme yapmaktan dolayı hafif rahatsızlık hissedebileceği, ancak ardından hızlıca bunu unutacağını öngöremiyordu. Ona olan borcu istemenin ilişkilerini tamamen değiştirebileceğini varsayıyordu. Patronu ona bir daha asla aynı gözle bakmayacaktı ve muhtemelen yeni bir iş bulması gerekecekti, ki bu zor olurdu çünkü patronu ona referans vermeyecekti. Sonuç olarak da kişisel çatışmalar çıkarmaya yatkın biri olarak adlandırılacak ve herhangi bir iş bulması güçleşecekti. O zaman bağımsız olarak yaşayamazdı. Ailesinin yanına dönüp işsizlik parası ile geçinmesi gerekirdi. Tamamen batardı. Kate tüm bunların olduğunu açıkça gözünün önüne getirebiliyordu. Burada; dışarıdan bir gözlemci için saçma görünebilecek bir olayın (bir sandviç için para istemek) Kate için her bir adımı birbirinden beter duruma gelen bir destana dönüşmesini görebiliyorsunuz. Bu tip bir döngü endişeli düşünme biçimi için tipiktir.

En kötüsünün olması halinde başetmeye yönelik kişisel kaynaklarınızı küçümsemek

İnsanlar endişeli olduklarında, en kötüsünün olması halinde onu önlemek veya başedilebilir duruma getirmek için yapabilecekleri hiçbir şey olmadığını düşünmeye yatkındırlar. Kate, ne yaparsa yapsın patronunun tepkisinin tamamen reddedici olacağını varsayıyordu. Eğer patronu gerçekten öngördüğü gibi davranırsa, atılgan bir şekilde parasını geri almasının hakkı olduğunu hatırlatarak patronuna karşı durabileceği olasılığı hiç aklına gelmiyordu. Profesyonel beceri ve deneyiminin başka bir iş bulmasına yol açabileceğini de hesaba katmıyordu.

Dış kaynakları hafife almak

Kişisel kaynaklarını küçümsemeye ek olarak, endişeli beklentileri olan insanlar kendileri dışında olan, durumu geliştiren şeyleri de küçük görmeye hatta tamamen etkisiz duruma getirmeye yatkındırlar. Örneğin Kate, patronunun mantıksız davranışı sonrası meslektaşlarından, arkadaşlarından ve ailesinden alabileceği desteği unuttu.

Önlemler almak: Gereksiz kişisel koruma

Bu yanlı düşünceler biraraya geldiğinde korku için mükemmel bir ortam oluşturur. Size güçlü şekilde kurallarınızı yıkma riskinizin olduğunu hissettirirler – başarısızlık, reddedilme, kontrolü kaybetme, kendinizi rezil etme gibi. Yani korkularıyla yüzleşen hassas biri gibi, olabilecek en kötü şeyi durdurmak için önlemler alırsınız. Ne yazık ki, aldığınız önlemler özgüveninizi geliştirmek yerine, endişeli beklentilerinizin herhangi bir gerçekçi temeli olup olmadığını keşfetmenizi engelleyerek düşük özgüveni sürdürürler.

Korktuğunuz durumların gerçekleşmemesi için aldığınız önlemleri bırakmadıkça, endişeli beklentilerinizin gerçekte temeli olup olmadığını keşfetmeniz mümkün olmayacaktır. Bu, fikirlerinizin doğru olup olmadığını keşfetmenin tek yoludur – eğer önlemler bırakılmazsa, her zaman bir acabanız olacaktır ve düşüncenizin öngörü olup olmadığından asla tam olarak emin olmayacaksınızdır.

Bir örnek bu konuyu daha iyi anlamanıza yardımcı olabilir. Eski arkadaşınız Vladimir'in evine yemeğe gittiğinizi hayal edin. İçeri girer girmez güçlü bir koku alıyorsunuz. Yemekle ilgisi olabilir mi? Yemek öncesi içkilerinizle, sarımsaklı kraker ve sarımsak sosu alıyorsunuz. İlk yemek, sarımsak ekmeği ile sarımsak çorbası. Bunu, sarımsak dişleriyle süslenmiş fırında kuzu ve sarımsak soslu salata izliyor. Tatlı olarak sarımsak dondurması (sürpriz şekilde ilginç!) ve son olarak kremalı otlu –ve tahmin edeceğiniz üzere– sarımsaklı Fransız peyniri. Gece ilerledikçe, odanın sarımsak halkaları ve derlemesiyle donandığını fark ediyorsunuz. Sonuçta, merak nezaketi yeniyor.

"*Bu sarımsak nedir?*" diye soruyorsunuz.

"*Ah*" *diye yanıtlıyor Vladimir.* "*Fark etmeyeceğini umuyordum. Endişelenmeni istemedim.*"

"*Endişe?*"

"*Ee, evet. Vampirlerle ilgili. Vampirlerle ilgili endişelenmeni istemedim.*"

"*Vampirler?*"

"*Evet. Ancak sanırım onları uzak tutmak için yeterince sarımsağımız var*" diye yatıştırıcı şekilde yanıtlıyor Vladimir.

"*Ama etrafta vampirler yok*" diye karşı çıkıyorsunuz.

"*Kesinlikle*" *diyor Vladimir.* Kendini beğenerek.

İnsanların kendilerini en kötü korkularının gerçekleşmesinden korumak için geliştirdikleri stratejiler, Vladimir'in sarımsağı gibidir. Sonuçta o evin vampirlerle kaplı olmamasının nedenini sarımsakla dolu olmasına bağlar. Elbette haklı da olabilirdi, ancak varolan kanıtları incelemesi korkularının abartılı olduğunu ortaya koyacaktı. Böyle bir tehlikenin gerçekten olup olmadığını keşfetmek için, kişisel koruma stratejisini bırakıp, tüm sarımsaklardan kurtulması gerekirdi. Vampirlere olan inancının güçlülüğü düşünüldüğünde, bunu yapması onun için oldukça güç olurdu. Bunu adım adım (her seferinde tek bir diş sarımsak) yapması gerekebilirdi. Veya kanıtları sakince ele alarak hepsinin üstesinden gelip, evdeki sarımsaklardan kurtulabilirdi. Ancak o zaman korkularının temelsiz olduğuna inanır ve aslında güvende olduğunu fark edebilirdi.

Endişeli beklentileri ve gereksiz önlemleri tanımak

Korktuğunuz durumlarda ne olabileceğine yönelik daha dengeli bir bakış açısı elde etmeye yönelik ilk adımlar: Öncelikle endişeli olduğunuzdaki beklentinizin farkında olmak ve ikincisi beklentilerinizin gerçekleşmesini durdurmak için aldığınız önlemleri fark etmektir. Bu, gerçekleştiği anda kaygı veya endişenizi dikkate almayı öğrenmek, duygu başladığınızda aklınızdan geçenleri fark etmek ve kendinizi korumak için ne yaptığınızı belirlemek anlamına gelir. Bu bilgi size değişim için bir temel sağlayacaktır: Beklentilerinizi tekrar düşünmek ve geçerli olup olmadıklarını –korktuğunuz şeylere karşı gereksiz önlemler almadan– kontrol etmek.

Sayfa 84'te endişeli beklentilerinizi ve faciayı önlemek için atacağınız adımları not alabileceğiniz boş bir sayfa bulacaksınız. (Beklenti ve Önlemler Kayıt Sayfası. Ekler kısmında daha fazla boş sayfa bulunmaktadır) Sayfa 85'te, size neyi hedeflediğinizle ilgili fikir vermek için Kate'in ikilemi gösterilmiştir.

Olanlar için günlük tutmak yerine bu şekilde oluşturulmuş bir kayıt sayfasının kullanılmasının ana yararı, olan biteni sistematik şekilde takip edebilmenizi sağlamaktır. Başlıklar size neyi aramanız gerektiğini ve sonra daha iyisi için değişime yönelik atmanız gereken adımları hatırlatacaktır. Tersi şekilde anlatıma dayalı bir günlük tutmak, özellikle de düşük özgüveniniz epeydir yerindeyse ve endişeli beklentiler

Tablo 9. BEKLENTİ VE ÖNLEMLER KAYIT SAYFASI

Tarih/Zaman	**Durum** Kendinizi endişeli hissetmeye başladığınızda ne yapıyordunuz?	**Duygular ve beden duyumları** Örneğin; kaygı, panik, gerginlik, çarpıntı. Yoğunluğu 0-100 arasında derecelendirin.	**Endişeli beklentiler** Kendinizi endişeli hissetmeye başladığınızda, aklınızdan tam olarak ne geçiyordu? Kelimeler ve zihinsel görüntüler şeklinde ortaya çıkan tüm düşünceler. Yoğunluğu 0-100 arasında derecelendirin.	**Önlemler** Beklentilerinizin gerçekleşmesini önlemek için neler yaptınız? (Örneğin, durumdan kaçınmak, güvenlik davranışlarında bulunmak)

Tablo 10. BEKLENTİ VE ÖNLEMLER KAYIT SAYFASI: KATE

Tarih/Zaman	**Durum** Kendinizi endişeli hissetmeye başladığınızda ne yapıyordunuz?	**Duygular ve beden duyumları** Örneğin; kaygı, panik, gerginlik, çarpıntı. Yoğunluğu 0-100 arasında derecelendirin.	**Endişeli beklentiler** Kendinizi endişeli hissetmeye başladığınızda, aklınızdan tam olarak ne geçiyordu? Kelimeler ve zihinsel görüntüler şeklinde ortaya çıkan tüm düşünceler. Yoğunluğu 0-100 arasında derecelendirin.	**Önlemler** Beklentilerinizin gerçekleşmesini önlemek için neler yaptınız? (Örneğin, durumdan kaçınmak, güvenlik davranışlarında bulunmak)
	Öğle yemeği için kendime sandviç aldım. Bana ödeme yapmayı unuttu.	*Endişeli 85* *Utanmış 80* *Kalp çarpıntısı 80* *Terli 70* *Sıcak 90*	*Eğer para istersem acımasız olduğumu düşünecek %90* *İlişkimizi tamamen bozacak %80* *Başka bir iş bulmam gerekecek %70* *Bulamayacağım %70* *Evde parasız kalacağım %70*	*Ondan kaçınmak* *Eğer sorsaydım:* *Çok özür dilerdim.* *Ona direkt bakmazdım.* *Sesimi düşük tutardım.* *Ona çok önemli olmadığını söylerdim.* *Mümkün olduğunca çabuk halleder ve oradan kaçardım.*

kırılması güç bir alışkanlık haline geldiyse, sizi gözyaşlarına boğabilir. Eğer kendi şeklinizle bir günlük kullanmayı tercih ederseniz, en azından keşiflerinizin yapısını önerilen kayıt formundaki başlıklara göre şekillendirin.

Eğer mümkünse, endişeyi deneyimlediğiniz anda kayıt alın. Bu, kendinizi endişeli hissetmediğiniz zaman endişeli beklentilere uyum sağlamanın zor olmasındandır. O durumda değilken kayıt tutarsanız, size gülünç ve abartılı görünecekler ve bu düşüncelere nasıl bu kadar inandığınızı ve hissettiğiniz endişeyi kavramak size güç gelecektir. Bununla ilgili adımlar şöyledir:

Tarih ve zaman

Endişeyi ne zaman deneyimlediğinizi not alın. Bu bilgi size örüntüleri günlük olarak fark etmek için yardımcı olabilir. Örneğin eğer kurallarınız yeterlilik ve başarıyla ilgiliyse, işe geldiğinizde endişenin tepeye çıktığını fark edebilirsiniz. Diğer taraftan kuşkularınız başkaları tarafından kabul görmek ile ilgiliyse, en kötü zamanlarınız sosyalleşmenizin beklendiği haftasonları olabilir.

Durum

Endişeli hissetmeye başladığınız an olup biten neydi? Ne yapıyordunuz? Kiminle birlikteydiniz? Ne oluyordu?

Temel inancınızı aktive eden dış bir etken olabilir. (Örneğin: Meslektaşlarınızın önünde zor bir soruyu yanıtlamak veya postadan bir faturanın gelmesi.)

Veya kendi içinizde bir şey olabilir. (Örneğin: Geçmişte utandığınız veya aşağılandığınız bir an'ı, ertelediğiniz bir görevi hatırlamak veya el sıkmadan önce avuçlarınızın terlediğini fark etmek.)

Duygularınız

Endişe seviyenizdeki değişiklikler, size endişeli beklentiler içinde olduğunuzu gösteren işaretlerdir. Deneyimlediğiniz duyumları not edin.

Endişe? Korku? Kaygı? Panik? Başka duyumlara da göz atın. Örneğin: Baskı altında olmak, tasalanmak, düş kırıklığına uğramak, rahatsız veya sabırsız hissetmek. Her duyumu ne kadar güçlü olduklarına göre 0-100 arasında derecelendirin. 100 duygunun olabildiğince kuvvetli olduğu, 50 duygunun ortalama seviyede olduğu, 5 ise sadece duyguya dair küçük bir ipucu olduğu anlamına gelir. 0-100 arasında herhangi bir noktada olabilirsiniz. Derecelendirme fikri duygularınızın var olduğundan çok, yoğunluğunu belirlemektir. Endişeli beklentilerinizi değiştirmek için çalıştığınızda, amaç başka zamanlarda kaçırma ihtimaliniz olan küçük değişiklikleri fark edebilmektir.

Beden duyumları

Endişe normalde pek çok beden duyumu ile birlikte hareket eder. Bunlar kişiden kişiye göre değişir. Endişeyi tanımlamak için kullandığımız sözlerle tarif edilirler: "Gergin", "yaprak gibi titriyor", "sinirli", "kireç gibi bembeyaz", korkudan deliye dönmüş" ve bunun gibi. Beden duyumları şunları da içerir:

- Kas gerginliğinde artışlar. (Örneğin: Çenenizde, alnınızda, omuzlarınızda veya ellerinizde.) Pek çok insanın bedeninde tipik bir gerginlik noktası vardır. Sizinki nerede?
- Kalp atışında değişiklikler. (Örneğin: Kalbiniz hızlanır, güçlü atar veya atışında dengesizlikler olur.)
- Solunumda değişiklikler. (Nefesinizi tuttuğunuzu, daha hızlı veya düzensiz soluduğunuzu fark edebilirsiniz)
- Zihinsel değişiklikler. (Örneğin: Ne olup bittiğine odaklanmak güçleşebilir, zihniniz boşalabilir veya beceriksiz, kafası karışık hissedebilirsiniz.)
- Gastrik sistemde değişiklikler. (Örneğin: Mide bulantısı, kelebekler, tuvalete gitme isteğinde artış.)
- Titreme, terleme, güçsüzlük, baş dönmesi veya bayılma, uyuşma veya çınlama hisleri, görüşte değişiklik (bulanık veya tünel görüntüsü gibi) hisler.

Tüm bunlar aslında bedeninizin tehdide karşı normal tepkileridir. Belli bir noktaya kadar yardımcıdırlar – örneğin: Müzisyenler, atletler gibi performanslarıyla ilgili endişeleri olanlar için. Endişe ile ilgili fiziksel göstergeler, böbreklere yakın bezlerin –tehlikeye karşı durmak ya da üstesinden gelmek için bedeni "kaç, savaş, donakal" tepkilerine hazırlayan hormon olan– adrenalin salgılamasıdır. Beklentileriniz bedeninize kırmızı alarma geçmesi gerektiğini söylüyor. Bir kez beklentileri etkisiz hale getirmekte uzmanlaştığınızda, bedeniniz bu şekilde tepki vermeyi durduracaktır. Diğer taraftan bu durum vücudunuzun endişeye verdiği tepkiyi fark etmekte yararlı olacaktır. (3. Bölüm'de belirttiğimiz gibi) bu tepkilerin kendisi daha fazla endişeli beklentinin ortaya çıkmasına yol açabilir. – Örneğin: "Herkes ne kadar gergin olduğumu fark edecek ve benim tuhaf olduğumu düşünecek."Bu böyle sürerse, fenalaşacağım." Veya, "Bu durumla ve hislerimle kesinlikle başa çıkamam." Doğal olarak bu aşırı tedbirler endişenin yoğunlaşmasına, sorunun sürmesine yol açan küçük bir kısırdöngü oluşturma eğilimindedir.

Beden duyumlarınızı iyice not edin ve onları, duygularınızın yoğunluğunu derecelendirdiğiniz gibi ne kadar güçlü olduklarına göre 0-100 arasında derecelendirin. Kendinizi nasıl hissettiğinize yönelik yapacağınız ekstra öngörüler için dikkatli olun. Onları bir sonraki sütuna kaydedebilirsiniz.

Endişeli beklentileriniz

Endişelenmeden hemen önce aklınızdan tam olarak ne geçiyordu? Ve endişenizin sürmesine hangi düşünceleriniz eşlik etti? Aradığınız düşünceler, gelecekle, ne olacağı ile ilgilidir. Neyin yanlış gidebileceği veya gitmekte olduğu ile ilgili beklentilerinizdir. Size göründükleri gibi, onları kelimesi kelimesine yazın. Ne kadar güçlü inandığınıza göre 0-100 arasında derecelendirin. Yüzde 100, herhangi bir kuşku olmaksızın tamamen ikna olduğunuz, 50 ortada olduğunuz, 5 ise uzak bir olasılık olduğu şeklinde gibidir. Yine 0-100 arasında herhangi bir noktada olabilirsiniz. Genel anlamda beklentilerinize daha güçlü inandıkça, kendinizi daha endişeli hissedersiniz. Tabii ki tersi de doğrudur, daha endişeli hissettikçe, beklentileriniz konusunda daha fazla ikna olur, ona göre davranırsınız. Kendinizi korumak için attığınız adımlar aslında gereksiz ve yararsızdır.

Düşünceleriniz kendini tanımlanabilir beklentiler olarak değil, zihninizde beliren görüntüler olarak gösterebilir. Bunlar, fotoğraf görüntüleri veya donmuş kareler veya sahnelerin birbirini izlediği bir çeşit film formunda olabilir – Kate'in patronunun tepkisiyle ve bunu izleyebileceklerle ilgili korkularında olduğundaki gibi. Bu sabit ya da akan görüntüler çok canlı ve bu nedenle de ikna edici olabilirler. Genellikle kişinin korktuğunun gerçeğe dönüşmesini tanımlarlar. En büyük korkularınızın – endişeli beklentilerinizin, görsel versiyonları gibidirler. Onları mümkün olduğunca açık bir biçimde tanımlayın, içerdikleri beklentileri belirleyin ve her birine ne kadar inandığınızı (0-100 arasında) derecelendirin.

Bunun yanısıra, korkularınızın açık beklentiler yerine; "Aman Tanrım!" "İşte yine!" gibi kısa ünlemler halini aldığını da fark edebilirsiniz. Eğer durum böyleyse, ünlemi not alın ve sonra ne anlama gelebileceğini anlamak için biraz vakit ayırın. Ünlemdeki gizli beklenti ne? Açıklamanın ardındaki anlamı bulursanız, duyduğunuz endişenin boyutu anlam kazanır. Kendinize sorun: Ne olacak olabilir? En kötü ne olabilir? Sonrasında ne olabilir? Daha sonra ne? "İşte yine aynı şey!" Güzel, nerede? Tekrar gizli beklentileri not edin ve her birine ne kadar inandığınızı derecelendirin. (0-100 arasında)

Sonuç olarak, beklentiniz "Beni sevecekler mi?" veya "Ya başedemezsem?" ya da "Ya her şey ters giderse?" gibi sorularda gizli olabilir. Pek çok endişeli beklenti, soru formuyla karşımıza çıkar. Bu sorular belirsizlik veya kuşku karşısında bir yanıt oldukları durumda anlam kazanırlar. Gizli beklentiyi bulmak için kendinize sorun: "Deneyimlediğim endişe için geçerli olabilecek sorunun yanıtı ne olurdu?"

Örneğin sorunuz, "Beni sevecekler mi?" ise gizlenmiş olumsuz beklentiniz, "Beni sevmeyecekler" olabilir. Buna inancınız güçlüdür veya hemen hiçtir veya ortalarda bir yerlerdedir.

Beklentilerinizin gerçekleşmesini engellemek için aldığınız önlemler

Kişi gerçek bir tehditle karşı karşıya kaldığında, zarar vermesini önlemek için adımlar atması çok anlaşılır bir durumdur. O an için karşı karşıya olduğunuz tehdit size oldukça gerçekçi görünebilir, ama biraz geri çekilip baktığınızda öyle olmadığını görebillirsiniz. Kendinizi korumak için neler yapıyorsunuz? Korktuğunuzun olmaması için ne gibi güvence adımları atıyorsunuz? Aldığınız önlemleri olabildiğince detaylı şekilde not ederek kaydı tamamlayın.

Özellikle şunları arayın:

- Tamamen kaçınma (örneğin: Kate patronuna birkaç gün hiçbir şey söylemedi ve onunla zaman geçirmekten kaçındı.)
- Korktuğunuz duruma girmek ancak sizi koşulları olmasından korktuğunuz durumdan sizi koruyacak şekilde hazırlamak.

Teknik olarak bu önlemler güvenlik davranışı olarak adlandırılırlar, çünkü bunlar bizim kendimizi güvende tutmak ve kurallarımızı yıkmaktan alıkoymak için başvurduğumuz davranışlardır. Tamamen kaçınmayı belirlemek görece kolaydır ama güvenlik davranışları daha az belirgin olabilir. Bazen oldukça kurnazdırlar – onların hiç farkında olmayabilirsiniz. Bu durumda kendinizi dikkatle gözlemlemek gerekir. Bunu en iyi şekilde, korktuğunuz durumlar içine girdiğinizde kendinizi nasıl güvende tuttuğunuzu gözlemlemeye dikkat ederek yapabilirsiniz. Bunu hayalinizde de yapabilirsiniz. Örneğin Kate önce patronuna yaklaşmak için kendini hazır hissetmedi. Ama cesaretini toplayabilseydi, parasını istemek için nasıl davranacağını hayal edebiliyordu. Kendisini göz temasından kaçarken, çok özür dilerken, ona önemli olmadığını söylerken, sessiz ve çekingence konuşurken ve olaydan mümkün olduğunca çabuk kurtulmak için çabalarken gördü. Onunla konuşmadan önce, olabilecek en zararsız şekilde durumu atlatmak için ne söyleyeceğini defalarca prova etti.

Olabildiğince çok not alın. Bunun için kayıt almaya birkaç gün ya da hafta ayırın. Bu sürenin sonunda kendinizi endişeli hissettiğiniz durumlarla, endişenizi alevlendiren beklentiler ve en kötünün gerçekleşmemesi için aldığınız önlemler ile ilgili fikriniz olacaktır. Bu, endişeli beklentilerinizi sorgulamaya başlamak, gereksiz önlemleri bırakarak onları kontrol etmek ve korkunuzun gerçekleşme ihtimali olup olmadığını bulmak için temelinizdir.

Endişeli beklentileri kontrol etmek

Endişeli beklentiler, yararsızdır. Sizi günlük yaşamla etkili şekilde baş-etmeye hazırlamaktan çok, size kendinizi kötü hissettirirler. Endişeli beklentiler, düşük özgüveni devam ettiren kısırdöngüyü çalıştırmaya yarayan önlemler aldırıp enerji kaybetmenize yol açarlar. Yani onları değiştirmenin pek çok yararı vardır. Bu değişim daha iyi hissetmenizi sağlar; yaşama güvenle yaklaşmak, deneyimlerinizin tadını çıkarmak için size şans tanır ve kendiniz olma deneyiminizi destekler.

Endişeli beklentilerinizi kontrol etmenin iki temel adımı vardır: Onları sorgulamaki daha gerçekçi ve yardımcı olabilecek alternatifler bulmak ve yeni bakış açılarını deneyip korktuğunuz durumlara (kaçınmak yerine) yaklaşmak, güvenlik davranışlarınızı bırakmak. Bu, zorlu bir manzara gibi görünebilir. Ancak beklentilerinize alternatifler geliştirmek şimdi riskli görünen durumlara girme konusunda daha az korku yaşamanıza ve kişisel koruma stratejilerinizi bırakmanıza yardımcı olacaktır. Bu önemlidir çünkü kendinizi tehdit altında hissettiğinizde nasıl davrandığınızı değiştirmezseniz, yeni keşfettiğiniz perspektiflerin doğru olup olmadığından asla tam olarak emin olmazsınız.

Tablo 11. ENDİŞELİ BEKLENTİLERİ KONTROL KAYIT SAYFASI

Tarih/ Zaman	**Durum**	**Duygular ve beden duyumları** Yoğunluğu derecelendirin (%0-100)	**Endişeli beklentiler** 0-100 arasında derecelendiin	**Alternatif bakış açıları** Duruma başka bakış açıları bulmak için anahtar soruları kullanın. Yoğunluğu derecelendirin (%0-100)	**Deney** 1- Her zamanki önlemleriniz yerine ne yaptınız? 2- Sonucu ne oldu?

Tablo 12. ENDİŞELİ BEKLENTİLERİ KONTROL KAYIT SAYFASI - KATE ÖRNEĞİ

Tarih/ Zaman	**Durum**	**Duygular ve beden duyumları** Yoğunluğu derecelendirin (%0-100)	**Endişeli beklentiler** 0-100 arasında derecelendiin	**Alternatif bakış açıları** Duruma başka bakış açıları bulmak için anahtar soruları kullanın. Yoğunluğu derecelendirin (%0-100)	**Deney** 1- Her zamanki önlemleriniz yerine ne yaptınız? 2- Sonucu ne oldu?
11.2.99	*Ian'dan bana borcu olan parayı istemek*	*Kaygılı %95* *Utanmış %95* *Kalp çarpıntısı %95* *Vücut ısısında artış ve kızarma %100*	*Bana bağıracak %90* *Benim katı olduğumu düşünecek % 90* *İlişkimiz bozulacak % 80* *Başka bir iş bulmam gerekecek %80* *Yapamayacağım %70* *Eve kapanıp parasız kalacağım %70*	*Böyle davranacağına dair bir kanıt yok. Onunla ilgili bildiklerim nazik biri olduğunu gösteriyor. %100* *Biraz rahatsız olabilir ama geçer. İki dakika sonra başka bir şey düşünür. %95* *Bu şekilde davranmasa bile herkes beni destekleyecektir. Başkası olsa ben öyle yapardım. Borçlarını geri almayı hak ettiklerini düşünürdüm. %100* *Belki benim de hakkım. %30* *İşimi kaybetsem bile, başka bir iş bulabilecek kadar iyi kuaförüm. %60* *Pireyi deve yapıyor olabilirim. %50*	*1-Ona sor. Özür dileme veya "önemli değil" deme. Nazik ve hoş ol ama sıkı dur. Zaman ayır.* *2-Bana hemen parayı verdi. "Üzgün olduğunu, sadece unuttuğunu" söyledi. Sonrasında bu konuyu düşündüğüne dair bir işaret yoktu.* *Gerilsem de risk alırsam istediğimi elde edebileceğimi öğrendim.*

beklentilere alternatifler bulmak

Sizi endişeli hissettiren durumlarda onları gerçek olarak kabul etmek yerine durup beklentilerinizi sorgulamak size yardımcı olacak ve daha gerçekçi bir bakış açısı oluşturacaktır. Aşağıda yer alan tablo 13'te özetlenen soruları kullanmak daha yardımcı ve gerçekçi bakış açıları keşfetmeniz, endişeye katkıda bulunan önyargılarla uğraşmanız için size yardımcı olacaktır. Endişeli beklentilerinize bir yanıt ya da alternatif bulduğunuz her seferde, onu yazın ve ona olan inanışınızı derecelendirin (0-100 arasında). Alternatifleriniz o an için size tamamen inandırıcı gelmeyebilir ama en azından teorik olarak doğru olabileceklerini kabullenmeye hazırlıklı olmalısınız. Onları bir kez pratiğe döküp denediğinizde, inanç seviyenizin artacağını göreceksiniz.

Alternatiflerinizi, sayfa 92'de örneği yer alan kayıt sayfasına yazmayı yararlı bulabilirsiniz (Endişeli Beklentileri Kontrol Kayıt Sayfası; ayrıca boş kopyaları Ekler kısmında bulabilirsiniz) Kate'i örnek olarak doldurulmuş bir örnek sayfa 93'te yer almaktadır. Oluşturulmuş bir kayıt sayfası, korkularınıza saplanıp kalmak yerine olan biteni daha sistematik izlemenizi sağlayacağı için öyküsel bir günlükten daha yararlı olabilir.

Tablo 13. Endişeli beklentilerinize alternatif bulmanıza yardımcı olabilecek anahtar sorular

- Beklentimi destekleyen kanıtlar nelerdir?
- Beklentimin karşıtı olan kanıtlar nelerdir?
- Hangi alternatif bakış açıları var? Bunları destekleyen kanıtlar nelerdir?
- Olabilecek en kötü şey ne?
- Olabilecek en iyi şey ne?
- Gerçekçi olarak, olabilecek en muhtemel şey ne?
- Eğer en kötü şey gerçekleşirse, ne yapılabilir?

Endişeli beklentilerinize alternatif bulmanıza yardımcı olabilecek anahtar sorular

Beklentimi destekleyen kanıtlar nelerdir?

Ne yaptığınızı düşünmenize ne neden oluyor? En kötüyü beklediğinizde ne yaşıyorsunuz? Geçmişte (hatta belki yaşamınızın çok erken dönemlerinde) ve günümüzde felaket beklentisi içine girmenize yol açan deneyimler var mı? Yoksa başlıca kanıtınız sadece duygularınız mı? Yoksa bu tip bir durumda, her şeyin ters gitmesini bekliyor olmanız gerçeği mi? Bu bir alışkanlık mı?

Beklentimin karşıtı olan kanıtlar nelerdir?

Bir adım geri çekilip bakış açınızı genişletin. Halihazırdaki durumla ilgili hakikatler neler? Düşüncenizi destekliyorlar mı veya ona ters mi düşüyorlar? Özellikle beklentinize uymayan bir kanıt bulabiliyor musunuz? Korkularınızı abartılı duruma getireceğini düşündüğünüz için katılmadığınız bir şey var mı? Dikkate almadığınız kaçış etkenleri var mı? Kendinizle ilgili bir kenara attığınız kaynaklar? Geçmişte veya şimdiki deneyimlerinizde işlerin korktuğunuz kadar da kötü gitmeyeceğine dair işaretler?

Endişeli beklentilerle ilgili kışkırtıcı olan şey en kötüyü beklemek ve sonuçlara atlamaktır. Onun yerine gerçeklere bağlı kalın.

Hangi alternatif bakış açıları var? Bunları destekleyecek kanıtlar nelerdir?

Bakışınızın tek olası yol olduğunu varsayma tuzağına mı düşüyorsunuz? Bir deneyim hakkında her zaman pek çok düşünme yolu vardır. Örneğin, düşük özgüvenli biri için bir yanlışlık felaket veya başarısızlık işareti olarak görülebilir. Ama başkası için bu daha küçük bir güçlük, insanın mükemmel olmamasına yönelik anlaşılabilir bir sonuç olarak görülebilir. Ayrıca bu yorgunluğun, anlık bir dikkatsizliğin sonucunda gelişen ve hatta öğrenmek, bilgi ve beceriyi arttırmak için değerli bir fırsat olarak yorumlanabilir.

Şu an karşı karşıya olduğunuz durumu ele alın. Eğer daha az endişeli ve daha kendine güvenli olsaydınız bakışınız nasıl olurdu? Başka bir kişi aynı durumdan nasıl bir anlam çıkarırdı? Aynı tasayla size gelen bir arkadaşınıza ne derdiniz? Beklentileriniz farklı olur muydu? Olayların istediğiniz gibi gitmemesi durumunda kalıcı yansımaları olacağını varsaydığınızda durumu abartıyor olabilir misiniz? Bu olay hakkında bir hafta sonra bakışınız nasıl olacak? Bir ay? Bir yıl? On yıl sonra? Herhangi biri ne olduğunu hatırlayacak mı? Ya siz? Eğer öyleyse, hâlâ aynı şekilde mi hissedeceksiniz? Muhtemelen hayır.

Bulduğunuz alternatif bakışları yazın ve tıpkı gerçek beklentilerinizde incelediğiniz kanıt ve karşı kanıtlar gibi onlar hakkında da kanıt ve karşı kanıtları incelediğinizden emin olun. Gerçeklere uymayan bir alternatif size yardımcı olmayacaktır. O nedenle alternatiflerinizin en azından bazı gerçekçi temelleri olmasına dikkat edin.

Olabilecek en kötü şey ne?

Bu soru endişeli beklentiler ele alındığında özellikle yararlıdır. "En kötü" ifadesi beklentinizi açıkça ele almanıza izin verir ve pek çok alanda yararlı olabilir. En kötüyü siyah ve beyazla ortaya koyduğunuzda korkunuzun imkansız olacak kadar abartılı olduğunu hemen görebilirsiniz. Örneğin; Kate'in zihninde patronunun salonun ortasında kriz geçirdiği ve onu dışarıya attığı canlandı. Gerçekte, onun ricasıyla ilgili ne hissederse hissetsin, müşteri ve elemanları önünde böyle profesyonellikten uzak bir biçimde davranması mümkün değildi.

Ne olabileceği ile ilgili korkunuzun olasılığına dair daha gerçekçi bir tahminde bulunmak için bilgi edinin. İmkansız olmasa bile, beklentinize göre gerçekleşme olasılığı daha az olabilir. Ek olarak, en kötüsünün olmasını engellemek için her noktada yapabileceğiniz şeyler olabilir. Tıpkı yeni bir eve taşındığınızda kabloları kontrol ettirip, yangın alarmları ve söndürücüleri almak gibi.

Olabilecek en iyi şey ne?

Bu, önceki sorunun tam karşıtıdır. Olabilecek en kötü durumun olumsuzluğu seviyesinde olumlu bir yanıt düşünmeye çalışın. Anında en iyi olasılığa inanmaya, en kötü olasılığa inanmaya göre daha az yatkın olduğunuzu fark edebilirsiniz. Niçin? Düşünceniz bir şekilde yanlı olabilir mi?

Kate, patronunun kendisini duruşu nedeniyle herkesin önünde kutladığı, kendisine çiçek ve çikolata almak için koşturduğu ve ona hemen bir ödeme ve ikramiye vermek için ısrar ettiği bir an'ı hayal etti. Olası gelmeyen bu görüntü, onun korkularının da ne kadar abartılı olduğunu görmesine yardımcı oldu.

Gerçekçi olarak, olabilecek en muhtemel şey ne?

Tanımladığınız en iyi ve en kötü şeye bakın. Gerçekte olması muhtemel olan ortalarda bir yerdedir. Ne olabileceği konusunda çalışabilecek misiniz, bakın.

Eğer en kötü şey gerçekleşirse, ne yapılabilir?

Olabilecek en kötü şey üzerinde çalıştıktan sonra, onunla nasıl en iyi şekilde başedebileceğinizi planlayabilirsiniz. Ve bir kez en kötüsüyle başetmek için ne yapabileceğinizi çalıştığınızda, artık her şey sizin için kolay lokmadır. Unutmayın, endişeli beklentiler zor durumlarda elinizde olan kaynakları hafife alır. Korktuğunuz şeyin olma olasılığı epey yüksek görünse de, otomatik bir biçimde varsaydığınıza göre daha kolay başedebilirsiniz ve orada, size yardım etmek için (diğer insanların iyi niyet ve niteliklerini de içeren) uygun kaynaklar olacaktır. Bu noktada aşağıdaki soruları gözönünde bulundurun:

- Eğer en kötüsü gerçekleşirse, başetmenize yardımcı olacak hangi kişisel nitelik ve becerilere sahipsiniz?
- Benzer başka bir durumu başarıyla ele aldığınız geçmiş deneyimleriniz neler?
- Başka insanlardan ne tür yardım, tavsiye ve destek alabilirsiniz?
- Olan bitenle ilgili daha net bir resim elde etmek ve onunla daha etkili başa çıkmak için ne tür bir bilgiye ihtiyacınız var? Kime sorabilirsiniz? Size başka hangi bilgi kaynakları açık? (Örneğin: Kitaplar, medya, internet?)
- Durumu değiştirmek için ne yapabilirsiniz? Eğer sizi endişelendiren durum bir şekilde gerçekten tatmin edici değilse, hangi değişiklikleri yapmanız gerekir? Belki değiştirmeniz gereken birinin değişmeniz gerektiğine yönelik makul olmayan beklentileri olabilir veya kendiniz için daha şey yapmanız ya da daha çok yardım ve destek alabilmeniz gerekebilir. Bu tür değişikliklerin, biraz ötede olumsuz beklentilerle (örneğin: "Ama bana kızacaklar) veya özeleştirel düşüncelerle (örneğin: Ama yalnız başına başedebilmeliyim") bloke olduğunu görebilirsiniz. Eğer böyleyse düşünceleri not edin ve alternatiflerini arayın. Onlar da sorgulanıp, denenebilir. Ve durum değiştirilmese veya sorunun kaynağı olmasa bile, onunla ilgili düşünce ve duygularınızı değiştirebilirsiniz. Ve hatta şu an yaptığınız da budur.

Endişeli beklentileri sınamak

Endişeli beklentilere alternatif bakış açıları keşfetmek genellikle kendi başına yardımcıdır. Odaklanmanız netleştikçe, kurallarınızı yıkmanın feci sonuçları ile ilgili daha az korktuğunuzu fark edebilirsiniz. Ancak her şeyin göründüğü kadar kötü olmadığı konusunda sizi ikna etmek için düşüncelerinizi sorgulamak yeterli olmayabilir. Direkt deneyimle gerçekte ne olduğunu öğrenmek için farklı davranmanız da gerekir. İşleri yeni yollarla yapmayı deneyimlemek (örneğin: Daha girişken ve iddialı olmak, başkalarıyla birlikteyken kendiniz olma riskini almak veya muhtemelen kaçındığınız meydan okumaları ve fırsatları kabul etmek) asıl beklentilerinize karşıt olan birçok deneyim yaşamanıza yardımcı olurken yeni bakışınızı da destekler.

Deneyimler; beklentilerinizin gerçek dünyayla uyum sağlaması için, eski alışkanları yıkmak, yenilerini düşünüp sağlamlaştırmanız, için size bir sınama olanağı sağlar Düşündüğünüz alternatiflerin gerçeklerle uyumlu ve size yardımcı olup olmadığını yeniden düşünüp sınamanız için bir fırsat yaratır. Ama bu ancak kaçındığınız durumlara girme riskini aldığınızda ve kendinizi korumak için aldığınız önlemleri bıraktığınızda gerçekleşir. Deneyimler size işe yaramayan şeyler için alternatif yolları ortaya çıkartmanız ve işe yarayanları güçlendirip duruma hazırlanmanıza yardımcı olacaktır. Denemeler olmadan yeni bakış açılarınız büyük ölçüde teorik kalır. Kitap boyunca "deneyim" meselesine tekrar döneceğiz.

Deneyleri kurgulamak: Endişeli beklentileri sınamak için harekete geçmek

Endişeli beklentilerinizi belirlemeyi, onların duygularınız ve bedeniniz üzerindeki etkilerini ve gerçekleşmemeleri için aldığınız önlemleri ayırt etmeyi öğrendiniz. Beklentilerinizi sorgulamaya başlamak, kanıtları inceleyip, daha gerçekçi ve yardımcı alternatif bakışlar aramak için ilerlediniz. Beklentilerinizin doğru olup olmadığını sınamak amacıyla bu becerileri temel alabilirsiniz.

Farklı davranmayı deneyimlemek ve sonucunu gözlemlemek için, sayfa 92'deki kayıt sayfasının son sütununu kullanabilirsiniz. Bunu son derece kasıtlı olarak (örneğin: Her gün için bir deneme planlamak gibi) ya da spontan durumlarda kullanabilirsiniz (örneğin: Beklenmedik bir telefon veya davet gibi.).

Atılacak adımlar aşağıdaki gibidir:

1 Beklentinizi açıkça ortaya koyun

Gerçekleşmesinden korktuğunuz şeyin açık ve net olarak ortaya konulduğundan emin olun (endişeli beklentileri saptamayı zaten öğrendiniz.) Deneyimler en çok belirli sorunlu beklentileri sınamak için tasarlandığında yardımcı olurlar. Eğer beklentileriniz belirgin değilse, gerçekleşip gerçekleşmediklerini saptamak güç olacaktır. Tam olarak ne olmasını beklediğinizi –eğer ilgiliyse sizin ve başkalarının nasıl davranacağınızla ilgili düşüncelerinizi de katarak– yazın. Her beklentinizi ona inancınızın gücüne göre derecelendirin (0- 100 arasında). Örneğin eğer kendinizi kötü hissedeceğinize yönelik bir beklentiniz varsa, nasıl ve ne ölçüde kötü hissedeceğinizi önceden derecelendirin (0- 100 arasında). Pek çokları, kendilerini şaşırtacak şekilde endişeli hissettiklerini ama en kötüyle başetmeyi öğrendiklerinde, önceden korktukları durumun içine girmenin bekledikleri kadar olumsuz olmadığını fark ederler.

Derecelendirmeniz size, bunun sizin için de geçerli olup olmadığını görme şansı tanıyacaktır.

Beklentiniz başkalarının tepkilerini de içerebilir. Belki, belirli şekilde davrandığınızda insanların size olan ilgisinin kaybolacağını veya sizi onaylamayacaklarını düşünüyorsunuz. Eğer böyleyse, bunu nereden bildiğinizi çözün. İlgilerini kaybettikleri veya onaylamadıklarına dair işaret olabilecek ne söyler veya ne yaparlardı? Yüz ifadesindeki değişiklikler, bakış yönündeki değişiklikler gibi küçük işaretleri de dahil edin. Korktuğunuzun gerçekleştiğini nasıl bildiğinizi bir kez tanımladığınızda, durumun içindeyken neyi aramanız gerektiğini tam olarak bileceksiniz.

2 Beklentilerinizin gerçekleşmemesi için önlem almak yerine ne yapacaksınız?

Yine kayıt tutarak kendinizi güvende hissetmek için aldığınız önlemlerin farkına varacaksınız. Eğer önlem almayı sürdürürseniz, beklentilerinizin gerçek olup olmadığını anlayamazsınız. Deneyimlemeniz iyi geçse bile, "neredeyse olmayacaktı" duygusuyla başbaşa kalırsınız. Bu nedenle, olabildiğince açık olun. Ne kadar küçük olsalar da kendinizi korumak için istek uyandırabilecek şeyleri düşünün. Yerine ne yapacağınızı önceden çalışın. Örneğin eğer biriyle konuştuğunuzda normal örüntünüz insanların ne kadar sıkıcı olduğunuzu keşfetmemesi için göz temasından kaçınmak ve kendiniz hakkında mümkün olduğunca az konuşmaksa, yeni örüntünüz insanlara bakmak (başka hangi şekilde ne düşündükleri konusunda fikriniz olacak?) ve onların da kendileri hakkında konuştuğu kadar, kendiniz hakkında konuşmaktır. Eğer işyerindeki normal örüntünüz her soruya bir yanıtınızın olması ve cehaleti kabul etmemek ise, insanların sizin işe uygun olmadığınızı düşünmesi halinde; "bilmiyorum" ve "bu konuda hiçbir fikrim yok" demeyi deneyebilirsiniz. Eğer normal örüntünüz –gösterirseniz kontrolünüzü kaybedebileceğiniz için– duygularınızı gizlemekse, size rahatsızlık veren, sizi üzen bir konu hakkında güvendiğiniz birine karşı daha açık olmayı veya normalde göstereceğiniz şefkatten fazlasını uluorta göstermeyi deneyebilirsiniz.

3 Deneyin sonuçları neydi?

Deneyimlemenin yapısı ne olursa olsun, farklı davranma yollarını gözlemlemek kritik olacaktır. Böylelikle eğer en kötü korkularınızın gerçek olmadığı ortaya çıkarsa, gelecekte benzeri durumlar için daha doğru beklentilerde bulunabilirsiniz. Her deneyin hakkını vermek için, her zaman takip eden sonuçları gözden geçirin. Ne öğrendiniz? Farklı davranmanızın hislerinize nasıl bir etkisi var? Olanlar, beklentilerinizle ve bulduğunuz alternatiflerle ne kadar uyumlu? Olanların kendinizle ilgili olumsuz görüşünüz üzerinde nasıl bir etkisi var? Önceki gibi mi? Yoksa kendinizle ilgili daha olumlu düşünebileceğinizi mi gösteriyor?

Ortaya çıkacak sonuç ile ilgili iki güçlü olasılık var. Her ikisi de sizin için düşük özgüveni neyin devam ettirdiği konusunda bilgi vermesi açısından yararlıdır. Bir tanesi, deneyin endişeli beklentilerinizin doğru olmadıklarını gösterebileceği ve bulduğunuz alternatiflerin daha gerçekçi ve yararlı olduğu yönündedir: Böyle çok daha iyi. Diğeri ise bazen yapılan deneylerin endişeli beklentileri tam da doğrulamasıdır. Eğer böyleyse dert etmeyin. Bu değerli bir bilgidir. Nasıl oldu? Gerçekte sizinle ilgili bir şey miydi veya durumdan kaynaklanan başka bir şey miydi? Sizin dışınızda, neyin yanlış gittiğinin başka nasıl açıklamaları olabilir? Olan şeye bir şekilde katkınız olduysa, farklı bir sonuç için gelecekte durumu farklı bir şekilde ele almak için başka bir yol olabilir mi? Örneğin tüm güvenlik davranışlarınızı bıraktığınızdan emin misiniz?

Dürüst olun! Dönüp ne olduğuna bakın ve kendinizi dikkatle inceleyin. Eğer bazı önlemler hâlâ yerinde duruyorsa (endişeli beklentiler), ne olabilirdi diye düşünüyorsunuz? Bunu nasıl kontrol edebilirdiniz? Davranışınızda hâlâ yapmanız gereken değişiklikler tam olarak ne? Bir dahaki sefere güvenlik davranışlarınızı bırakacağınızdan nasıl emin olacaksınız?

Ne olduğunu dikkatlice düşündüğünüzde, bir dahaki sefere hangi deneyleri yapacağınızı yukarıdaki adımlardan yararlanarak çalışın. Öğrendiklerinizi başka durumlara nasıl uygulayabilirsiniz? Daha fazla ne yapmanız gerekir? Güveninizi geliştirmek için aynı deneyi tekrar mı etmelisiniz? Ya da daha yeni, belki daha zorlu bir durum için benzer değişiklikler mi yapmalısınız? Bir sonraki adım ne?

Deneyin sonucu ne olursa olsun, yaptığınız şey için kendinizi kutlayın. Zorlukları göğüslemek ve çaba gerektiren durumlar için kendinize şans tanımak, kendinizi kabullenmek ve değer vermenin, özgüveni arttırmanın bir parçasıdır. Olanlar size kendiniz, diğer insanlar ve dünyanın işleyişi hakkında ne anlatıyor? Olanlar düşünüldüğünde, bir dahaki sefere böyle bir durumla karşılaşmanız halinde hangi beklentiler daha anlamlı gelir? Gelecekteki benzer durumları daha etkin şekilde ele almak için olan bitenden size yardımcı olacak hangi genel stratejileri alabilirsiniz?

Bir örnek: Kate alışverişe gidiyor

Kate'in yeni bir çamaşır makinası alması gerekiyordu. Patronunun kendisine olan borcunu istemekte başarılı oldu ve beklentilerinin doğru olmadığını keşfetti. Ama yine de ihtiyacı olanı etkili şekilde istemek konusunda kuşkuları vardı. Eğer tüm olasılıklarla meşgul olup hemen teknolojik ayrıntıları anlamazsa, tezgâhtarın sabırsızlanıp ona saygı duymayacağını öngördü. Bunu şöyle anlayacaktı: Tezgâhtar canlı bir ses tonuyla başka bir müşteriye yönelerek kendisini bırakacaktı ve diğer tezgâhtarlara yüz göz işareti yapacaktı. Böyle bir durumda tipik kendini koruma stratejisi, anlıyor gibi yapmak, bir veya iki modele bakmak ve tezgâhtarın vaktini aldığı için aşırı şekilde özür dileyici olmaktı.

Onun yerine seçeneklerinin ne olduğunu ve modellerin fiyat aralığını öğrenmek için olabildiğince çok soru sormaya, hoş ve arkadaşça olmaya ama özür dileyen biri olmamaya karar verdi. Beklentisi üzerine düşündüğünde, korktuğunun gerçekleşmesi olasılığının olmasına rağmen, çok da mümkün görünmediğini ve kendisinden çok, tezgâhtara daha fazla şey söyleyebileceğini düşündü. Bu, ona oraya gitmek için cesaret verdi. Ümitsiz şekilde denediği ilk mağazada tezgâhtar tam da beklediği gibi davrandı. Uzaklaştırıcı, başkalarıyla dönüp konuşan biriydi ve onun bir makine alıp almamasıyla ilgilenmiyor görünüyordu. Şans eseri ne olduğunu o akşam bir arkadaşıyla konuşma fırsatı buldu. Arkadaşı "aynı mağazada benzer bir deneyim yaşadığını" söyledi ve müşteri hizmetleri açısından başka bir yeri denemesini önerdi. Bu; Kate'e beklentilerinin doğru olduğundan çok, ne olup bittiğini anlaması için yeni bir yol keşfetme olanağı sağladı. Yeni bir deneme için moralini düzeltti.

Daha atılgan olan yeni stratejisini kendini cezalandırmadan takip etmenin mümkün olduğunu keşfetti. Çok soru sordu, tezgâhtardan bazı şeyleri tekrar etmesini istedi, tüm modellere baktı ve sonuçta hiçbir şey almadı. Tezgâhtar ona nazik davrandı, daha fazla sorusu olursa aramasını söyledi ve kartını verdi. Başka mağazalardaki deneyler de bu yeni deneyimi doğruladı. Kate'in sonucu: "Paramı harcamak için karar vermek üzere istediğim kadar zaman ayırırım. Soru sormak ve bilgisiz olmak uygundur. Başka nasıl ne öğrenmem gerektiğini bulacağım? Eğer insanlar kabaysa; o, onların sorunu, benimle ilgili bir şey değil."

ÖZET

1. Düşük özgüvenle ilgili Kişisel Yaşam Kurallarının yıkılabileceği durumlarda, temel inanç aktive olur ve neyin yanlış gidebileceği ile ilgili beklentileri tetikler.
2. Böyle beklentiler yanlı düşünceleri tetikler: Bir şeyin kötü gitme olasılığını abartmak, kötü giderse ne olabileceğini abartmak ve durumu başedilebilir hale getirecek kişisel kaynakları, dışarıdaki kaynakları küçümsemek.
3. Beklentilerin gerçekleşmemesi için insanlar önlemler alır. Aslında bunlar gereksizdir ve önlemlerin gerekli olup olmadığını keşfetmeyi olanaksız duruma getirir.
4. Kısırdöngüyü kırmak ve endişeli beklentilerle uğraşmak için öncelikle ortaya çıktıklarında onları fark etmeyi öğrenmek ve duygu, beden durumu üzerindeki etkilerini, yol açtıkları gereksiz önlemleri gözlemlemek gerekir.
5. Bir sonraki adım beklentileri sorgulamak, onların kanıt veya karşı kanıtlarını incelemek ve alternatif yeni bakış açısını aramaktır.
6. Son adım, deneylerle beklentilerin ne kadar doğru olduğu konusunda deneyimsel kanıt ve yeni alternatifler elde etmek, normalde kaçınılan durumlarla yüzleşmek ve gereksiz önlemleri bırakma riskini almaktır.

5
Özeleştiriyle mücadele

Giriş

Düşük özgüvende özeleştirel düşünce, kişinin kendisiyle ilgili olumsuz düşüncelerinin (Temel inanç) deneyimle sabit olduğu duygusunu takip eder. Suçluluk, utanç ve depresyon gibi duyguları tetikleyerek düşük özgüvenin sürmesine katkıda bulunur ve böylece temel inancı sürekli aktive eder.

Özeleştirinin etkisi

Düşük özgüvenli kişiler kendilerine karşı acımasızdır. Onlar için özeleştiri, az ya da çok bir yaşam biçimidir. Kendilerine adlar takarlar, kendilerine daha iyi olmaları gerektiğini söylerler ve işler kötüye gittiğinde kendilerini aşağıya çekerler. Her küçük zayıflık ve hatanın arayışı içindedirler. Bunlar, normal insanî zafiyet veya doğal insanî hataların bir parçası değildir – yetersizlik veya başarısızlık kanıtı, kişinin yeterince iyi olmadığının işaretleridir. Düşük özgüvenli kişiler yapmaları gereken ve olmadıkları her şeyle ilgili kendilerini eleştirir – ve yapmamaları gereken ve oldukları her şeyle ilgili. Kendilerini bu denli eleştirel olmaları konusunda bile eleştirebilirler.

Düşük özgüvenli kişiler kendileriyle ilgili bir güçlük veya yanlış bir şey fark ederler ve tüm insanlar gibi kendileri hakkında yargıda bulunurlar. ("aptal", "yetersiz", "itici", "berbat bir anne" vs.) Tüm bu yargılar, bu yargılarla tutarlı olmayan, resmin diğer tarafını, görmezden gelir. Sonuç; dengeliden çok, yanlı bir bakıştır. Ve bu yanlılık da kendini özeleştirel düşünceler yoluyla ifade eder.

Özeleştirel düşünceler acı veren hislerle sonuçlanır (üzüntü, hayal kırıklığı, öfke, suçluluk) ve düşük özgüveni sürdürür. Örneğin: Kazayla önündeki kaldırımdan geçen bir kadına çarpan ve ölümüne neden olan Jim'i ele alalım (Sayfa 49). Olanlarla ilgili sıkıntı yaşadığı birkaç ayın ardından, bir noktada Jim kendini birkaç gün için daha iyi hissetti. Kaza, aklında daha az canlanıyordu; daha rahat, egemen ve kendi gibi hissediyordu.

Bir gün, kızı okuldan eve gelmekte çok gecikti. Jim, dehşet içindeydi. Ona korkunç bir şey olduğundan emindi. Aslında onun bir arkadaşına gideceğini unutmuştu. Kızı geldiğinde çok sinirlendi. Sonrasında kendisinden epey utandı. Nasıl bir davranış! "Bu kanıtlıyor" diye düşündü. "Gerçekten aklımı kaybediyorum. Berbat durumdayım." Daha da kötü hissetti. Kendine "dağılmamasını" söyledi. "Bu acınası bir durum. Dağılma." Olan şey, kendi hakkındaki en kötü kuşkularını doğruluyordu: Nevrotik bir enkazdı, bununla ilgili hiçbir kuşku yoktu. Değişim için çok küçük bir olasılık görünüyordu. Jim, pes etmeye neredeyse hazırdı. Aşağıdaki deneyimi izleyerek özeleştirel düşüncelerin duygusal etkileriyle ilgili bir fikir edinebilirsiniz. Aşağıda yazılı sözcükleri dikkatlice, sindirerek okuyun. Size uyduklarını düşünün ve kendinize güveniniz ve modunuz üzerindeki etkilerini hayal edin:

Yararsız	İtici	Yetersiz
Zayıf	Sevilmeyen	Çirkin
Acınası	İstenmeyen	Aptal
Değersiz	Aşağı	Eksik

Özeleştirel düşünce kişisel olumlu duyguları zayıflatır ve sizi aşağıya çeker. Listedeki bazı sözcükler size kişisel özeleştirel düşüncelerinizden tanıdık gelebilir. Eğer öyleyse, altlarını çizin. Özeleştirel olduğunuzda kendinizi tanımlamak için başka hangi sözcükleri kullanıyorsunuz? Onları, not edin. Bunlar, dikkat etmeniz gereken sözcüklerdir.

Bu bölüm; kendinizle ilgili daha dengeli ve kabullenici bir görüşü benimsemeniz için, size ne zaman özeleştirel olduğunuzu, özeleştirinin duygularınız üzerindeki etkisini ve güncel durumlarda nasıl davrandığınızı fark etmeniz doğrultusunda ilerleyecektir. Üzerinde çalışmamız gereken, kısırdöngünün parçası da budur:

Tablo 14. Kısırdöngü: Özeleştirinin düşük özgüveni devam ettirmedeki rolü

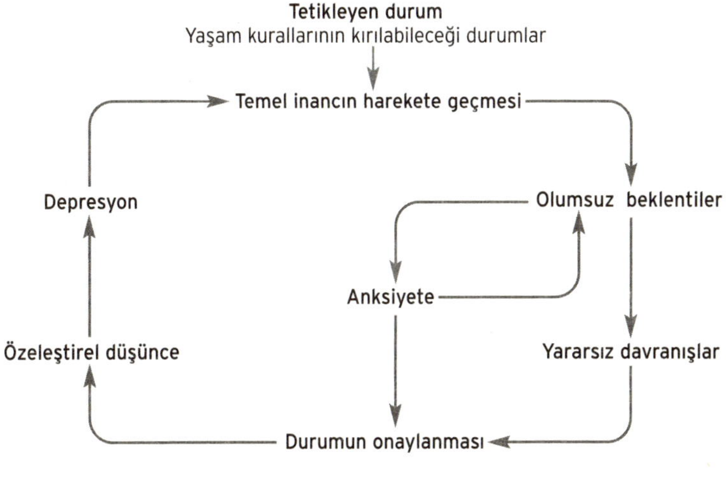

Tıpkı endişeli beklentilerinizi sorguladığınız gibi özeleştirel düşünceleri de sorgulamayı ve onlara alternatifler aramayı öğreneceksiniz. Bunu yaparken olumlu yönlerinizin daha fazla farkına varmayı; güçlü yanlarınıza, iyi yönlerinize ve yeteneklerinize daha çok dikkat çevirmeyi öğrenmeye ihtiyacınız olacak. Nasıl ilerleyeceğiniz konusunda bu bölümde yeni fikirler bulacaksınız.

Özeleştiri niçin yarardan çok zarar verir?

Pek çok kültürde özeleştiri iyi ve yararlı bir şey olarak görülür. Bu fikir; "kızını dövmeyen dizini döver" deyişinde olduğu gibi büyümeye giden yolun, düzeltmek ve cezalandırmaktan geçtiği inancından temel alır. İnsanlar bazen kendileriyle ilgili olumlu düşünmenin övünme ve kibire yol açmasından korkar. (Bölüm içinde bu yaklaşıma tekrar, kendini kabul etmeyi güçlendirme bağlamında döneceğiz. Daha iyi davranmaları ve daha fazla çalışmaları için, çocukların yetenek ve başarılarından çok, hataları vurgulanır. Ebeveynler ve öğretmenler, doğru yapılan şeyi geliştirmek yerine zamanlarını yanlış yapılanı göstermek için harcıyor olabilir. Bu, özeleştirinin kişiyi doğru yolda tutan tek unsur olduğunu düşündürebilir. Buna inanan kişi şöyle der: Eleştirin çünkü, hoşgörü bataklığına batıp bir daha asla kayda değer hiçbir şey başaramayabilirsiniz.

Özeleştirel düşünce, genellikle yaşamın erken dönemlerinde öğrenilir. Farkında olmadığınız bir alışkanlık, düşünmeden verilen bir tepki haline gelebilir. Onu, yararlı ve yapıcı bile görebilirsiniz–kişisel gelişime giden yol gibi. Ancak bu fikir daha ayrıntılı incelenmelidir. Bunu yapınca, özeleştirinin aslında bazı dezavantajları olduğunu da keşfedebilirsiniz.

Özeleştiri sizi felç eder ve kendinizi kötü hissettirir

Kendinden emin olduğunu bildiğiniz birini hayal edin. Onu takip ettiğinizi, yaptığı her yanlışa işaret ettiğinizi, yaptığı her şeyin çok iyi olduğunu ama daha iyi/hızlı/çok da yapılabileceğini söylediğinizi; adlar takarak, iyi yaptığı her şeyi, başarıları ve kazanımları yok saydığınızı, küçümsediğinizi hayal edin. Günler, haftalar geçtikçe bu devam eden eleştiri sızıntısının nasıl bir etkide bulunmasını beklersiniz? Kişi bunlar karşısında ne hissederdi? Bu yaşamıyla ilgili güven, başetme ve başarma yeteneğini nasıl etkilerdi? Karar verme ve inisiyatif alma yeteneklerini nasıl etkilerdi? Yaşamı daha kolaylaştırır veya zorlaştırır mıydı? Bunu bir arkadaşınıza yapmayı düşünebilir miydiniz? Değilse, niçin?

Hâlâ özeleştirel düşüncelerle ilgili kuşkularınız varsa, bu büyük olasılıkla farkında bile olmadan kendinize yaptığınız şeyle ilgilidir. Özeleştirel düşünceler, omzunuzda durup size durmaksızın "onaylamıyorum" diye bağıran bir papağan gibidir. Bunun değişmek ve büyümekle ilgili olarak sizin cesaretinizi ne kadar kırdığı, sizi ne kadar demoralize ettiği ve çabalarınızı nasıl felce uğrattığını bir düşünün.

Özeleştiri insafsızdır

Özeleştirel olmak; küçük yanlışlara, başarısızlıklara veya hatalara sanki sizinle ilgili tüm hikaye bunlardan ibaretmiş gibi tepki vermenizdir. Yanlışlar ve zayıflıklarla ilgili radarınız oldukça hassastır ve birini yakaladığınızda hemen bunu kendi aleyhinize kullanırsınız. Kendinize; kötü olduğunuzu, acınacak veya aptal biri olduğunuzu söylersiniz. Bu, adil midir? Aslında, bazıları iyi, bazıları kötü ve bazıları ilgisiz milyonlarca hareket, duygu ve düşünceden oluşuyorsunuz. Bir hata veya pişman olduğunuz bir şey temelinde kendinizi değerlendirdiğinizde, topladığınız yanlı kanıtlar çerçevesinde, sadece olumsuzluklara odaklanarak kendinizle ilgili genel bir yargıya varırsınız. Gerçekçi olun: Olumlu nitelikleriniz ve güçlü yanlarınız ve insan ırkına özgü olan hatalar ve zayıflıklarınız için kendinize izin verin.

Özeleştiri öğrenmeyi bloke eder

Özeleştiri, kendinize güveninizi zayıflatır ve kendinizi aşağı, cesaretsiz, demoralize ve kötü hissetmenize yol açar. Sorunlarınızı çözmek bir yana, kendiniz ve yaşamınız hakkında açık bir zihinle düşünmenizi, aslında değiştirmek istediğiniz şeyleri değiştirebilmenizi engeller. Genel olarak, insanlar; başarısızlıkları eleştirilip, cezalandırıldığı zamanlardan çok; başarıları ödüllendirildiğinde, takdir edildiğinde ve cesaretlendirildiğinde daha çok öğrenirler. Özeleştiri odağınızı yanlış yaptığınız şey üzerine çeker ve size kendinizi kötü hissettirir – bir dahaki sefere nasıl daha iyi yapabileceğiniz konusunda size bir ipucu vermez. Eğer sadece neyi yanlış yaptığınıza dikkat ederseniz, doğru yaptığınız şeyden öğrenme ve onu tekrarlama fırsatını kaçırırsınız. Benzer şekilde her yanlış yaptığınızda pes ederseniz, hatalarınızdan ders çıkarma ve değiştirmek istediğiniz taraflarınız üzerinde yapıcı olarak çalışma olanağını kaybedersiniz.

Özeleştiri gerçekleri görmezden gelir

İşler kötü gittiğinde yaptığınızla ilgili kendinizi eleştirmenin yanında, farklı davranmış olsaydınız işler daha iyi olurdu diye ekliyorsunuz. Belki de farklı davranmanın yararınıza olabileceğini düşünmekte haklısınız. Sonradan gözden geçirince, birinin işleri nasıl ele alması gerektiğini görmek daha kolaydır. Ama size o zaman nasıl göründü? Sonuçta işler ters gitmiş olsa bile, o zaman o şekilde davranmanızın geçerli nedenleri vardır. Tüm koşullar masaya yatırıldığında (yorgundunuz, zihniniz bulanıktı, olayı en iyi şekilde ele almak için gerekli bilginiz yoktu), tam da o an davrandığınız gibi davranmalıydınız.

Bu gerçekten pişmanlık duyacağınız bir konudan paçayı sıyırmanız ya da yaptığınız hataları görmezden gelmeniz anlamına gelmez. Geçmişe döndüğünüzde olanları daha açıklıkla görebiliyorsanız, bu yeni kavrayışınızı deneyimlerinizden bir şeyler öğrenmekte kullanın. Böylece eğer tekrar aynı durum meydana gelirse, onunla başetmek için yeni bir bakış açınız olur. Ancak geçmiş üzerinde kara kara düşünmek ve pişmanlık duyduğunuz şeyleri sırtınızda bir kambur olarak görmek size sadece kötü hissettirecek ve dumura uğratacaktır. Bir dahaki sefere daha açıklıkla düşünmeniz ve daha uygun davranmanız için size yardımcı olmayacaktır.

Düştüğünüzde bir tekme de özeleştiri vurur

İnsanlar bazen demoralize olur, kendilerini güvensiz olmakla, iddiasız, endişeli veya depresif olmakla eleştirerek güvenlerini düşürürler. Bunlar olağan sorunlardır ve bazı durumlarda pek çoğumuzu (hatta hepimizi) etkilerler.

Gördüğünüz gibi kişisel güçlükler genellikle stres dolu olaylara verdiğimiz doğal tepkilerdir ve genel olarak maruz kaldığımız erken dönem öğrenmelerin anlaşılabilir sonuçlarıdır. Sizinle ilgili temelde yanlış bir şey olduğu anlamına gelmezler. Büyük olasılıkla, sizin yaşadıklarınızı yaşamış olanlar da kendini sizin gibi görürdü ve günlük yaşamda aynı etkileri yaşardı. Bu kitabın yardımıyla ve gerek olursa başka kaynaklarla, kişisel kuşkularınız ve bunların sonuçlarını daha iyi ele alacaksınız. Kesin olan bir şey varsa o da, zorlukları yaşarken kendinizi eleştirmenin onları çözmek için size yardımcı olmayacağıdır.

Özeleştirel düşüncelerle mücadele etmek

Özeleştirel düşüncelerin ne kadar zararlı olabileceğine değindik, peki onlarla nasıl başedebilirsiniz? Endişeli beklentileri sorgulamayı ve sınamayı nasıl öğrendiyseniz özeleştirel düşüncelerle de bir benzerini yapacaksınız. (4. Bölüm)

- Özeleştirel düşüncelerle ilgili kişisel farkındalık oluşturmak
- Özeleştirel düşünceleri sorgulamak
- Kendinizi olumlu değerlendirme deneyleri yapmak

Tüm bu adımlar daha ayrıntılı incelenecektir.

Özeleştirel düşüncelerle ilgili farkındalık oluşturmak

Size özgü özeleştirel düşüncelerin daha fazla farkında olmak, göründüğü kadar kolay değildir. Özellikle uzun süredir özgüven eksikliğiniz varsa, özeleştiri güçlükle farkına vardığınız bir alışkanlık, kendinizle ilgili düşüncelerinizde bir rutin halini almış olabilir. İlk adım, kendinizi nasıl aşağıladığınızı fark etmek ve bu durumun nasıl hissettiğiniz ve yaşamınızı nasıl sürdürdüğünüz üzerindeki etkisini gözlemlemektir.

Özeleştirel olduğunuzda, duygularınız etkilenecektir. Duygu durumunuzdaki değişiklikler genellikle –özellikle siz farkında olmadan bir alışkanlık olarak devam eden– özeleştirel düşüncelerinizi fark etmeniz için önemli bir ipucudur.Kendinize karşı acımasız olduğunuz zamanlarda deneyimlediğiniz duygular muhtemelen işlerin yolunda gitmeyeceğini öngördüğünüz zaman tetiklenen endişe, tedirginlik, korku veya panikten farklıdır. Özeleştirel olduğunuzda, kendinizi daha çok şöyle hissedersiniz:

Suçlu	Utanmış
Üzgün	Sıkılgan
Kendinizle ilgili düş kırıklığına uğramış	Kendine kızgın
Sinirli	Depresif
Ümitsiz	Umutsuz

Endişeli beklentilerle çalışırken öğrenmiş olduğunuz gibi, eski alışkanlıkları değiştirmekte ilk adım onları ortaya çıktığı anda fark edebilmektir. Özeleştirilere eşlik eden duygularla sürüklenip gitmek yerine, onları harekete geçmek için bir ipucu olarak kullanabilirsiniz. Sayfa 114'te yer alan "Özeleştirel Düşünceleri Saptamak" kayıt sayfasını kullanmak buna yardımcı olacaktır. Bu sayfayı kullanmak, kendinizi kötü hissettiğinizde aklınızdan geçenleri fark etmeniz ve bu düşüncelerinizin yaşamınızı nasıl etkilediğini, düşük özgüven kısırdöngüsünü nasıl sürdürdüğünü daha açıkça anlamanız için sizi teşvik edecektir. Bu esnada aynı düşüncelerin (veya çok benzer olanların) tekrar tekrar ortaya çıktığını da fark edebilirsiniz.

Birkaç günlük çalışma sonrasında duygularınızdaki değişikliklere ve onları alevlendiren düşüncelere karşı daha hassas olacaksınız. Bu düşüncelerin; gerçekte nasıl bir insan olduğunuzla ilgili olmadığını, bir fikir veya eski bir alışkanlık olduğunu aklınızda bulundurun. Bu şekilde, onları sistematik olarak sorgulamaya başlama sürecinden önce bile kendinizi onlardan uzaklaştırmaya başlayabilirsiniz.

Özeleştirel düşünceleri nasıl saptayacaksınız?

Kayıt sayfası, kişisel farkındalığı desteklemek ve özeleştirel düşüncelerinize dikkat etmenize yardımcı olmak için tasarlanmıştır. Bu sayfa özeleştirel düşünceleri sorgulamak ve yerine daha işe yarar ve gerçekçi alternatifler geliştirmek için ilk adım olacaktır. Sayfa 114'te boş bir sayfa ve sayfa 115'te doldurulmuş örneği bulacaksınız. Ek'lerde daha fazla boş örnek sunulmuştur.

Endişeli beklentilerde olduğu gibi anlatıcı bir günlükten çok, başlıklarla oluşturulmuş bir kayıt sayfası size daha fazla yardımcı olabilir. Bu yöntem anlattığınız öykünün ve sizde yarattığı duyguların içinde kaybolmak yerine, ne olup bittiğini net bir şekilde düşünmek için size yardımcı olacaktır. Özeleştirel düşünceler temel inancınızın yansımaları olarak sizin için özellikle ikna edici olduklarından bu tür bir kayıt almak özellikle önemlidir.

Özeleştirel düşüncelerin farkında olmanın en iyi yolu, ortaya çıktıkları anda onları not etmektir. Kayıt sayfasındaki başlıkların sayfa 84'teki "Beklenti ve Önlemler Kayıt Sayfası" ile çok benzer olduğunu fark edeceksiniz. Kayıt sayfanız aşağıdaki gibi olmalıdır:

Tablo 15. ÖZELEŞTİREL DÜŞÜNCELERİ SAPTAMAK İÇİN KAYIT SAYFASI

Tarih/Zaman	**Durum** Kendinizi kötü hissetmeye başladığınız sırada ne yapıyordunuz?	**Duygular ve beden duyumları** Örneğin; üzgün, sinirli suçlu. Yoğunluğu 0-100 arasında derece-lendirin.	**Özeleştirel düşünceler** Kendinizi kötü hissetmeye başladığınızda, aklınızdan tam olarak ne geçiyordu? Örneğin, düşünceler, görüntüler, anlamlar. Yoğunluğu 0-100 arasında derecelendirin.	**Özyıkıcı davranışlar** özeleştirel düşüncelerinizin sonucunda ne yaptınız

Tablo 16. ÖZELEŞTİREL DÜŞÜNCELERİ SAPTAMAK İÇİN KAYIT SAYFASI - ÖRNEK: JIM

Tarih/Zaman	**Durum** Kendinizi kötü hissetmeye başladığınızda ne yapıyordunuz?	**Duygular ve beden duyumları** (Örneğin: üzgün, sinirli, suçlu) Yoğunluğu 0-100 arasında derecelendirin.	**Özeleştirel düşünceler** Kendinizi kötü hissetmeye başladığınızda, aklınızdan tam olarak ne geçiyordu? (Örneğin: Düşünceler, görüntüler, anlamlar) İnancınızı 0-100 arasında derecelendirin.	**Özyıkıcı davranışlar** Özeleştirel düşüncelerinizin sonucu olarak ne yaptınız?
5.3.2009	*Kate eve geç gelince ona öfkelendim. Jan'in evine gideceğini tamamen unuttum.*	*Suçlu %80* *Kendinden bıkkın %100* *Umutsuz %95*	*Bu durum tam bir kaybeden olduğumun kanıtı %100* *Tamamen dağıldım %95* *Toparlanmam lazım %100* *Acınacak durumdayım %100* *Benimle ilgili sorun ne? Bir daha asla eskisi gibi olamayacağıma inanıyorum %95*	*Ondan kaçınmak* *Evden çıkıp bara gittim. Geç döndüm ve alt katta yalnız başıma TV izledim. Kimseyle konuşmadım.*

Tarih ve zaman

Kendinizi ne zaman kötü hissettiniz? Tıpkı olumsuz öngörülerinizde yaptığınız gibi, zaman içinde yerleşen örüntülerle ilgili bilgi toplamak için kullanın.

Durum

Kendinizi kötü hissetmeye başladığınız anda ne oluyordu? Neredeydiniz? Kiminle birlikteydiniz? Ne yapıyordunuz? Kısaca ne olup bittiğini tarif edin. (Örneğin: "Bir kızı dansa kaldırmak istedim, beni reddetti." Veya "patronum bir raporu tekrar yazmamı istedi.") Özel olarak bir şey yapmıyor alabilirsiniz (örneğin: Bulaşık yıkama, televizyon izleme) yani özeleştirel düşünceyi tetikleyen etrafınızda olup bitenden çok, genel olarak düşünce akışınız da olabilir. Bu durumda, odaklandığınız genel başlığı yazın (örneğin: "Eski eşimin çocukları haftasonu için alacağını düşünmek." Veya "okulda tehdit edilmek"). Tüm düşünceleriniz kelimesi kelimesine "Özeleştirel düşünceler sütunu"nda yer alacaktır.

Duygular ve beden duyumları

Tek bir duygu hissetmiş (örneğin: Üzüntü) veya karışık duygular yaşamış olabilirsiniz. (örneğin: Üzüntünün yanında suçluluk ve öfke) Endişeyle birlikte beden durumunuzda değişiklik gözlemlemiş olabilirsiniz. (örneğin: Çökkünlük, mide bulantısı veya omuzlarınızda yük). Her duygu ile o anki beden duyumunuzu da not edin ve ne kadar güçlü olduklarına yönelik 0-100 arasında derecelendirin. Hatırlayın: 5, çok hafif bir duygusal duyum veya fiziksel değişiklik, 50 orta derecede ve 100 duygu ve duyumların olabildiğince yüksek olduğu anlamındadır. 0-100 arasında derecelendirebilirsiniz.

Özeleştirel düşünceler

Kendinizi kötü hissetmeye başladığınızda aklınızdan ne geçiyordu? Endişede olduğu gibi düşünceleriniz zihninizdeki düşünceler ve yorumlar gibi kelimeler aracılığıyla kendilerini ortaya koyabilir. Kendinize adlar takıyor veya daha iyi yapabilirdin, diyor olabilirsiniz. Düşüncelerinizi mümkün olabildiğince kelimesi kelimesine yazın. Öte yandan bazı düşünceleriniz zihinsel görüntüler şeklinde ortaya çıkabilir. Örneğin; küçükken enerjisi ve merakı başını derde sokan Geoff'un gözünün önüne babasının kızgın ve onaylamayan yüzü geliyordu. Özetle zihninizde canlanan imgeyi, onu gördüğünüz şekliyle tanımlayın. Yazabiliyorsanız, imgenin size verdiği mesajı not edin (Geoff için mesaj "tekrar yanlış yaptığı" doğrultusundaydı.)

Kendinizi darmaduman hissettiğiniz ama herhangi bir düşünce veya imgeyi ayırt edemediğiniz zamanlar olabilir. Eğer böyleyse, içinde olduğunuz durumun anlamını kendinize sorun. Size kendiniz hakkında ne söylüyor? Nasıl bir insan kendini böyle bir durumda bulur ve bu şekilde davranırdı? Diğerlerinin hakkınızda ne düşündüğü ile ilgili nasıl sonuçları var? Bu durum size geleceğinizle ilgili ne söylüyor? Bu sorular durumun size niçin altüst edici geldiği hakkında ipucu sağlayabilir. Örneğin, sizin için bir anlaşmazlık karşınızdaki kişinin sizi sevmediği anlamına gelebilir. Bir arkadaşınızın yeni bir aşk ilişkisini anlatması, diğer daha değerli kişilerden farklı olarak, sizi sevecek bir insan bulamayacağınız anlamına gelebilir. Kendinizi kötü hissetmeye başladığınız duruma odaklanın, bu durumun sizin için anlamını araştırın ve bulduğunuzda yazıya dökün. Tıpkı sözel düşünceleri sorgulayıp alternatifler geliştirebildiğiniz gibi, imgeleri ve anlamlarını da sorgulayabilir ve onlara yeni alternatifler bulabilirsiniz.

Endişeli beklentilerde olduğu gibi her özeleştirel düşünceyi, imgeyi ve anlamını 0-100 arasında derecelendirin. Yüzde 100, hiçbir kuşku olmaksızın tamamen inandığınız, yüzde 50 arada olduğunuz yüzde 5 ise çok hafif inandığınız anlamındadır. 0-100 arasında herhangi bir yerde derecelendirebilirsiniz.

Özyıkıcı davranış

Özeleştirel düşüncelerinizin davranışınıza ne gibi bir etkisi oldu? Özeleştirel düşünceler insanların, kendilerini nasıl hissettiğini etkilemekle kalmaz, nasıl davrandıklarını da etkiler. Çıkarınız doğrultusunda değil, düşük özgüveni sürdürecek şekilde davranmanıza yol açabilirler.

Günlüğün son sütununda düşüncelerinizin sonucu olarak yaptığınız veya yapmadığınız her şeyi not edin. Örneğin, özür dilediniz mi veya kabuğunuza mı çekildiniz? Veya istediğiniz bir şeyi sormaktan kaçındınız mı? Bir paspas olarak görülmenize veya yok sayılmanıza izin mi verdiniz? Bir fırsatı kaçırdınız mı?

Olabildiğince özeleştirel düşünce saptamak

Niye yazma zahmetine katlanayım ki?

Özeleştirel düşünceler belirdiğinde sadece aklımda tutmam yetmez mi? Bilişsel-davranışçı terapist Christine Padesky bu konuda şöyle diyor: "Eğer yazmazsanız, olan şey olmamıştır." Bu siyah ve beyaz olarak not almanın size nasıl yardımcı olabileceğinin altını çiziyor. Bu üzerinde düşüneceğiniz ve temel alacağınız somut bir şey olduğu anlamına gelir, böylece yaşanan olayları unutma şansınız da azalır. Tekrarlayan örüntüleri fark edebilir, düşüncelerinizin değişik durumlarda davranışınızı nasıl etkilediğini ele alabilir ve özeleştirel düşünceler sözkonusu olduğunda kendiniz için kullandığınız kelimelerin ayırdına varabilirsiniz.

Aynı şekilde insanlar genellikle düşünceleri yazmanın onları düşünceye belirli bir mesafeden bakmak konusunda cesaretlendirdiğini fark ederler. Yazmak, düşünceleri –parçanız olduğunu düşündüğünüz için geçerliliklerini sorgulamanın zor olduğu– kafanızın içinden çıkarır, kağıdın üzerine döker. Böylece siz de onlara uzaktan bakabilir ve yeni bir bakış açısı edinebilirsiniz. Bu sizi, "işte yine onlardan biri" diyebileceğiniz; kendiliğinizin değişmez bir yansıması olarak değil de yaptığınız şeyler olarak görebileceğiniz bir noktaya taşır.

Ne kadar süreyle kayıt tutmalıyım? Kaç düşünceyi kayıt altına almalıyım?

Özeleştirel düşünceyle ve onun duygusal davranışsal durumunuz üzerindeki etkisiyle ilgili açık bir görüş oluşturana kadar devam edin. Günlük olarak bir iki kayıt ile başlayabilirsiniz. Özeleştirel düşünceleri temsil eden bir örnek vermeye çalışın. Bu düşüncelerin etkilerini otomatik olarak fark ettiğiniz bir noktaya geldiğinizi hissettiğinizde, düşüncelerinize alternatif bulmak için hazırsınızdır. Bu, birkaç gün alabilir. Ama eğer özeleştirel düşünceleriniz yerleşmişse ve farkındalığınız dışındaysa bu süreç daha uzun sürebilir.

Ne zaman kayıt tutmalıyım?

Endişeli beklentilerde olduğu gibi özeleştirel düşüncelerinizi de hemen belirdikleri anda yazmak en uygunudur. Bu, kayıt sayfanızı birkaç gün yanınızda taşımak anlamına gelir. Bunun nedeni, özeleştirel düşünceler ortaya çıktıklarında oldukça güçlü bir etkiye sahip olmalarına rağmen, daha sonra aklınızdan geçenleri hatırlamanızın zor olmasıdır. O anda not almamak, sonrasında düşünceleri ve geliştirebileceğiniz alternatifleri sorgulamak anlamında işinizi zorlaştıracaktır.

Ama tabii ki, ideal olan her zaman olası değildir. Düşünceler aklınızdan geçerken bir toplantıda, partide, bebeğin altını değiştiriyor veya yoğun trafikte yolda olabilirsiniz. O an size ne olduğunu yazamıyor olsanız bile, en azından sizi üzen şeyi zihninizde tutun veya küçük bir kağıda hatırlatıcı bir not yazın (bir zarfın arkası, günlüğünüz veya alışveriş listeniz gibi). Sonra uygun, ayrıntılı bir kayıt almak için zaman ayırın. Zihninizde "olayı tekrar yaşamaya" izin verin – nerede olduğunuzu ve o sırada ne yaptığınızı, tam ne noktada kendinizi kötü hissettiğinizi olabildiğince belirgin şekilde hatırlayın. O anda aklınızdan ne geçiyordu ve bu düşünceler sonucunda nasıl davrandınız?

Düşüncelerime odaklanmak beni çok rahatsız etmez mi?

Düşüncelerinizle yüzleşmek, özellikle özeleştirel düşünceleriniz temel inancınızı yansıtıyor, size oldukça ikna edici geliyor ve uzun zamandır size eşlik ediyorsa, size yıldırıcı bir olasılık olarak görünebilir. Onlara yakından bakmaktan kaçınıyor olabilirsiniz. Onların sizi üzmesinden korkuyor olabilirsiniz. Ya gerçekleşirlerse? Belki bir parçanız, onların yanlı veya abartılı olduğunu zaten biliyor ve kaygılı olup, onlar tarafından kısıtlanmak yerine onları salıvermeniz gerektiğini hissediyorsunuz.

Özellikle de doğru olmalarından kuşkulanıyorsanız, rahatsız edici fikirlere odaklanmaktan kaçınmayı istemeniz doğaldır. Bu yargılayıcı

Tablo 17. ÖZELEŞTİREL DÜŞÜNCELERLE MÜCADELE ETMEK İÇİN KAYIT SAYFASI

Tarih/ Zaman	**Durum**	**Duygular ve beden duyumları** Yoğunluğu derecelendirin (%0-100)	**Özeleştirel düşünceler** 0-100 arasında derecelendiin	**Alternatif bakış açıları** Kendinizle ilgili başka perspektifler bulmak için anahtar soruları kullanın. İnancı 0-100 arasında derecelendirin.	**Sonuç** 1-Şimdi özeleştirel düşüncelerinize alternatif bulduğunuza göre nasıl hissediyor-sunuz? (0-100) 2-Şimdi özeleştirel düşüncelerinize ne kadar inanıyor-sunuz? (0-100) 3-Ne yapabilirsiniz (hareket planı, deneyler)

Tablo 18. ÖZELEŞTİREL DÜŞÜNCELERLE MÜCADELE ETMEK İÇİN KAYIT SAYFASI - ÖRNEK: JIM

Tarih/ Zaman	Durum	**Duygular ve beden duyumları** Yoğunluğu derecelendirin (%0-100)	**Özeleştirel düşünceler** Her birine inancınızı 0-100 arasında derecelendirin	**Alternatif bakış açıları** Kendinizle ilgili başka bakış açıları bulmak için anahtar soruları kullanın. İnancınızı derecelendirin (%0-100)	**Sonuç** (0-100 arası derecelendirin) 1-Şimdi özeleştirel düşüncelerinize alternatif bulduğunuza göre nasıl hissediyorsunuz? 2-Özeleştirel düşüncelerinize ne kadar inanıyorsunuz? 3-Ne yapabilirsiniz (hareket planı, deneyimler)
8.3.2009	*Kelly ile tekrar tartışma. Arkadaşının motosikletiyle gitmek istedi.*	*Suçlu %80* *Kendime kızgın % 100* *Umutsuz %90*	*İşte yine başlıyoruz, hiç yoktan öfkeden kendimi kaybedeceğim, mahvolmuş haldeyim % 100* *Kendime gelmeliyim. Yoksa her şeyi mahvedeceğim % 100* *Bunun sonu yok % 100*	*Durumun gereğinden daha fazla sinirlendiğim doğru. Ama bunun nedeni Kelly için korkmuş olmamdı. Motosikletler oldukça tehlikeli ve ben onu kaybetmekten korkuyorum. Sonuç olarak tepkim tamamen boşa değildi % 100* *Bu konuyla ilgili bir şey yapmam gerekiyor, doğru. Çok değiştim. Ama çok kötü bir şey yaşadım. Bu anlamda tam da kendim olmamam sürpriz bir olay değil % 90* *Kavga hiçbirimiz için iyi değil. Ama genelde atlatıyoruz. Şimdi biraz sinirli bir ergen olsa da o iyi bir kız. Birlikte geçirdiğimiz iyi zamanlarda var. % 95* *Bu duruma nasıl cevap vereceğimi bilmiyorum. Bir süredir devam ediyor. Bunu yapmaktan hoşlanmasam da, belki yardım alma zamanı gelmiştir. % 50*	*1 Suçlu 40* *Kendine kızgın 30* *Umutsuz 40* *2 %30* *%20* *%50* *3 Kelly'e ona bağırdığım için üzgün olduğumu söylemek ve bunun nedenini açıklamak.* *Viv'le (eşimle) konuşmak ve onu dışarıda bırakmak yerine ona ne hissettiğimi anlatmak.* *Yardım almak?*

ifadeleri kağıda dökmekten çekinmeniz anlaşılırdır. Ancak eğer özeleştirel düşüncelerinizle etkili şekilde mücadele etmek istiyorsanız, öncelikle onlarla yüzleşmeniz gerekir. Düşmanın doğasını bilmelisiniz. Bahanelerinizin farkında olun ("Daha sonra yaparım", "Sürekli bir şeyin üzerinde durmak işe yaramıyor"). Onlara bağlı hareket ederseniz, kendinizle ilgili daha nazik bir bakış açısı edinme şansından da mahrum kalırsınız. Düşünceleri görmezden gelmek onların ortadan kaybolmasını sağlamaz.

Özeleştirel düşünceleri sorgulamak

Özeleştirel düşüncelerinize karşı farkındalık geliştirmek, onları gerçeklerle eşdeğer olarak kabul etmek yerine onları sorgulamanın ilk adımıdır. Endişeli beklentilerinizi ortaya çıkarmayı öğrenirken, bu beceriden yararlanmıştınız (Sayfa 94'teki soruları hatırlayın). Buradaki amaç, özeleştirel düşüncelerinizin size dair gerçekleri yansıttığı inancını durdurmak ve daha dengeli bir değerlendirme sağlayacak alternatif bakış açıları keşfetmektir.

Sayfa 120'de "Özeleştirel Düşüncelerle Mücadele Etmek" başlıklı boş bir kayıt sayfası bulacaksınız. Daha fazla boş kopya Ekler bölümünde sağlanmıştır. Tamamlanmış örnek, sayfa 121'de yer almaktadır. Buradaki ilk dört sütunun "Özeleştirel Düşünceleri Saptamak" bölümündekiyle aynı olduğunu göreceksiniz (tarih/zaman, durum, duygular ve beden duyumları, özeleştirel düşünceler). Ancak yeni sayfa bununla kalmıyor. Sizden "alternatif bakış açılarını" da kaydetmenizi ve bu yeni bakış açılarının kendinizi nasıl düşündüğünüz ve hissettiğiniz üzerindeki etkilerini de belirlemenizi istiyor. Son olarak, alternatif bakış açılarının ne ölçüde yararlı olduğunu sınamak için bir eylem planı yapmanızı öneriyor.

Özeleştirel düşünceleri saptarken not ettiğiniz bilgilere ek olarak aşağıdaki alanları da doldurmanız gerekiyor:

Alternatif bakış açıları

Özeleştirel düşüncelerinize yönelik büyük bir belirsizlik arasından alternatifler bulup çıkarmak zorunda değilsiniz. Alternatif bakış açıları geliştirmek için sayfa 128'de özetlenen sorulardan ve bundan sonraki bölümde ele alınacak konulardan yararlanabilirsiniz. Özeleştirel düşünceleriniz üzerinde yaptığınız gibi, her birine olan inancınızı derecelendirin (eğer tamamen inanıyorsanız yüzde 100, eğer hiç inanmıyorsanız 0 ve bunun gibi). Tüm yanıtlarınıza yüzde 100 inanmanız gerekmiyor. Ancak bu düşünceler nasıl hissettiğiniz üzerinde bir etki yaratacak kadar inandırıcı olmalılar.

Sonuç

Asıl duygunuza ve beden duyumlarınıza geri dönün. Şimdi ne kadar güçlüler? Her birini 100 üzerinden değerlendirin. Sonra asıl özeleştirel düşüncelerinize gidin. Şimdi onlara alternatifler bulmuş olarak, onlara ne kadar inanıyorsunuz? Her birini 100 üzerinden değerlendirin. Eğer yanıtlarınız etkili olduysa, özeleştirel düşüncelerinize olan inancınız ve ona eşlik eden acı verici duygularınızın bir ölçüde azaldığını keşfedeceksiniz.

Eylem planı

Burada 4. Bölüm'de incelediğimiz fikirlere geri dönüyoruz. Kağıt üzerinde veya zihninizde bırakmak yerine, gerçek dünyada yeni bakış açılarınızı sınamak için ne yapmanız gerekirse uğraşın. Deneyim en iyi öğretmendir: Alternatiflerinizin etkisini, duygularınızı nasıl değiştirdiklerini ve size açık olan yeni olanakları keşfettiğinizde onları daha ikna edici bulacaksınız.

"Özeleştirel düşüncelerle mücadele"den mümkün olduğunca yararlanmak

Özeleştirel düşüncelerime alternatifler bulmam ne kadar sürecek?

Özeleştirel düşüncelerinizi sorgulamak ve alternatif bakış açıları aramak muhtemelen alışkanlığınız değildir. Başlangıçta eski düşüncelerin tekrar tekrar belirdiğini görebilirsiniz. Zihninizi özgür bırakmak ve kendinizi nasıl gördüğünüz, nasıl hissettiğiniz üzerinizde etki yaratan alternatif bakış açıları geliştirmek başta zor gelebilir (bazı kişiler hemen gözle görülür değişiklikler ortaya çıktığını fark edebilir.) Acele etmeyin – kendinize deneyimlemek için yeterli zaman tanıyın, hatalarınızdan öğrenin ve beceri geliştirin.)

Özeleştiriyi kırmak zaman gerektirir. Düşünüş biçiminizi değiştirmek daha önce hiç yapmadığınız bir egzersizi yapmaya benzer. Normalde kullanmadığınız zihinsel kasları kullanmanız istenmektedir. Yakınabilir, tuhaf ve rahatsız hissedebilirsiniz. Ama kaslarınız düzenli alıştırma ile güçlü, esnek ve onlardan istenileni yapacak duruma geleceklerdir. Ve sonuçları bir kenara, alıştırmanın kendisi iyi hissettirmeye başlayacaktır. Bu aşamanın amacı özeleştirel düşünceleri otomatik olarak fark ettiğiniz, yanıtladığınız ve geçersiz kıldığınız; böylelikle bu düşüncelerin duygu ve davranışlarınızı etkilemediği bir noktaya ulaşmanızı sağlamaktır.

Günlük düzenli pratik (günde bir veya iki yazılı örnek) bunu başarmak için en iyi yoldur. Daha sonra özeleştirel düşüncelere yazmaya gerek duymaksızın zihninizde yanıt bulacaksınız. Ve hatta pek çok zaman düşünceleri zihninizde yanıtlamanız gerekmediğini bile fark edebilirsiniz – artık çok fazla ortaya çıkmazlar. O durumda bile, kayıt sayfasından zorlu düşünceler sözkonusu olduğunda, baskı altındayken, belli bir nedenle mutsuzken yararlanabilirsiniz. Kayıt sayfası her zaman gelecek zorluklar ve güç durumlar için "çalışma çantası" nda tutacağınız bir araçtır. Ancak günlük olarak düzenli tutulan kayıtlar, yazıya gerek olmadan özeleştirel düşüncelerle başedebildiğiniz zamana kadar gereklidir.

Tamamen alt üst olmuşken nasıl farklı düşünmeyi bekleyebilirim?

Eğer sizi derinden üzen bir şey olmuşsa, özeleştirel düşüncelerinize alternatif oluşturmayı olasılıkla çok zor bulursunuz. Bu durumun genel ve doğal bir zorluk olduğunu fark çok, bunu kendinizi eleştirmek için başka bir neden olarak görme tuzağına düşebilirsiniz. O anda yardımcı olmak için yapılabilecek en iyi şey sizi üzen şeyi, duygularınızı, düşüncelerinizi not etmek, fakat alternatifleri daha sakin hissettiğinizde aramaktır. Fırtınayı atlattıktan sonra her şeyi daha açıklıkla görmek için daha iyi bir konumda olacaksınız.

Kayıt ne kadar iyi olmalı?

Düşük özgüveni olan kişilerin pek çoğu yaptıkları her şeyde en yüksek standartı arayanlardır. "Yeterince iyi" yeterince iyi değildir. Mükemmeliyetçi kurallara 7. Bölüm'de geleceğiz. Şimdilik kaydın amacını akılda tutmakta yarar vardır: Kişisel farkındalık ve düşüncedeki esnekliği arttırmak. Kayda mükemmeliyetçi bir tutumla yaklaşmanızın bunu başarmanıza yararı olmaz – aksine performans için üzerinizde baskı yaratacak ve yaratıcılığınızı bastıracaktır. Kaydınızın edebi bir başyapıt olması veya her "i" sinin noktalı, her "t"sinin çizgili olması gerekmez. Doğru yanıtı veya vermeniz gerektiğini düşündüğünüz yanıtı bulmanız gerekmez. "Doğru" yanıt sizin için işe yarayandır – size anlamlı gelen, duygularınızı iyiye yönelten ve yapıcı harekete yol açan yanıt. Ne kadar anlamlı görünse de bir yanıt herkes için işe yaramaz. Sizin için en iyisini bulmalısınız.

Ya alternatiflerim işe yaramazsa?

Bazen insanlar buldukları yanıtların istenen etkiyi yaratmadığını düşünürler. Kişinin nasıl hissettiği üzerinde küçük bir değişiklik yaparlar ve farklı davranmaları için kişiye yardımcı olmazlar. Eğer sizin için durum buysa, yanıtı bir şekilde değersizleştiriyor olabilirsiniz. Kendinize bunun sadece bir rasyonelleştirme olduğunu veya size değil diğer insanlara uygun olduğunu söylersiniz. Bunun gibi "evet ama"larınız varsa, onları da "Özeleştirel Düşünceler" sütununa yazıp sorgulayın.

Eski düşüncelere olan inancınızın ve acı verici hislerinizin bir anda sıfır dereceye inmesini beklemeyin, özellikle kendinizle ilgili yıllardır süren inançlarınız söz konusu ise. Özeleştirel düşünce eski bir çift ayakkabı gibidir. Çok hoş değildir ama onlara alışkınsınızdır ve sizin şeklinizi almışlardır. Tersine yeni bakış açıları da yeni ayakkabılar gibidir. Onlara alışkın değilsinizdir, ayağınızı sıkarlar ve ilk seferde rahatça ayağınıza oturmazlar. Daha nazik bir bakışı güçlendirmek için zaman ve pratiğe ihtiyaç duyacaksınız. Kendini kabullenmenin özeleştiriden daha fazla işe yaradığını öğrenmek için defalarca farklı davranmayı denemeniz gerekecektir.

Ya bunda iyi değilsem?

Özeleştirel düşüncelerinizi kayıt altına alırken, özeleştiri tuzağına düşmenize izin vermeyin. Kendinizle ilgili nasıl düşündüğünüzü değiştirmek kolay bir iş değildir. Beceriyi geliştirmek zaman ve pratik ister. İşler kötü gittiğinde kendinize karşı acımasız olduğunuz anların farkına varın. Eğer güç bir işi halletmeye çalışan bir arkadaşınız olsaydı, sizce ona daha çok ne yardımcı olurdu? Eleştiri ve ceza mı? Veya yüreklendirme ve övgü mü? Kendinizi, "Böyle düşündüğüm için gerçekten aptal olmalıyım" veya "Yeterince iyi yapamıyorum" veya "Bunu asla halledemeyeceğim" diye düşünürken bulabilirsiniz. Eğer böyle düşünceler belirlerseniz onları yazın ve yanıtlayın.

Özeleştirel düşüncelere alternatifler bulmak için anahtar sorular

İnsanlar özeleştirel düşüncelere nadiren hemen alternatif bulabilirler. Sayfa 129'da özetlenen ve aşağıda ayrıntılandırılan sorular yeni bakış açılarını inceleyip, özeleştirel düşüncelerin nasıl yanlı düşünceye ve çarpıtmaya yol açtığını fark etmenizi sağlar. Özeleştirel düşüncelerinizi sorgulamak için başlangıçta listenin tamamını kullanmayı yararlı bulabilirsiniz. İlerledikçe, hangi soruların kişisel özeleştirel stilinizle mücadelenizde daha yararlı olduğunu fark edin. (Örneğin: Sizin sorumluluğunuz olmayan şeylerle ilgili kendinizi suçlama alışkanlığınız olduğunu fark edebilirsiniz veya sizin durumunuzdaki başka birine söyleyeceğiniz şeyleri düşünmek sizde yeni fikirler canlandırabilir). Çantanızda veya cüzdanınızda taşınabilecek boyutta küçük bir karta yardımcı sorularınızı yazabilir ve özeleştirel düşünceler uyandığında zihninizi açmak için kullanabilirsiniz. Bu pratik ve yararlı sorular zihinsel yapınızın bir parçası durumuna gelecektir. O noktada yazılı bir şey gerekmeyecektir.

Kanıt Nedir?

DÜŞÜNCE İLE GERÇEĞİ KARIŞTIRIYOR MUYUM?

Sırf siz doğru olduğuna inanıyorsunuz diye, inandığınız şeyin doğru olması gerekmez. Bir zürafa olduğuma inanabilirdim. Ama bu beni zürafa yapar mıydı? Özeleştirel düşünceleriniz, gerçek kendinizin bir yansıması değil; yaşadığınız talihsiz öğrenme deneyimlerine dayalı görüşler olabilir.

KENDİMLE İLGİLİ DÜŞÜNCELERİMİ DESTEKLEYEN KANITLAR NELERDİR?

Kendinizi eleştirel olarak yargıladığınızda ne oluyor? Kendinizle ilgili düşündüğünüz şeyleri destekleyecek hangi güncel kanıtlar var? Hangi gerçekler veya gözlemler (düşünce veya görüşlerden çok) özeleştirel düşüncelerinizi destekliyor?

KENDİMLE İLGİLİ DÜŞÜNCELERİME TERS DÜŞEN KANITLAR NELERDİR?

Kendinizle ilgili olumsuz fikirlerinizin tamamen doğru olmayabileceğine dair herhangi bir şey düşünebiliyor musunuz? Veya ona ters düşen bir şey? Örneğin kendinizi aptal diyerek eleştiriyorsanız, kendinizle ilgili geçmişte veya şimdi aptal olmadığınıza dair kanıtlar aklınıza geliyor mu?

Karşı kanıt bulmak kolay olmayabilir, çünkü onu görmezden gelmek veya önemini azaltmak isteyeceksinizdir. Ama bu, bu kanıtların var olmadığı anlamına gelmez.

Tablo 19. Özeleştirel düşüncelere alternatif bulmak için anahtar sorular

Kanıt nedir?
- Düşünceyi gerçekle mi karıştırıyorum?
- Kendimle ilgili düşüncelerimi destekleyen kanıtlar nelerdir?
- Kendimle ilgili düşüncelerime ters düşen kanıtlar nelerdir?

Hangi alternatif bakış açıları var?
- Bakış açımın tek olasılık olduğunu mu düşünüyorum?
- Alternatif bakış açılarını destekleyecek kanıtlarım neler?

Kendimle ilgili düşüncelerimin hayatıma etkisi nedir?
- Bu özeleştirel düşünceler bana yardımcı mı oluyor, yoksa beni engelliyorlar mı?
- Hangi bakış açıları bana daha fazla yardımcı olabilir?

Kendimle ilgili düşüncelerimdeki yanlılıklar neler?
- Hemen varsayımda mı bulunuyorum?
- Çifte standart mı uyguluyorum?
- Ya hep ya hiç şeklinde mi düşünüyorum?
- Tek bir olaya dayanarak tüm kişiliğimi mahkum mu ediyorum?
- Zayıflıklarıma odaklanıp, güçlü yanlarımı unutuyor muyum?
- Gerçekte kendi suçum olmayan şeyler için kendimi mi suçluyorum?
- Kendimden mükemmel olmayı mı bekliyorum?

Ne yapabilirim?
- Daha yeni, nazik bir bakış açısını nasıl hayata geçirebilirim?
- Durumu değiştirmek için yapmam gereken bir şey var mı? Eğer yoksa bile gelecekte konuyla ilgili düşüncemi değiştirmek için neler yapabilirim?
- Daha az öz yıkıcı davranarak neler deneyebilirim?

Hangi alternatif bakış açıları var?

KENDİMLE İLGİLİ BAKIŞ AÇIMIN TEK OLASILIK OLDUĞUNU MU VARSAYIYORUM?

Herhangi bir duruma pekçok farklı bakış açısıyla bakılabilir. Yaşadığınız belirli bir olayı, kendinize daha fazla güvenseniz ve egemen hissetseniz nasıl görürdünüz? On yıl sonra bu olayı nasıl değerlendireceğinizi düşünüyorsunuz? Bir arkadaşınız böyle bir sorunla size gelseydi ona ne derdiniz? Eğer kendinize güveninizi yakınlarda kaybettiyseniz, bu zorluğu yaşamadan önce durumu nasıl görürdünüz? Varolan kanıtlar karşısındaki alternatif bakış açılarını kontrol etmeyi unutmayın. Gerçek hayatta temeli olmayan bir alternatif sizin için yararlı olmayacaktır.

Kendimle ilgili düşüncelerimin hayatıma etkisi nedir?

BU ÖZELEŞTİREL DÜŞÜNCELER BANA YARDIMCI MI OLUYORLAR, YOKSA BENİ ENGELLİYORLAR MI?

Bu belirli durumda ne istiyorsunuz? Amaç ve hedefleriniz neler? Özeleştirel düşüncenin olumlu ve olumsuz yanlarıyla ilgili daha önce yapılan tartışmayı hatırlayın. Şimdi, dezavantajları avantajlarına ağır mı basıyor? Bu, durumdan istediğiniz sonucu almanın en iyi yolu mu veya daha dengeli, nazik, cesaretlendirici bir bakış açısı mı daha çok yardımcı olurdu? Özeleştirel düşünceleriniz konuyu yapıcı şekilde ele almanıza yardımcı oluyor mu, yoksa özyıkıcı davranışları mı körüklüyorlar?

Kendimle ilgili düşüncelerimdeki yanlılıklar neler?

HEMEN VARSAYIMDA MI BULUNUYORUM?

Bu, bakış açınızı destekleyen herhangi bir kanıt olmadığı halde bir yargıya varmak anlamına gelir. Örneğin, birinin sizi aramamasını, onu üzecek bir şey yapmış olmanıza bağlarsınız. Oysa davranışının arkasında yatan olası nedene dair hiçbir fikriniz yoktur. Düşük özgüvenli kişiler kendileriyle ilgili olumsuz yansımaları olan sonuçlara kolaylıkla atlarlar. Sizin de böyle bir huyunuz var mı? Eğer öyleyse, kanıtları ve gerçekleri gözden geçirmeyi hatırlayın. Daha büyük resme bakınca, kendinizle ilgili eleştirel sonucun doğru olmadığını keşfedebilirsiniz.

ÇİFTE STANDART MI UYGULUYORUM?

Düşük özgüvenli kişiler genellikle kendilerine karşı, başkalarına olduklarından daha serttirler. Kendileri için standartları diğer insanların karşılamalarını bekledikleri standartlara göre daha yüksek, daha katı, daha ulaşılamazdır. Kendinizden başkalarından beklediğinizden daha fazlasını mı bekliyorsunuz? Onlara karşı da böyle sert olur muydunuz?

Çifte standart kullanıp kullanmadığınızı bulmak için değer verdiğiniz birisinin aynı sorunla size geldiğindeki tepkinizi düşünün. Ona zayıf, aptal, acınası olduğunu ve daha iyi bilmesi gerektiğini mi söylersiniz? Yoksa cesaretlendirici olup sempati ile sorunu yapıcı bir şekilde ele almanın yollarını mı ararsınız? Bazen düşük özgüvenli kişiler kendilerine karşı daha şefkatli davrandıklarında, hayatlarının anlamının kaybolmasından korkarlar. Aslında büyük olasılıkla bunun tersi doğrudur. Yürümeyi ve konuşmayı öğrenen bir çocuğu düşünün. Eğer ebeveyni her düştüğünde veya yanlış bir şey söylediğinde bağırıp, eleştirse, ad taksa; nasıl bir etki beklersiniz? Bir çocuğa öyle davranır mıydınız? Öyle değilse, kendinize nasıl öyle davranıyorsunuz?

Farklı bir politika izlemeye ne dersiniz? Olağan eleştirel ve onay vermeyen duruşunuzdan bir adım geri atın ve kendinize tıpkı başkasına karşı olacağınız şekilde nazik, sempatik ve yüreklendirici davranın. Kendinize daha nazik davrandığınız takdirde, daha iyi hissettiğinizi, daha açık düşünebildiğinizi ve daha yapıcı hareket edebildiğinizi fark edersiniz.

YA HEP YA HİÇ ŞEKLİNDE Mİ DÜŞÜNÜYORUM?

Ya hep ya hiç (veya siyah-beyaz) düşüncesi her şeyi fazlasıyla basite indirger. Aslında neredeyse her şey görecelidir (bazen, her zaman değil veya asla; bir ölçüde, tam değil veya hiç; biraz, tümü değil veya hiçbiri). Örneğin, insanlar genellikle tamamen iyi veya tamamen kötü değildir ama ikisinin karışımıdır. Olaylar, genellikle tamamen felaket veya mucizevi değildir ama ortada bir yerdedirler. Kendinizle ilgili olarak siyah-beyaz olarak mı düşünüyorsunuz? Kullandığınız kelimeler burada ipucu verebilir. Uç noktadaki kelimelere dikkat edin. (her zaman/asla/herkes/hiç kimse/her şey/ hiçbir şey) Bunlar siyah-beyaz düşünceyi yansıtıyor olabilirler. Aslında, olanlar muhtemelen bundan daha az uçta yer alır. Grinin tonlarında olduğu gibi.

Tek bir olaya dayanarak tüm kişiliğimi mahkum mu ediyorum?

Düşük özgüveni olan kimseler genellikle söyledikleri ya da yaptıkları tek bir şeye, var olan bir sorunlarına ya da tek bir özelliklerine dayanarak kendileriyle ilgili bütünsel yargılara varırlar. Yaşadıkları zorlukları, insan olarak hiçbir değerleri olmamalarına bağlarlar. Kendinizle ilgili böyle bir yargılarda bulunuyor musunuz? Bir kişinin sizi sevmemesi, sizinle ilgili bir sorun olduğunu mu gösterir? Bir hata, başarısız olduğunuz anlamına mı gelir? Bir telefonu yanıtlamadığınızda, sorumsuz ve bencil misiniz? Tek bir şey üzerinden bütün olarak kendinizi yargılamanız anlamlı değildir. Farz edelim ki, bir şeyi gerçekten iyi yaptınız. Bu sizi insan olarak harika biri yapar mı? Belki de böyle düşünmeyi hayal bile edemezsiniz. Ama iş zayıflıklarınız, başarısızlıklarınız, hatalarınıza geldiğinizde değerinizi düşürmeye hazırsınız.

Daha büyük resme bakmalısınız. Ve unutmayın, özellikle kendinizi kötü hissettiğinizde ve moraliniz bozuk olduğunda, kendinizle ilgili olumsuz düşüncelerin hemen üzerine atlayacak ve ona uymayan her şeyi eleyeceksinizdir. Bu, yargınızı daha da çarpıtır. Tüm kanıtları hesaba kattığınızdan emin olmadıkça, genel yargılarda bulunmaktan kaçının.

Zayıflıklarıma odaklanıp, güçlü yanlarımı unutuyor muyum?

Düşük özgüven zayıflıklarınıza odaklanıp, değerlerinizi görmezden gelmenize katkıda bulunur. Düşük özgüveni olan insanlar geçmişte başarıyla ele aldıkları sorunları genelde önemsemez, halihazırdaki zorlukları aşmak için ellerinde bulunan kaynakları unutur, sahip oldukları güçlü yanları ve özelliklerini hesaba katmazlar. Onun yerine başarısızlıklar ve zayıflıklara odaklanırlar. Gündelik hayatta bu, gün içinde kötü giden şeylere dikkat etmek ve onları hatırlamak; hoşunuza giden, başardığınız şeyleri ise unutup, küçümsemek anlamına gelebilir. Zor zamanlarda tek bir iyi niteliğinizi veya yeteneğinizi düşünmek size çok zor gelebilir.

Kendinizle ilgili dengeli bir bakış açışını korumayı denemek önemlidir. Tabii ki iyi olmadığınız konular, yapmaktan pişmanlık duyduğunuz şeyler ve kendinizle ilgili değiştirmeyi tercih edecekleriniz olacaktır. Bu, herkes için geçerlidir. Ama ya denklemin öteki tarafı? İyi olduğunuz şeyler neler? Diğer niye sizden hoşlanıyorlar? Kendinizle ilgili neyi seviyorsunuz? Yaşamınızdaki zorluk ve streslerle nasıl başettiniz? Güçlü yanlarınız ve kaynaklarınız neler? (Bu konuya 6. Bölüm'de daha detaylı olarak döneceğiz.)

Burka ve Yuen (1983) kötüye odaklanıp, iyiyi görmezden gelme eğilimini zekice tanımlamaktadırlar. Buna göre, kendilerini küçümseyen kişiler her eksiklik ve zayıflık için kendilerini suçlamak üzere tetikte olan aşırı derecede ihtiyatlı, güçlü ve etkili "içsel savcı"lara sahiptirler. Bu derece güçlü bir "içsel savcı" karşısında savunmanın da kanıtlarını ortaya koymasına ihtiyaç vardır. Ve en önemlisi tıpkı gerçek bir yargıç gibi sadece iddia makamının sunduğu kanıtlara dayanan değil; tüm kanıtları değerlendirmeye alıp adil, dengeli bir bakışa sahip olan "içsel yargıç" da geliştirilmelidir.

Gerçekte kendi suçum olmayan şeyler için kendimi mi suçluyorum?

İşler ters gittiğinde neden böyle olduğuna dair tüm olası nedenleri ele alıyor musunuz, yoksa hemen bunun kendinizden kaynaklanan bir eksiklikten olduğunu varsaymaya mı yatkınsınız? Örneğin, bir arkadaşınız sizi atlattığında, otomatik olarak onu rahatsız edecek bir şey yaptığınızı mı, yoksa artık sizi tanımak istemediğini mi varsayıyorsunuz?

İşlerin yolunda gitmemesinin birçok nedeni vardır. Tabii ki bazen, sizin yaptığınız bir şeyin sonucu olarak işler ters gidebilir. Ama genellikle başka etkenler de duruma dahildir. Örneğin, arkadaşınız sözleştiğinizi unutmuştur veya fazlasıyla meşgul olabilir veya yanlış anlamıştır. Eğer işler ters gittiğinde hemen sorumluluk üstlenmek, gerçekten ne olduğunun keşfetmek için en iyi pozisyon değildir. Eğer bir arkadaşınız bu durumda olsaydı, ne olmuş olabileceğini ona nasıl açıklardınız? Olası kaç neden düşünebiliyorsunuz? Eğer zihninizi açık tutup kendinize olabilecek diğer açıklamaları sorarsanız, düşündüğünüzden daha az suçunuz olduğunu keşfedebilirsiniz – hatta olan bitenin sizinle hiçbir ilgisi olmayabilir.

KENDİMDEN MÜKEMMEL OLMAYI MI BEKLİYORUM?

Söylediğimiz gibi, düşük özgüveni olan kişiler genellikle kendilerine çok yüksek standartlar koyarlar (Standartlar konusuna 7. Bölüm'de değineceğiz.) Örneğin bu kişiler yaşamın onlara verdiği her şeyle sakin ve yetkin bir şekilde başetmeleri gerektiğini düşünürler. Koşullar veya kişisel bedelini hesaba katmaksızın her şeyin ne olursa olsun en yüksek standartta olması gerektiğine inanabilirler. Bu basitçe, gerçekçilikten uzaktır. Özeleştiri, suçlulukla gelen acı dolu duygular, depresyon ve yetersizlik hisleri için kapıları açar. Her şeyi her zaman yüzde 100 doğru yapmak mümkün değildir. Eğer böyle olmasını bekliyorsanız, kendinizi başarısızlığa hazırlıyorsunuz demektir.

Mükemmel olmadığınızı kabullenmek işleri iyi yapmayı denemekten vazgeçmeniz anlamına gelmez. Bu daha çok kendiniz için gerçekçi hedefler koyup, mükemmel olmasalar da onlara ulaştığınızda kendinize değer vermeniz anlamına gelir. Bu, kendinizi daha iyi hissetmeniz konusunda sizi yüreklendirecektir ve tekrar denemeyi sürdürmek için motive edici olacaktır. Alt üst olup, şaşkınlığa uğramak yerine zorluklar ve hatalardan öğrenebileceğinizi keşfedersiniz. Birleşik Devletler'den bilişsel bir terapist, Gary Emery'nin dediğini hatırlayın: "Eğer bir şey yapmaya değerse, kötü yapmaya da değer."

NE YAPABİLİRİM?

Yeni, daha nazik bakış açınızı pratiğe dökmek için ne yapabilirsiniz? Sizin için bu bakışın daha fazla işe yaradığını nasıl anlarsınız? Özeleştirel düşünceleri alevlendiren durumu değiştirmek için yapabileceğiniz bir şey var mı? (Örneğin: Değer verilmediğiniz bir işi değiştirmek veya bırakmak veya kendinizle ilgili olumsuz görüşlerinizi besleyen biriyle ilişkiyi sonlandırmak?) Yoksa kendi tepkilerinizle ilgili değiştirebileceğiniz bir şey var mı? Eski alışkanlıklar zor kaybolur. Gelecekte kendinizi eskisi gibi düşünüp, hissederken ve davranırken bulursanız ne yapardınız? Bir dahaki sefere olduğunda durumu nasıl farklı ele alırdınız?

Bu kısım, özeleştirel düşünceleri belirleyip üzerinde çalışmayı içerir. Daha az özyıkıcı davranış içeren yeni yollar deneyimlemeyi de içerebilir. (İltifatları zarafetle kabul etmek. Özür dilememek, fırsatları değerlendirmek, ihtiyaçlarınızı ortaya koymak, v.b) Sayfaya düşüncelerinizi yazın ve onları denemek, kendinizle ilgili yeni bakış açıları geliştirip, güçlendirmek için her fırsatı kullanın.

ÖZET

1. Özeleştirel düşünce, temel inancınızın doğrulandığı hissine kapıldığınızda başgösterir. Bu bölümde, özeleştiri ile mücadele etmeye yardımcı olacak adımlara ve kendinizle ilgili daha gerçekçi ve işlevsel yollar bulmaya odaklanılmıştır.
2. Özeleştirel düşünce öğrenilen bir alışkanlıktır. Sizinle ilgili gerçeği yansıtması gerekmez.
3. Özeleştiri yarardan çok zarar getirir. Özeleştirel düşüncelerinize inanmak size kendinizi kötü hissettirir ve özyıkıcı davranışlarınızı cesaretlendirir.
4. Özeleştirel düşüncelerden geri durmayı ve onları tamamen gerçek kendiliğinizin bir yansıması olarak görmek yerine, yaptığınız şeyler olarak görmeyi öğrenebilirsiniz.
5. Endişeli beklentiler gibi özeleştirel düşünceler de sorgulanmaya açıktır. Onları, gözlemlemeyi; duygularınız, beden durumunuz ve davranışınız üzerindeki etkilerini kaydetmeyi ve kendinizle ilgili daha dengeli, nazik bir bakış açısına sahip olmayı öğrenebilirsiniz..
6. Son adım kendinize karşı daha yumuşak davranmanız; güçlü yanlarınızı, niteliklerinizi, değerlerinizi tıpkı başkalarına yaklaşırken yaptığınız gibi değerlendirmenizdir. Bu konu, bir sonraki bölümün odak noktası olacaktır.

6
Düşük özgüveni geliştirmek

Giriş

2. Bölüm'de düşük özgüvenin sürmesinde tamamlayıcı rol oynayan iki düşünce yanlılığını tartıştık: Algıdaki ve yorumlamadaki yanlılıklar. Bu yanlı düşünceleri düzeltmek için iyi noktalarınıza daha fazla ağırlık vermek ve özeleştirel düşünceye karşı çıkmak size günden güne kendinizi daha iyi hissettirecektir. Bu, yeni, daha olumlu ve gerçekçi bir temel inanç geliştirmenin ve bu inancı güçlendirmenin kritik bir parçasıdır.

5. Bölümde yorumlamadaki yanlı düşüncelere odaklanıldı: Kendinizle ilgili olumsuz düşüncelerin aklınızı çelerek sizi nasıl özeleştirel düşünmeye ittiği incelendi. Özeleştirel düşünceleri belirleyip bunları yanıtlamayı öğrendiniz. Bu bölümde, madalyonun diğer tarafına bakacağız: Olumlu yönlerinizi dışarıda bırakmanıza, yaşamınızdaki iyi şeyleri görmezden gelip onları değersizleştirmenize katkıda bulunan algıdaki yanlılıklar.

Bu bölüm, bu mekanizmanın nasıl çalıştığını size hatırlatarak başlayacak, kendinizle ilgili yanlı düşüncelerinizi değiştirmek için yollar önerecek ve böylece kendinizle ilgili memnun olmadığınız yönlerinize zaman ayırmanızı durdurabilecek ve kişisel değerler, kaynaklar, yetenekler ve güçlü yanlar gibi niteliklerinize karşı günlük bir farkındalık geliştirmeye başlayacaksınız. Bu yanlı düşünceleri değiştirmenin pratikte söylendiği kadar olmadığını fark edebilirsiniz. Özeleştiri alışkanlığının yaşamın erken evrelerinde öğrenilmesi gibi, kişinin kendiyle ilgili olumlu düşünmesini yasaklaması da erken yaşlarda edinilmiş olabilir. Ona karşı tetikte olmadıkça ve etkilerine karşılık vermeye hazırlıklı olmadıkça, bu yasak sizi bu bölümde özgüveni geliştirmek için tanımlanan yöntemleri kullanmaktan alıkoyabilir.

Olumlu Düşünce Karşıtı Tabular

Güzelim
Akıllıyım
İyi bir aşçıyım
Harika bir mizah anlayışım var
Sıradışı bir müzik yeteneğim var
Çok hoşum
Harikayım

Eğer birinin bunları söylediğini duysanız hemen vereceğiniz tepki ne olurdu? Böylesine yetenekli biriyle tanışmaktan hoşnut olur muydunuz? Yoksa kendinizi rahatsız hissedip, onaylamayan bir tavır mı takınırdınız? Kendinizi, "kendini beğenmiş", "kendini övüp duruyorsun" veya "o kim ki?" diye mırıldanırken mi bulurdunuz? Bu ifadelerin sorgulamadan doğru olduğunu kabul mu ederdiniz? Yoksa böyle kendi kendini yücelten ifadeleri övünme, tepeden bakma olarak mı görürdünüz? Bu kişinin burnunun yere sürtülmesinin an meselesi olduğunu mu düşünürdünüz?

Eğer özgüveniniz düşükse, kendinizle ilgili bu tarz ifadelerde bulunulması fikrini rahatsız edici, riskli, zıt veya ters görebilirsiniz. Kendinizle ilgili olumlu düşünmek, iyi noktalarınızı kabul etmek sizin için övünmeye eşdeğer görünebilir. Bu düşünce utanç ile kıvranmanıza yol açabilir. Kendinizle ilgili iyi bir şeyi itiraf edince bir başkasının "Hayır, değilsin" veya "Öyle mi düşünüyorsun? Fark etmemiştim" veya "Gerçekten mi? Ben seni öyle görmüyorum" demesinden korkabilirsiniz. Kendinizle ilgili iyi şeyler düşünmek, kent merkezinden bir ses sistemi aracılığıyla üstünlüklerinizi tüm dünyaya bağırıyormuşsunuz gibi hissettirebilir. Doğal olarak, böyle düşünce ve duygular özgüveninizi arttırmanın yolunu keser.

Özeleştirel düşünce alışkanlığı gibi, kişisel kabul ve kişisel tebrikten memnun olmak da genellikle yaşamın erken evresinde öğrenilir. Çocuklara hata ve yanlışlarına odaklanmanın öğretilmesi gibi, çocuklar kendi başarılarından hoşnut olduklarında onaylanmama ve alayla da karşılaşabilirler. Örneğin; zeki, akademik olarak başarılı çocuklar, okulda başarılı olup öğretmenlerden övgü aldıklarında (özellikle belki kızlar) okul arkadaşları onlara "entel" der. Evlerinde en azından yakın zamana kadar onlara akıllı olmanın bir kadında istenen bir özellik olmadığı mesajı verilmiş olabilir. Ergenlik çağında erkekler onlarla olmaktan rahatsız olabilir ve böyle parlak kızlardan kaçınabilir. Sonuç olarak kızlar düşük performans göstermeyi veya başarılarını saklayıp, küçük görmeyi öğrenebilir, aldıkları sonuçları başarılarından çok şansa bağlayabilirler. Buradaki sorun, bu stratejilerin kişisel düşünceleri durumuna gelmesi olabilir. Sonuçta, iyi yaptıkları şeyleri yeteneklerinin ve sıkı çalışmalarının ürünü olarak değerlendirmek yerine bunların bir rastlantı olduğuna inanırlar. Bu aşamada kişi direnç gösterir ve değişim zaman alabilir.

Hans Christian Andersen, '*Kar Kraliçesi*' adı bir masal yazmıştı. Masalın başında şeytan bir ayna yapar. Aynaya bakan hiç kimse gerçek yansımasını göremez, daha çok çarpık, bozulmuş veya çirkin bir imaj görür. Eğer düşük özgüveniniz varsa, kendinizi şeytanın gerçekleri çarpıtan aynasında görürsünüz ve bunun size hiçbir yararı olmaz. Size ulaşan bilgi kendinizle ilgili sevmediklerinizdir – insan olmanın kaçınılmaz yanı olan zayıflıklar ve hatalar. Niteliklerinizi, değerlerinizi, kaynaklarınızı, güçlü yanlarınızı, becerilerinizi kabullenmek çok daha zordur.

Özeleştiri gibi, kendinizle ilgili olumlu yanları görmezden gelmek veya küçümsemek de adil değildir. Kişisel kabul (güçlü yanlarınızı fark edip, keyfini çıkarmak ve kendinize yaşamda iyi şeyleri hak eden biri gibi davranmak) ve kendinden hoşnut olmak size anlamsız gelir. Oysa kendini kabullenmek (güçlü yanlarınızın gerçekçi değerlendirmesi) kendini beğenmişlik değil, özgüvenin bir parçasıdır. Olumlu olanı görmezden gelmek düşük özgüveni sürdürür çünkü kendinizle ilgili eksiklikler ve değiştirmek isteyebileceğiniz şeylerin yanında olumlu niteliklerinizi hesaba katan dengeli bir görüşü engeller.

Şunu deneyin: Olumluya yönelmek ve kendinizle ilgili iyi şeyleri kabullenmek için aşağıda açıklanan yöntemleri kullanın ve bunun sizin ve günlük konular hakkında kendinizi nasıl hissettiğiniz üzerindeki etkisini fark edin. Böyle yaparak, temel inancınızı ufalayıp, yeni ve kendinden hoşnut bir bakış açısı geliştirmek için temeller atacaksınız.

Odağınızı olumlu niteliklere çevirmek

Kendinizden hoşnut olmayı geliştirmeye yardımcı olmak için başlangıç noktası niteliklerinizin, yeteneklerinizin, beceri ve güçlü yanlarınızın listesini yapmaktır. Bu görevle bir taşla iki kuş vurulur. Bir yandan kendinizle ilgili daha olumlu bir bakış geliştirip, güçlendirmeniz için, diğer yandan olumluyu nasıl elediğiniz ve küçümsediğinizin (ve böylece yararınıza olan görüşleri gözden geçirmenize yol açabilecek deneyimleri nasıl durdurduğunuzun) farkına varmanız konusunda size yardımcı olur. Olumlu niteliklere odaklanma üzerinde çalışırken, güçlü noktalarınızı değersizleştirmeye yönelik özeleştirel düşüncelere karşı uyanık olun ve kendinizle ilgili daha dengeli, olumlu bir bakış açısı geliştirme yolunda olun. Amacınız, itirazları sakince karşılayabileceğiniz bir noktaya ulaşmak ("Bak, işte bir tane daha!") ve onları ciddiye alıp yan etkilerinin sizi engellemesine izin vermemektir. Eğer böyle yapabiliyorsanız özeleştirel düşünceleri bir kenara koyun ve görevinize devam edin. Ancak düşünceler çok dirençli veya görmezden gelemeyeceğiniz kadar ikna edici görünüyorlarsa, "Özeleştirel Düşüncelerle Mücadele Etmek" sayfasına yazın ve ilerlemeden önce onları yanıtlayın. Unutmayın! Özeleştirel düşünceler, onları görüş açınızda tutup, kendinizle ilgili daha olumlu bir bakış açısı geliştirmeniz önünde engel olmalarını reddettikçe zayıflayacak alışkanlıklardır.

Bazıları olumlu niteliklerle ilgili liste yapmayı oldukça kolay bulur. Kendileriyle ilgili kuşkuları görece zayıf olabilir veya sadece bazı zorlayıcı durumlar da ortaya çıkabilir. Kendileriyle ilgili olumsuz görüşler kadar, daha olumlu, kendileriyle ilgili artıları ayırt etmeye yardımcı olabilecek bir bakışları da olabilir. Çok daha güçlü ve ikna edici temel inançları olan diğer kişilerse, olumlu özellikleri listelemeyi neredeyse olanaksız bir iş olarak görebilir. Onları görmezden gelme ve küçümseme alışkanlığı o kadar güçlü olabilir ki, kişinin kendisiyle ilgili herhangi iyi bir şeyi kabullenmesi çok zor olur.

Bu listeyi yapmaya vereceğiniz tepki, zayıflıklarınız ve başarısızlıklarınızın listesini yapmanız istendiğinde vereceğiniz tepkiden çok farklı olabilir. Hemen kağıda uzanıp, bir süre bir şeyler karalayabilirsiniz. Eğer kendinizle ilgili iyi düşünmek konusunda bir süredir cesaretinizi yitirdiyseniz, başarılarınız görmezden gelindi ve ihtiyaçlarınız önemsenmediyse, kendinizi nazik, hoşnut bir bakışla görmeniz güç olacaktır. Bu, zaman ve sabırla kendinizle ilgili olumlu nitelikleri görmeyip, değer vermeyeceğiniz anlamına gelmez. Ancak, belki bir arkadaş veya değer verdiğiniz birinden yardım alma ihtiyacı duyabilirsiniz. Bu işe zaman ayırmaya değer. İyi bir liste çıkartmak zaman alsa da, olumlu niteliklerinizin günden güne farkına varmak, zaman içinde nasıl hissettiğiniz üzerinde etkili olacaktır.

Başlangıç için, bölünmeyeceğiniz bir zamanda kendinize bir yer seçin ve kağıdı, kalemi alın. Huzurlu ve rahat hissettiğiniz bir yerde oturduğunuzdan emin olun. Belki hoşlandığınız bir müzik dinleyebilirsiniz. Şimdi kendinizle ilgili iyi şeyleri düşünebildiğiniz kadar listeleyin. Öncelikle birkaç tane listeleyebilirsiniz. Belki de bir hatta iki taneyi listelemekte bile zorlanabilirsiniz. Kendinize epey zaman ayırın ve bunu yapmak ilk başta zor gelse de endişelenmeyin. Kendinizle ilgili yepyeni bir şey, vurgunun başka bir noktada olduğu bambaşka bir bakış açısı edinmeyi deniyorsunuz. Listenizi elinizden geldiğince genişletin ve o anlık elde edebileceğiniz kadar maddeye ulaştığınızı düşündüğünüzde durun. Listeyi kolay ulaşılabilecek bir yere koyun, beraberinizde taşımak da yararlı olabilir. Birkaç gün içinde tam olarak üzerinde çalışıyor olmasanız bile, aklınızda bulundurun ve bir şeyler aklınıza geldikçe ekleme yapın. Başlangıçta birkaç şey bulabildiyseniz bile memnun olun. Zihninizi özgürleştirmek ve kendiniz hakkında iyi şeyleri tanımak ve kabullenmekle ilgili iyi bir adım attınız.

Devam etmeniz için yardımcı sorular

Eğer özgüveniniz bir süredir düşükse, muhtemelen güçlü noktalarınız ve niteliklerinizi belirlemekte güçlük çekeceksiniz. Bu hiçbirine sahip olmadığınız anlamına gelmez – sadece onları fark etme ve ağırlık verme alışkanlığından uzak olduğunuz anlamına gelir. İşte başlangıçta size yardımcı olacak bazı sorular:

Tablo 20. İyi noktalarınızı belirlemeye yardımcı olacak sorular

- Küçük ya da gelip geçici de olsa kendinizle ilgili neyi seviyorsunuz?
- Hangi olumlu niteliklere sahipsiniz?
- Ufak da olsa yaşamda ne başardınız?
- Hayatınızda hangi zorlanmalarla karşılaştınız?
- İddiasız da olsa hangi hüner ve yetenekleriniz var?
- Hangi becerilere sahipsiniz?
- Diğer insanlar sizde neyi sevip, değer veriyor?
- Başkalarında değer verdiğiniz hangi nitelik ve hareketleri paylaşıyorsunuz?
- Kendinizdeki hangi yönler başkalarında olsaydı hoşlanırdınız?
- Hangi olumlu yanlarınızı değersizleştiriyorsunuz ?
- Hangi olumsuz özellikler sizde yok?
- Size değer veren biri sizi nasıl tanımlayabilirdi?

Küçük ya da gelip geçici de olsa kendinizle ilgili neyi seviyorsunuz?

Kendinizle ilgili bir an için bile olsa hoşlanmış olduğunuz herhangi bir şeyi arayın .

Hangi olumlu niteliklere sahipsiniz?

Yüzde 100 sahip olduğunuzu düşünmediğiniz ya da her zaman sergilemediğiniz özelliklerinizi de dahil edin. Hiç kimse her zaman tamamen, bütünüyle, baştan sona nazik / dürüst / dakik / düşünceli / becerikli ya da herhangi bir şey değildir. Kendinizi mükemmelden azına sahip olduğunuz için küçümsemek yerine, sahip olduğunuz kadarıyla özelliğinize değer verin.

Ufak da olsa yaşamda ne başardınız?

Burada dünyayı sarsacak bir şey aramıyorsunuz (Olimpiyat kazanmak, Antartika'yı eşek üzerinde geçen ilk kişi olmak gibi). Üstesinden geldiğiniz küçük zorlukları ve başarıyla attığınız adımları hesaba katın. Örneğin benim listem yukarı aşağı çevirmek yerine pedallarını iterek üç tekerlekli bir bisikleti kullanmakla başlardı.

Hayatınızda hangi zorlanmalarla karşılaştınız?

Hangi endişe ve sorunların üstesinden gelmeye çalıştınız? Hangi zorluklarla uğraştınız? Bu çabalarınız sizdeki hangi nitelikleri yansıtıyor? Onları başarıyla çözüp çözmeseniz de, zorlanmalar ve endişelerle yüzleşmek cesaret ile devam edebilmeyi gerektirir.

İddiasız da olsa hangi hüner ve yetenekleriniz var?

Neleri iyi yapıyorsunuz? Dikkat edin: "mükemmel" değil, "iyi"! Burada da küçük şeyleri dahil etmeyi unutmayın. Michelangelo veya Beethoven olmanız gerekmiyor. Katı yumurta kaynatıp, bir notayı ıslıkla çalmayı ya da bebeğinizin karnına üfleyerek gaz sesleri çıkartmayı yapabiliyorsanız listeye ekleyin.

Hangi becerilere sahipsiniz?

Nelerin nasıl yapılacağını biliyorsunuz? İş becerileri, ev becerileri, insani beceriler, akademik beceriler, spor becerileri ve eğlence becerilerini dahil edin. Örneğin; telefon, bilgisayar, mikrodalga veya testere kullanmayı biliyor musunuz? Bir topu yakalayabiliyor musunuz? Araba ya da bisiklet kullanabiliyor musunuz? Yüzmeyi, dikiş dikmeyi veya banyoyu temizlemeyi biliyor musunuz? İnsanları dinlemekte veya esprilerine gülmekte iyi misiniz? Dikkatiniz dağılmadan okuyabiliyor musunuz? Herhangi bir dil öğrendiniz mi? Yaşamınızın tüm alanlarını düşünün ve kısmi ya da temel, hepsindeki becerilerinizi not edin.

Diğer insanlar sizde neyi sevip, değer veriyor?

Size ne için teşekkür ediyorlar, ne yapmanızı istiyorlar veya size niye iltifat ediyorlar? Neyi övüyor veya hoşlanıyorlar? Buna pek dikkat etmemiş olabilirsiniz. Şimdi başlama zamanı.

Başkalarında değer verdiğiniz hangi nitelik ve hareketleri paylaşıyorsunuz?

Kendinizden çok başkalarının güçlü yanlarını görmek sizin için daha kolay olabilir. Başkalarında hoşlandığınız hangi olumlu nitelikleri paylaşıyorsunuz? Burada olumsuz kıyaslamalara dikkat edin. Her şeyi diğer kişi gibi tamamen, iyi veya aynı derecede yapmanız gerekmiyor. Sadece sınırlı şekilde de olsa o niteliği paylaştığınızı fark edin.

Kendinizdeki hangi yönler başkalarında olsaydı hoşlanırdınız?

Özeleştiriyle ilgili bölümde ele aldığımız çifte standardı hatırlayın. Kendinizden çok, diğer insanlarda gördüğünüz olumlu özellikleri ve güçlü yanları fark etmeye daha hazır olabilirsiniz. Adil olun. Eğer kendinizdeki yönleri başkasında gördüğünüzde hoşunuza gidiyorsa, listenize not edin. Başkası yapsa hoşlanıp, değer vereceğiniz şeyleri de düşünün. Başkası yapsa olumlu göreceğiniz her şeyi yazın.

Hangi olumlu yanlarınızı değersizleştiriyorsunuz?

Listenize sadece büyük olumlu yanları dahil etmeniz gerektiğini düşünüyor olabilirsiniz. Küçük olumsuzlukları da aynı şekilde küçültür müydünüz? Eğer öyle değilse, küçük olumlu özelliklerinizi de yazın. Aksi takdirde dengeli bir bakış mümkün olmayacaktır.

Hangi olumsuz özellikler sizde yok?

Bazen insanlar olumsuz nitelikleri aktif olarak zihinlerine çağırmaya başladıklarında, olumlu nitelikleri düşünmeyi daha kolay bulurlar. Karşılaştırma, aksi takdirde arka plana düşebilecek, görmezden gelinebilecek olumlulukların altını çizer. Bazı kötü nitelikleri düşünün (örneğin: Sorumsuz, zalim, hilekâr veya sömürücü). Siz böyle bir kişi misiniz? Eğer yanıtınız "hayır" ise, başka bir şey olmalısınız. Nasılsınız? (Örneğin: Sorumluluk sahibi, nazik, dürüst veya düşünceli). Belirlediğiniz olumsuz niteliklerin diğer kutuplarını yazın. Size mükemmelin altında göründükleri için sahip olduğunuz nitelikleri küçümsemeyin.

Size değer veren biri sizi nasıl tanımlayabilirdi?

Size değer veren, sayan ve sizin tarafınızda olan birini düşünün. Sizin nasıl biri olduğunuzu söylerdi? Sizi tanımlamak için hangi sözcükleri kullanırdı? Sizi bir arkadaş, ebeveyn, meslektaş veya topluluğun üyesi olarak nasıl değerlendirirdi? Sizi tanıyan ve hakkınızda iyi şeyler dileyen kişiler, kendi hakkınızda hissettiğinizden daha nazik, dengeli bir bakış açısına sahip olabilirler.

Aslında eğer sayıp güvendiğiniz, size yakın biri varsa, onlardan sizinle ilgili sevdikleri ve değer verdikleri şeylerin listesini yapmalarını istemeniz çok yararlı olabilir. Bu işi gönlünü vererek yapacak birine sorduğunuzdan emin olun. Aksi takdirde tam ters yönde sonuçlar alabilirsiniz. Sizinle ilgili olumsuz bir görüşün gelişmesine katkıda bulunan veya davranışıyla hali hazırda onu besleyen birine sormayın. Aynı şekilde kendiyle ilgili olumlu düşünmeyi güçlü şekilde tabu olarak gören birine de sormayın. Bu iş onlar için çok zor olabilir. Sizinle ilgilenmek ve iyiliğinizi isteyecek birini seçin (örneğin: Bir ebeveyn, erkek veya kız kardeş, partner, çocuk, arkadaş veya yakın ilişkiniz olan bir meslektaş). Düşüncelerin açığa çıkmasına yardımcı olarak bu liste ilişkinizi de güçlendirecektir. Ama yine, okuduklarınızı küçümseyen ve değersizleştiren tutumlarınıza dikkat edin (örneğin: sadece nazik olmak için yapıyorlardır ve aslında başka bir şey kastediyorlar.) Eğer böyle düşünceleriniz varsa yazın ve onları "Özeleştirel Düşüncelerle Mücadele Etmek" sayfasında yanıtlayın.

Tahmin edebileceğiniz gibi, ebeveyni tarafından yeteneğinin kıymeti bilinmeyen sanatçı Sarah, listesiyle ilgili zorluk yaşadı. Yaşam deneyimleri ona kendine çok az değer vermeyi ve başka insanların bir lütuf olarak gördüğü yeteneğini değersizleştirmeyi öğretmişti. Öncelikle listesine "iyi huylu" ve "çalışkan" dışında bir şey ekleyemiyordu. Başlangıçta başka maddeleri eklemeyi denemenin tüm çekincelerini canlandırdığını fark etti (örneğin: "Ama diğer insanlar benden iyi" ve "Ama bu gerçekten önemli değil"). Birkaç denemeden sonra düşüncesini sorgulamak için sayfa 142'deki soruları kullandı. Yine de takıldı ve listesini iki veya üç kez yarıda bıraktı. Ama sonra "düşünceli", "pratik", "iyi bir renk algısı olan", "sürekliliği olan", "yaratıcı", "nazik", "zevkli", "maceracı bir aşçı" ve "yeni fikirlere açık" diye ekledi. Ek olarak cesaretini topladı ve eski, güvendiği bir arkadaşından da kendisiyle ilgili iyi noktaların listesini yapmasını istedi. O da kendisinin güvenini geliştirmesi için zamanı olduğunu söyleyip istekle işe koyuldu. Sarah, listesine gösterilen ilgi karşısında duygulanmıştı ve memnundu. Arkadaşı onun listesindeki bazı maddeleri yineledi ve ekledi; "beni güldürüyor", "iyi bir dinleyici", "iyi bir içki arkadaşı", "iyi ağırlayan bir ev sahibi", "akıllı", "duyarlı" ve "sıcak".

Soyut olanı somutlaştırmak

Olumlu niteliklerinizin listesini yapmak ilk adımdır. Ancak tek başına liste yeterli değildir. Bir çekmeye, dolaba koyup –veya çöpe atıp– unutabilirsiniz. Ondan en fazla yararı, iyi noktaların günden güne kendilerini nasıl gösterdiği konusunda farkındalığınızı arttırmak konusunda onu temel alarak edinebilirsiniz. Sonuç olarak ana fikir, belirlediğiniz niteliklerin, güçlü yanların ve becerilerin zihinsel yapınızın parçası olmasıdır. Onları özel bir çaba olmaksızın rutin bir şekilde fark edip, kabul edeceksiniz. Bu noktaya ulaşmadan önce, kendinizle ilgili olumlu yönlere dikkatinizi özellikle yöneltme alışkanlığı edinmeniz için zamana ihtiyacınız olacak.

Listenize ekleyecek daha fazla özellik fark etmek için kendinize birkaç gün zaman tanıyın ve yapabileceğinizi yaptığınızı düşündüğünüz noktaya geldiğinizde kendinize konforlu, rahat bir yer bulup listeyi okuyun. Üzerinden son hızla geçmeyin. Duraklayın ve kaydettiğiniz her niteliğin üzerinde durun. Sindirin. Listeyi yavaşça ve dikkatlice okuduktan sonra, en başa dönün. Şimdi, tüm maddeleri tek tek ele alırken, sözkonusu niteliğin davranışınıza yansıdığı belirli anları aklınıza getirin. Belleğinizin olabildiğince açık ve net olması için kendinize zaman verin. Deneyimi tekrar oluyormuşçasına yeniden canlandırın. Gözlerinizi kapatın ve ne zaman olduğunu, nerede olduğunuzu, kiminle olduğunuzu, olumlu bir niteliğe işaret eden eylemin ne olduğunu ve sonuçlarını ayrıntılarıyla hatırlayın.

Örneğin, Sarah evde yalnız olduğunda bir arkadaşının sıradan bir sohbet için kendisini aradığı bir an'ı hatırladı. Sarah arkadaşının sesinde onu "İyi misin?" diye nazikçe sormaya yönelten bir şey yakaladı. O anda arkadaşı gözyaşlarına boğuldu ve erkek arkadaşıyla tartıştıklarını, kendisini çok depresif hissettiğini söyledi. Arkadaşı konuşma fırsatı bulmaktan memnun olmuştu. Sarah, bunu kişisel duyarlılığıyla ilgili bir örnek olarak kabullenebildi.

Bu alıştırmanın duygu durumunuz ve kendinizle ilgili nasıl hissettiğiniz üzerindeki etkisini fark edin. Eğer kendinizi tamamen verebilirseniz, listenizdeki maddelerin sizin için daha canlı ve anlamlı duruma geldiklerini göreceksiniz. Duygu durumunuzun yükseldiğini ve kendini kabul ve kendine güveninizin arttığını hissedeceksiniz.

Eğer bu olmazsa, bir şekilde yazdıklarınızı değersizleştiriyor olabilirsiniz. Alıştırma boyunca utanç, mahçubiyet veya kuşku hisleri için gözünüzü açık tutun. Bu hisler, aklınızdan geçen özeleştirel düşünceler için işaret olabilir. Örneğin kendinize bu kadar kendini beğenmiş olmanın yanlış olduğunu mu söylüyorsunuz? Gösteriş yapıyorsunuz gibi mi geliyor? Yaptığınızın saçma –herhangi birinin de yapabileceği bir şey– olduğunu mu düşünüyorsunuz? Kendinize bunun herhangi bir kişiden beklenebilecek bir şey olduğunu mu söylüyorsunuz? Veya daha iyi yapabileceğinizi? Veya daha hızlı? Veya daha etkili? Veya her zaman olmasa da bazen, nazik / destekleyici / yeterli veya her neyse olabileceğinizi ve yüzde 100 olmazsa bunun sayılmayacağını mı söylüyorsunuz? Başkalarında da olduğu için bu nitelikleri küçümsüyor musunuz? Dikkate almak için çok mu sıradanlar?

Böyle itirazlar araya girdiğinde, basitçe onların varlığını fark edin (sonuçta eski alışkanlıklar çok zor ortadan kalkarlar ve dolayısıyla size varlıkları çok doğal gelir) ve sonra tüm dikkatinizi olumlu nitelikler listenize odaklanmaya yöneltin. Eğer itirazlar başarıyla görmezden gelinemeyecek kadar güçlüyse, özeleştirel düşüncelerle mücadelede kullandığınız becerilerinize başvurabilirsiniz.

İyi noktalarınızla ilgili rutin farkındalık: 'Olumluluklar defteri'

Olumlu niteliklerinizin listesini yapmak, düşük özgüveni arttırmaya yönelik ilk adımdır. Bu niteliklerin görünür olduğu belirli anılara odaklanmak, bu niteliklerin sizin için gerçek duruma gelmesi sürecini başlatır. Bu buruşturup atabileceğiniz bir kağıt parçasının üzerine teorik olarak yazdığınız herhangi bir şeyden farklıdır.

Bir sonraki adım bu farkındalığı, sadece çok meşgul olmadığınız zamanlarda kısa bir an için ortaya çıkan bir halden, günlük bir olay haline dönüştürmektir. Burada yapmanız gereken tıpkı endişeli beklentiler ve özeleştirel düşüncelerde yaptığınız gibi, iyi noktalarınızı belirdikçe her gün not etmektir. Amacınız yazılı bir işaret olmaksızın yaptığınız iyi şeyleri otomatik olarak fark ettiğiniz bir noktaya ulaşmaktır. Bu noktaya birkaç haftada ulaşabilirsiniz veya daha fazla sürebilir. Bir kere oraya ulaştığınızda, daha fazla yazılı kayda gerek yoktur.

İyi noktalarınızı özellikle geliştirecek yardımcı bir yol da 'Olumluluklar Defteri'dir. Çekici bir kapağı olan, cepte, cüzdanda, çantada taşıyabilecek kadar küçük bir defter satın alın. Eski bir parça kağıt veya evde uzun süredir bulunan bir defter yerine özel bir defter kullanmak bir beyandır: Kendinizle ilgili görmezden geldiğiniz, reddettiğiniz, doğal karşıladığınız değerleri fark edip önem verdiğinizi gösterir.

Defteri tutmaktaki amaç ortaya çıktıkça iyi noktalarınızı kayıt altına almaktır. Buradaki anafikir, kendinizle ilgili yanlılıklara odaklanıp onları düzeltmek, olumlu niteliklerinizi öne çıkarmak, onların uçup gitmesine göz yummak yerine onları sahneye çıkarmaktır. Nitelikleriniz, becerileriniz, güçlü yanlarınız, yetenekleriniz listenizi başlangıçta size yardımcı olması için kullanın. Defteri beraberinizde bulundurduğunuzdan emin olun, böylelikle olanları hemen yazabilirsiniz. Aksi takdirde, örnekler kaçırılabilir, unutulabilir veya geriye dönük olarak önemsizleştirilebilir. Her gün için bir sayfa ayırın ve kaç adet olumlu örnek kaydedeceğinize önceden karar verin. Pek çok insan başlangıç için üç tanenin uygun olduğunu düşünüyor. Bu fazla görünürse, iki hatta bir taneyle başlamaktan çekinmeyin. Nereden başlarsanız başlayın, akışına kapıldığınızda daha fazlasını ekleyebilirsiniz. Üç olayı kolaylıkla kaydettiğinizde, sayıyı dörde çıkarın. Dört kolay olduğunda, beşe çıkın ve ilerleyin. Ardından olumlulukları fark etmek otomatik duruma gelecektir.

Deftere yazdığınız her kayıtta ne yaptığınızı ve bunun hangi niteliği örneklediğini yazın. Aşağıda Sarah'nın 'Olumluluklar Defteri'ni kullandığı ilk haftayla ilgili bazı maddelerin örnekleri bulunuyor:

- Bir manzara resmini tamamlamak için birkaç saat harcadım (Çok çalışma)
- Akşam Simon ile dışarı çıktım - uzun süredir bu kadar gülmemiştim. (İyi içki arkadaşı, komik)
- Çiçek satın aldım (Hoş görünen bir ev yaratmak)
- İlk kez Tayland körisiyle yemek pişirmeyi denedim - tadı tuhaftı ama yenilebilirdi (maceracı aşçı)
- Sanki doğum günüymüşçesine annemi aradım (Nazik)
- Çalışma odasına raf yaptım (Pratik)

Her günün sonunda, yatağa girmeden önce rahatlamaya zaman ayırın, rahat olun ve neleri kaydettiğinizi gözden geçirin. Yazdıklarınızın üzerinden geçin ve yaptıklarınızın anısını canlı şekilde zihninizde canlandırın. Daha büyük resmi elde etmek ve bir sonraki hafta ne kadar iyi nitelik arayacağınıza karar vermek için defteri haftalık olarak da gözden geçirebilirsiniz. Ek olarak defter; stresli, kötü hissettiğiniz zamanlarda keyif veren ve güven yaratan anıları geliştirmek için de bir kaynak olacaktır.

Kendinize iyi bir yaşam sunmak

İyi noktalarını fark etmek ve takdir etmekte sıkıntı yaşamanın yanında, düşük özgüvenli kişiler genellikle gündelik deneyimlerin zenginleştirici yanını iki şekilde kaçırırlar: Yaşamı zevkli ve tatmin edici kılmak için bir çaba harcamazlar ve yaptıkları şeylerle ilgili kendilerine değer vermezler. Bu bölüm, yaşamınızı daha keyifli, tatmin edici kılabilmenin yollarını tarif edecek ve ne kadar küçük olsalar da günden güne başarılarınızla, kazanımlarınızla ilgili özgüven geliştirmenize katkı sağlayacaktır. Bu fikirler, özellikle duygu durumunuz düşükse yararlı olacaktır, hatta depresyon tedavisi için bilişsel terapinin bir parçası olarak geliştirilmiştir. Yaşamınızla ilgili zevkleri geliştirmek ve iyi noktalara yönelmenin başlıca yan etkilerinden biri duygu durumunu iyileştirmektir. Duygu durumundaki yükseliş özeleştiri ile mücadeleyi kolaylaştırır ve düşük özgüveni sürdüren kısırdöngüyü kırar.

Keyif ve tatmini arttırmak: 'Aktivite Günlüğü' (AG)

Günlük deneyimlerinizden alabileceğinizin en fazlasını almaya yönelik ilk adım; zamanınızı nasıl geçirdiğiniz, günlük aktivite örüntülerinizin ne kadar tatmin edici olduğu, kazanımlarınız ve başarılarınızı tanımakta ne kadar iyi olduğunuza yönelik netliğe kavuşmaktır. Bu kişisel gözlem, istediğiniz pek çok değişiklik için sıçrama noktasıdır.

'Aktivite Günlüğü' (AG) ihtiyaç duyduğunuz bu bilgileri almanın bir yoludur. Sayfa 152-53'te boş bir örnek bulacaksınız. Ekler bölümünde de ek bir kopyaya ulaşabilirsiniz. Sayfa 156-57'deki bir bölümü tamamlanmış örnek size günlüğün pratikte nasıl kullanılabileceği konusunda bir fikir verecektir. Yukarıda günler ve solda zamanlar ile ders programı gibi göründüğünü fark edeceksiniz. Bu tablo, her gün ne yaptığınızı ve yaptığınızdan kazanımınızı kaydedebileceğiniz saatlik bölümlere ayrılmıştır. Bu, yaptığınız aktivitelerden ne kadar hoşlandığınızı ve kendinize başarılarınızla ilgili ne kadar kredi verdiğinizi not etmek içindir.

Günlük, zamanınızı nasıl geçirdiğiniz konusunda yapmak istediğiniz değişiklikleri belirlemek, dikkatinizi deneyiminizin olumlu yönlerine odaklamak (tıpkı kendi olumlu yönlerinize odaklandığınız gibi) ve keyif almanın önünü kesen neşe kaçırıcı düşünceleri ve başarınızı küçümseten özeleştirel düşüncelerinizi saptamanızda yardımcı olacaktır. Eğer AG'yi kullanmak istemiyorsanız, başka bir tür kayıt kullanabilirsiniz (Örneğin halihazırda var olan günlüğünüz). Saat saat giden bir günlüğün yararı, ayrıntıları fark etme konusunda sizi teşvik etmesidir. Günün sonunda, her şeyin nasıl gittiğine dair belirsiz bir izlenim yerine pek çok bilgi içeren doğru bir kaydınız olur. Gününüzü nasıl kaydetmeyi seçerseniz seçin, saatten saate kayıt formatını takip etmek en azından zamanınızı nasıl geçirdiğiniz konusunda net bir hisse sahip olana kadar olasılıkla sizin için en yararlı yol olacaktır.

Tablo 21. AKTİVİTE GÜNLÜĞÜ

		Pazartesi	Salı	Çarşamba	Perşembe	Cuma	Cumartesi	Pazar
SABAH	6-7							
	7-8							
	8-9							
	9-10							
	10-11							
	11-12							
ÖĞLEDEN SO.	12-13							
	13-14							
	14-15							
	15-16							
	16-17							

		Pazartesi	Salı	Çarşamba	Perşembe	Cuma	Cumartesi	Pazar
A	17-18							
	18-19							
K	19-20							
Ş	20-21							
A	21-22							
	22-23							
M	23-24							

Gözden geçir (Gününüzle ilgili ne fark ediyorsunuz? Sizin için ne işe yaradı? Ne işe yaramadı? Neyi değiştirmek isterdiniz?

Pazartesi:

Salı:

Çarşamba:

Perşembe:

Cuma:

Cumartesi:

Pazar:

İlk adım: Kendini Gözlem

Bir hafta veya civarında, faaliyetlerinizin saat saat ayrıntılı günlük kaydını tutun. Eğer kaydettiğiniz hafta yaşamınızın bu dönemindeki tipik özelliklerini yansıtıyorsa, en yararlı bilgiyi derleyeceksinizdir. Yapmak istediğiniz değişiklikler gözönüne alındığında bu sizin için en yararlı bilgi olacaktır. Eğer yaptıklarınızı tipik olmayan bir haftanızda not ederseniz; (örneğin: Tatildeydiniz, hastaydınız çalışmıyordunuz veya anneniz kalmaya geldi) topladığınız bilgi, günlük yaşantınızla değil, gelecekteki benzer durumlarınızla ilgili olacaktır.

Ne yaptınız

Yaptığınız aktiviteyi (veya aktiviteleri) basitçe not edin. Yaptığınız her şey bir aktivite sayılır. Uyumak ve özel bir şey yapmamak da buna dahildir. "Hiçbir şey yapmamak" bile aslında bir şey yapmaktır. Bu tam olarak ne anlama gelir? Oturmak, ufka bakmak, etrafta oyalanmak, küçük ev işleri yapmak? Kanepeye uzanıp kanallar arasında zaping yapmak?

Keyif (K) ve Ustalık (U) için dereceler

KEYİF (K)

Yaptığınızdan ne kadar hoşlandınız? Her aktiviteye 0-10 arası bir derece verin. "K10" çok çok hoşunuza gittiği anlamına gelir. Örneğin sayfa 156-57'de yer alan kısmen tamamlanmamış günlüğünde Sarah arkadaşlarıyla bir akşam gittiği tiyatro için "K10" verdi. Epey hoşlandığını düşündü. Oyun harikaydı, komik ve düşündürücüydü. Çok iyi tanıdığı insanlarla gerçekten iyi vakit geçirdi ve tamamen rahatladığını hissetti. "K5" makul bir hoşlanma anlamına gelir. Örneğin Sarah tek başına doğada yaptığı yürüyüşe "K5" verdi. Güneşli günün sıcaklığı hoşuna gitti ama uzaklığı yanlış hesaplamıştı, bu nedenle arabaya döndüğünde kendini çok yorgun hissediyordu. "K0" aktiviteden hiç hoşlanmadığınız anlamına gelir. Sarah, menajeriyle yaptığı toplantıya

"Ko" verdi. Normalde onunla vakit geçirmeyi seviyor ve ona saygı duyuyor olsa da, yapacağı sergi konusunda kendisiyle tartışmaya girmesinden hoşlanmamıştı.

Siz de bir aktiviteden ne kadar hoşlandığınızı göstermek için 0 ve 10 arasında herhangi bir rakamı kullanabilirsiniz. Belki Sarah gibi siz de keyif seviyenizin ne yaptığınıza göre farklılık gösterdiğini fark edeceksiniz. Bu çeşitleme sizin için yararlı bir bilgi kaynağı olacaktır. Sizin için neyin işe yarayıp yaramadığını gösterir. Tatmin olma ve eğlenme konusunda yolunuzu kesen düşünceler hakkında ipuçları verebilir (Örneğin Sarah, çalışmasını halka açmak konusunda duyduğu endişe nedeniyle menajeriyle konuşmaktan hoşlanmadığını fark etti).

Ustalık (U)

Her bir aktivite ne kadar başarılıydı, ustalığınız ne ölçüdeydi? "U10" hatırı sayılır bir başarı anlamına gelir.

Sarah, menajeriyle yaptığı görüşmeden birkaç gün sonra onu telefonla aramasına "U10" verdi. Endişesine rağmen sergiye çalışmalarını vermek için anlaşmak üzere onu arayabilmişti. Bunun güç bir şey olduğunu, kendisini zorlaması gerektiğini kabul ederek yaptığı bu iş için kendine yüksek bir "U" derecesi verdi. "U5" daha hafif bir başarı anlamındadır. Sarah, yürüyüş yaptığı günün ertesi sabahı yorgun hissetmesine rağmen üzerinde çalıştığı bir resmi bitirmek için zamanında kalktığı için kendine "U5" verdi . İlk tepkisi zamanında kalkmanın özel bir şey olmadığıydı ama ne kadar yorgun olduğu düşünüldüğünde bunun epey bir başarı olduğunu fark etti. "Uo" hiçbir başarı olmadığı anlamına gelir. Sarah evde televizyon izleyerek geçirdiği bir akşam için kendine "Uo" verdi. Bu tamamen kişisel bir alışkanlıktı, hoşuna gitti ama hiçbir başarı içermiyordu ve "U" için o vererek kendini mutlu hissetti.

Siz de yine Sarah gibi belirli bir aktiviteyi yürütmekte deneyimlediğiniz ustalığı değerlendirmek için 0 ve 10 arasında bir rakam kullanabilirsiniz.

Tablo 22. AKTİVİTE GÜNLÜĞÜ - ÖRNEK: SARAH

		Pazartesi	Salı	Çarşamba	Perşembe	Cuma	Cumartesi	Pazar
S	6-7				*Uyku*	*Uyku*	*Uyku*	*Uyku*
A	7-8				*Uyku*	*Uyku U0 K3*	*"*	
B	8-9				*Uyku U0 K5*	*Kalkış, kahve, duş U3 K2*	*"*	*" U0 K5*
A	9-10				*Kalkış, kahvaltı, radyo U1 K4*	*Sanat malzemesi almak için dışarıya çıktım*	*" U3 K4*	*Kalkış, kahvaltı, duş U5 K2*
H	10-11				*Çalıştım U2 K4*	*" U3 K4*	*Kalkış, kahvaltı U2 K4*	*Çalıştım U2 K4*
	11-12				*" U2 K6*	*M. ile kahve U0 K6*	*Henley'e gitmek U3 K4*	*" U4 K5*
Ö Ğ	12-13				*" U1 K6*	*Çalıştım U6 K3*	*Kuzenlerle öğle yemeği U1 K6*	*" U4 K5*
L E	13-14			*Sergi yapmamı isteyen menajer-le tanıştım*	*Parkta öğle yemeği U0 K6*	*" U6 K5*	*"*	*J. ile öğle yemeği U0 K6*
D E	14-15			*" U4 K1*	*Evi temizledim U7 K0*	*" U4 K7*	*"*	*" U0 K8*
N	15-16			*F.'yi görmeye gittim U7 K1*	*" U8 K0*	*Menajeri arayıp sergi için anlaştım U10 K2*	*Nehir boyunca tek başıma yürüdüm U2 K5*	*J ile hayvanat bahçesine gittim U0 K8*
S O.	16-17							

Tablo 22. AKTİVİTE GÜNLÜĞÜ - ÖRNEK: SARAH

		Pazartesi	Salı	Çarşamba	Perşembe	Cuma	Cumartesi	Pazar
	17-18			*Çalıştım U6 K3*	*Alışveriş U2 K3*	*" U4 K6*	*" U8 K3*	*Ev U0 K2*
A	18-19			*" U4 K6*	*J&F ile yiyip içmek için buluşma U1 K6*	*Çalıştım U3 K7*	*Arabayla eve dönüş U3 K2*	*Çalıştım U2 K4*
K	19-20			*Akşam yemeği U1 K4*	*Tiyatro U0 K10*	*Akşam yemeği U1 K4*	*Annemi aradım U4 K1*	*" U5 K2*
Ş	20-21			*P. depresif şekilde geldi U4 K2*	*"*	*TV U0 K6*	*İşi düşünerek müzik dinledim U0 K6*	*" U3 K4*
A	21-22			*" U4 K4*	*"*	*" U0 K8*	*" U0 K6*	*" U2 K6*
M	22-23			*Kitap okudum U0 K6*	*Tekrar bar U0 K8*	*" U0 K7*	*Geç vakitte içki içmek için P. ile buluştum u1 K1*	*Yatak U0 K5*
	23-24			*Yatak U0 K4*	*J.'nin dairesine dönüş-U0 K8*	*Yatak U0 K4*	*"*	
	24-01						*Yatak U0 K8 !*	

Gözden geçir (Gününüzle ilgili ne fark ediyorsunuz? Sizin için ne işe yaradı? Ne işe yaramadı? Neyi değiştirmek isterdiniz?

Pzt.:

Salı:

Çar.: *Öğle yemeği hiç hoşuma gitmedi. Benimle tartışıyordu. Her zamanki gibi kimsenin gerçekten işimi beğenmeyeceğini düşündüm.*

Per.: *Hoşuma giden bazı iyi işler. Harika akşam-bunu daha sık planlamaya değer.*

Cum.: *Çalışmaya başlamak zordu ama ona tutunmak işe yaradı. Menajeri arayıp "evet" dedim. Korkutucu ama yapmam gerekiyordu. Kendime evde rahatlamış, düşünceden uzak bir akşam sundum.*

Cmt.: *Yürüyüş, iyi bir fikir ama çok uzun. Hızımı ayarlamalıydım.*

Paz.: *J. ile öğle yemeği planladım. Büyük başarı. Covent Garden'da pek çok sokak tiyatrosu izlemek çok eğlenceliydi.*

"Ustalık" ile sadece terfi almak, 100 konuklu bir parti düzenlemek ya evde baştan aşağıya ilkbahar temizliği yapmak gibi büyük başarıların kastedilmediğini fark etmek önemlidir. Sarah'nın derecelendirmelerinde görebileceğiniz gibi, günlük aktiviteler, kendinize hakkınızı teslim etmeniz gereken gerçek başarılara işaret ediyor olabilir. Bu özellikle stresli, yorgun, kötü veya kendinizi depresif hissettiğiniz durumlar için geçerlidir. Duygusal olarak iyi durumda olmadığınızda görece rutin aktiviteler (çocukları okula götürmek, telefona yanıt vermek, atıştırmalık hazırlamak – hatta yataktan çıkmak) önemli başarıları temsil edebilir. Bunun farkına varmamak sıklıkla insanların düşük özgüven ile yaptıklarını küçük görmelerine neden olur ve tabii ki bu da düşük özgüvenin sürdürülmesine yardımcı olur.

"U" yu derecelendirirken o sırada kendinizi nasıl hissettiğinizi de dikkate aldığınızdan emin olun. Kendinize sorun: "O anda nasıl hissettiğim düşünüldüğünde", bu aktivite ne kadar büyük bir başarıydı? Eğer aktiviteyi yürütmek kötü hissetmenin üzerinde bir zafer, gerçek bir çaba, göğüs gerilen bir güçlük anlamına geliyorsa kendinize kredi vermeyi hak ediyorsunuz. Aktivite rutin, kendi standartlarınıza göre yapılmamış, hatta bitirilmemiş olsa bile...

Tüm aktiviteleri hem K hem U olarak değerlendirdiğinizden emin olun. Bazı aktiviteler (örneğin: Görev, zorunluluklar, işler) başlıca U aktiviteleridir. Bazıları ise başlıca K'dir (rahatlama ve kendimiz için yaptığımız zevk veren şeyler gibi). Bazı aktiviteler ise her ikisinin bir karışımıdır. Örneğin, sosyalleşmek sizi endişelendiriyorsa bir partiye gitmek olumsuz öngörüleriniz üzerinde bir zaferi temsil ettiği için iyi bir U derecelendirmesi gerektirir. Gidip, rahatlayıp ve iyi vakit geçirmeye başladıktan sonra, parti zevkli duruma da gelebilir. Uzun vadede U ve K dengesini hedefliyorsunuz. Tüm aktivitelerinizde her iki derecelendirmeyi de yapmak bunu başarmanıza yardımcı olacaktır.

Gözden geçirme

Her günün sonunda, ajandanıza göz atmak için birkaç dakika ayırın. Günlük kısa bir gözden geçirme, sadece yazıp bırakmak yerine yaptığınızı düşünmeniz için de sizi yüreklendirecektir. Gününüz hakkında neyi fark ediyorsunuz? Kayıt size zamanınızı nasıl geçirdiğiniz, yaptığınızdan ne kadar zevk ve tatmin edindiğiniz hakkında size ne diyor? Sizin için ne işe yaradı? Ne işe yaramadı? Keyif ve ustalık konusunda esas sorunlar nelerdi? Tuzaklar nelerdi? Neyi daha çok, daha az veya daha farklı yapmak isterdiniz?

AG: Kişisel gözlemden en iyi şekilde yararlanmak

Kayıt tutmayı ne kadar sürdürmeliyim?

Kayıtların amacı zamanınızı nasıl harcadığınız, günlük aktivitelerinizin ne kadar zevkli ve tatmin edici olduğu konusunda size net bir fikir vermektir. Kayıt ayrıca olumsuz düşünce örüntülerinin (özeleştirel düşünceler, endişeli beklentiler) deneyimlerinizden en iyi şekilde yararlanmaktan sizi nasıl alıkoyduğunu görmeniz için de bir fırsattır. Bu amaçlarınızı gerçekleştirmek adına gerekli bilgiyi edinene kadar kayıt tutmaya devam edin. Pek çokları için bir veya iki hafta yeterlidir. Ama kendinizi gözlemlemek için daha fazla zamana ihtiyacınız olduğunu düşünüyorsanız o noktada durmanıza gerek yoktur.

Kayıt kağıdını ne zaman tamamlamalıyım?

Ne yaptığınızı ve derecelendirmelerinizi mümkün olduğunca "zamanında" kaydetmeniz önemlidir. Yoğun bir günde olanlar kolaylıkla unutulur. Ayrıca düşük özgüveniniz tarafından beslenen kendinizle ilgili önyargılarınız, iyi gitmeyen şeylerle ilgili belleğinizin çok net olmasına; fakat zevkler, başarılar ve kazanımlarınızı perdelemenize veya değersizleştirmenize neden olur. Bu, kendinizi kötü hissettiğiniz takdirde genellikle daha fazlasına neden olacaktır. Aktivite ve derecelendirmelerinizi zamanında not etmek bu eğilime karşı koymanıza yardımcı olacaktır. Hemen yapılan derecelendirme sizin için aksi takdirde fark edilmeyecek en küçük seviyedeki keyif ve ustalıkları düzenlemenize yardımcı olur. Sonuçta eğer ne yaptığınızı kaydetmeyi ertelerseniz, bunları tümüyle unutabilir, gereksinim duyduğunuz gerekli bilgiyi elde edemeden kaydı ertesi güne erteleyebilir ve hatta tamamen vazgeçebilirsiniz.

Ya hiçbir şeyden çok fazla hoşlanmadığımı keşfedersem?

Bu, gün içinde zevk veren aktivitelere kaydınızda yer vermediğiniz için olabilir. Aktivite Günlüğü'nü kullanarak bunun böyle olup olmadığını kontrol edebilirsiniz. Belki keyif almayı hak etmediğinizi hissediyorsunuzdur. Örneğin Sarah kayıt tutarak kendini bir işe verdiğinde bitirene veya onaylanana kadar keyif veren aktivitelere zaman ayırmaya hakkının olmadığını düşündüğünü fark etti.

Veya kendinize öncelik tanımak, rahatlamak için zaman ayırmak konusunda (örneğin bu ebeveynler için yaygın bir tuzaktır) huzursuz hissediyorsunuzdur. Eğer durumun böyle olduğunu düşünüyorsanız, günlük yaşantınızın şekline dikkatlice bakın. Aktiviteleriniz hangi oranda rahatlatıcı, keyifli, eğlenceli ve sadece size yönelik?

Şu eski deyişi hatırlayın: "Hep iş ve hiç oyun, Jack'i sıkıcı bir çocuk yapar." Eğer gününüz işler, zorunluluklar, görevler ve başka insanları düşünerek yaptığınız şeylerle doluysa; bir sonraki adımda keyif veren aktiviteleri arttırmak hedeflerinizden biri olabilir.

Diğer yandan potansiyel olarak zevk veren aktivitelere girişiyorsunuzdur ama "oyunbozan düşünceler" onların tamamen tadını çıkarmanıza engel oluyor olabilir. Kaydı bu düşünceleri fark etmek için de kullanabilirsiniz. Örneğin, sezgisel olarak keyifli görünen ama aslında olmayan aktivitelerinize göz atın. Onlarla uğraşırken ne olup bitiyordu? Yaptığınızın tamamen içinde miydiniz? Veya başka şeylerle mi meşguldünüz? (Sarah'nın menajeriyle olduğu gibi) Veya sizden daha fazla keyif alan başka insanlarla kıyaslama mı yapıyordunuz? Veya olanları, geçmişte olanlarla mı kıyaslıyordunuz? Veya her şeyin nasıl olması gerektiği ile mi?

Eğer keyif vermesi olası aktivitelerle ilgilenirken zihniniz başka yerdeyse, o zaman zevk almazsınız. Böyle "oyunbozan düşünceler"e dikkat kesilin ve onları bir kenara itip yaptığınıza odaklanmayı deneyin. Kenara atılamayacak kadar güçlülerse, onları not edin ve yanıtlarını arayın. Bu, olumsuz düşüncelerle başetmek için öğrendiğiniz becerilerin güzel yanıdır. Onları endişeli düşüncelere, özeleştirel düşüncelere, oyunbozan düşüncelere ve sizi rahatsız eden diğer düşüncelere uygulayabilirsiniz.

Yaptığınız hiçbir şeyden artık gerçekten keyif alamadığınızı hissediyorsanız bir başka olasılık daha var. Bu, depresyonun tipik belirtilerinden biridir. Eğer keyfi deneyimleme kapasiteniz sınıra dayanmışsa, 1. Bölüm'de (s.22) tanımlanan depresyon belirtilerine göz atın. Eğer durum sizi tanımlıyorsa, depresyon için tedavi arayabilirsiniz. Paul Gilbert'in *'Overcoming Depression'* adlı kitabını okumak iyi bir başlangıç olabilir.* Bu yardımcı olmazsa doktorunuza başvurun.

Ya hiçbir şey başaramıyorsam?

Eğer durum size böyle görünüyorsa, ne olup bittiğini daha iyi anlamak için kayıt formunu kullanın ve ne yaptığınıza dair düşüncelerinizi gözlemleyin. Düşük özgüven (özellikle endişeli beklentiler ve özeleştirel düşünceler) sizi, aktivitelerinizi kısıtlamaya yönlendiriyor olabilir. Örneğin endişe nedeniyle onlarla başedemeyeceğinizi düşündüğünüz için fırsatları kaçırıyor musunuz? İnsanlar sizinle alay etmesin veya dışlamasın diye sosyal temastan kaçınıyor musunuz? Karşılayamayacağınızı düşünerek meydan okumaktan sakınıyor musunuz? Eğer durum böyleyse yapabileceklerinize daha olumlu bakmak ve başarı hissinizi arttırmak için alanınızı daha fazla aktivite ile genişletmek için endişeli ve özeleştirel düşünceleriniz üzerinde çalışmak ilk adım olabilir.

---

* Editörün notu: Bu konuda, yayınlarımız arasında yer alan, *'İyi Hissetmek'* adlı kitabımız yararlı olabilir: *'İyi Hissetmek: Yeni duygudurum tedavisi'*, Dr. David Burns, Psikonet Yayınları, 2015.

Öte yandan, gerçekten de oldukça zorlu, meydan okuma veya çok çaba gerektiren çeşitli aktivitelere katılıyor olabilirsiniz. Burada özeleştirel düşüncelerinizi başarınızı küçümsemek için kullanıyor olabilirsiniz. Özeleştirel düşüncelerin motivasyonu azalttığını ve hiçbir şey başaramadığınız gibi yanlış bir izlenime neden olduğunu keşfetmiştik. Bu durum kendiniz için belirlediğiniz çok yüksek standartlardan temel alıyor olabilir (Yaşam Kurallarınız). Belki bu kurallar sizi küçük başarılar ve kazanımları fark etmek ve kabullenmekten alıkoyuyor çünkü size göre yeteri kadar özel değiller veya daha iyi, daha hızlı, daha kusursuz yapılmalılar.

Olumlu özelliklere ağırlık vermek için yolunuzu kesen düşünceler, kendinize günlük başarılar konusunda itibar etmenizi de engelleyebilir. Bir işi bitirdiğinizde aklınızdan geçene dikkat edin. Düşünceleriniz iyi hissetmenize veya daha fazlasını yapmak için motive olmanıza mı neden oluyor? Veya bunun yerinde sizi demoralize edip cesaretinizi mi kırıyor? Size çok iyi yapamadığınızı düşündürerek devam etmek için çok az neden olduğunu mu hissettiriyor? Eğer böyleyse, öğrendiğiniz becerileri kullanarak bu düşünceleri yazmalı ve değerlendirmelisiniz.

Sarah, Aktivite Günlüğü'ne yaptıklarını kaydetmeye başladığında, durumun kesinlikle bu olduğunu anladı. Yandaki sayfada özeleştirel düşünceleri ve onları nasıl yanıtladığına dair bazı örnekler yer alıyor.

Bu bize 5. Bölüm'de sözü edilen, kendine kötü davranan ve kendine zarar veren davranışları cesaretlendirmek yerine kendinize karşı daha nazik ve hoşgörülü davranmanızı hatırlatıyor. Sarah'yı en iyi şekilde deneyimlemekten alıkoyanın temel inançlarının türlü görünümlerini ("Ben önemsizim, diğerlerinden aşağıyım") ve Yaşam Kuralları'ndan birini ("Başkaları tarafından onaylanmadıkça yaptığım hiçbir şeye değmez) görebilirsiniz. Sarah'nın övgü, rahatlama ve keyfi hak eden biri gibi kendine karşı daha fazla ümit verici ve takdir edici olmayı, başarısını fark edip geliştirmeyi öğrendiğini fark edeceksiniz. Bunları yapmak temel inancını zayıflatacak, önlem almaya girişmeden önce kurallarına ters düşen şekilde davranmasına yardımcı olacaktır.

Tablo 23. Sarah'nın özeleştirel düşünceleri

Alternatif bakış açıları	Alternatifler
Bunu asla bitiremeyeceğim	Her şeyi birer birer ele alın. İyi gidiyorsunuz. Hâlâ neyi yapmanız gerektiğine değil, neyi başardığınıza odaklanın. Her şeyi başaramasınız da yaptığınız kadarı için hakkınızı teslim edin.
Bu yapmaya değmez	Başkaları yaptığınıza onay verene kadar her zaman böyle düşünürsünüz. Başkalarının nasıl düşündüğünü önemsememeyin - o renkler harika. Ve -insanlar buna değdiğini düşünsün ya da düşünmesin- resim sizin için gerçek bir keşif yolculuğu.
Yataktan kalktım. Ne olmuş yani?	Bu benim için çok iyi. Gerçekten tükenmiştim. Gün boyunca ruh gibi dolanabilirdim ama bunu yapmadım.
Akşamı boş geçirmemeliydim. Yeterince çalışmadım.	Hoşuma giden şeyleri yapmak kendimi daha iyi hissetmemi sağlıyor ve rahatladığımda daha yaratıcı düşünüyorum. Eğer durmaksızın çalışırsam, başı kesik tavuk gibi koşuşturursam, sonunda yavaşlayarak dururum. Kendime zaman ayırdığımda güçlükle ve dikkatsizce çalışmaktan daha fazlasını elde ettiğimi deneyimlerimden biliyorum.

İkinci adım: değişimle tanışma

Artık zamanınızı nasıl geçirdiğinizi gördünüz. Bundan sonraki adım, gözlemlerinizi keyif ile ustalık hislerinizi arttıracak değişiklikleri gerçekleştirmek için temel olarak kullanmaktır. Her gün günlüğünüzü gözden geçirmeniz, size yapmak istediğiniz bazı değişiklikler hakkında halihazırda fikir vermiş olmalıdır. Yaptığınız gözlemleri ve ulaştığınız sonuçları planlama yapmak için kullanabilir ve onun üzerinden ilerleyebilirsiniz. Böylelikle Ustalık aktiviteleri (görevler, meydan okumalar, zorunluluklar, işler) ve Keyif aktiviteleri (rahatlama ve gevşeme) arasında bir denge sağlayabilirsiniz.

Başlangıçta Aktivite Günlüğü'nü sistematik olarak tutmak oldukça önemlidir. Eğer o an kendinizi kötü hissediyor ve motive olmakta zorlanıyorsanız, bu özellikle önemli olabilir. Kişisel gözleminizin size, yaptığınıza yeterli değeri vermenizi güçleştiren veya kendinizi ön plana çıkarmanızı, yapmanız gereken işleri ertelemenize neden olan yüksek standartlarınızı göstermiş olması da yardımcı olabilir. Alternatif olarak sadece yapmak istediğiniz günlük birkaç işin listesini çıkarmak (belki yapmaktan kaçınmakta olduğunuz fakat size zevk verecek şeyler) aktivitelerinizin dengesini işinize yarayacak şekilde değiştirmenizde yeterli olabilir.

Her şekilde ilerisi için planlama yapmaya başladığınızda hiçbir şey yazmaksızın da Ustalık ve Keyif'i dengeleyerek otomatik olarak kendinize yönelik farkındalık geliştirdiğinizi görebilirsiniz. Bununla birlikte, örneğin, özellikle çok meşgul veya baskı altında olduğunuz zamanlar yazılı bir plan gelecekte size çok yardımcı olabilir. O zaman tamamen etkili bir zaman yönetiminin parçası olarak meşgul olduğunuz zamanlarda bile keyif ve rahatlamayı dışlamanın gerekmediğini size hatırlatacaktır.

Eğer ilerisi ile ilgili sistematik olarak plan yapmaya karar verdiyseniz, yazmanız gerekecektir:

Günlük planınız

Sabahları veya akşamları bunu ilk iş olarak yapmayı tercih edebilirsiniz. Size en çok yardımcı olabilecek gibi görünen zamanı seçin. Örneğin, eğer sabahlar çocukları okula götürmek ve işe gitmekle zaten fazlasıyla meşgulse, bunu kendinize ekstra bir iş edinmeden de yapabilirsiniz. Onun yerine akşamları kullanın (belki yatağa gitmeden rahatlarken). Diğer taraftan, eğer genellikle serinkanlı düşünebilmek için akşamları çok yorgun oluyorsanız ve tazelenmiş olarak uyanıyorsanız, sabahı kullanın. Planınızı AG'ye kurşun kalemle, eğer isterseniz sayfanın arkasına veya farklı bir kağıda yazabilirsiniz.

Her gün zevk ve ustalık arasındaki dengeyi hedefleyin. Eğer zamanınızı görev ve işlerle doldurursanız ve keyif ile rahatlamaya zaman ayırmazsanız, yorgun ve kızgın olabilirsiniz. Öte yandan eğer yapmanız gerekenleri tamamen gözardı ederseniz, keyfinizin hiçbir şey elde etmediğiniz duygusuyla kaçtığını ve yapmanız gereken ama ertelediğiniz işler listenizin zihninizin köşesinde asılı durup, tadını çıkarmayı zorlaştırdığını fark edersiniz.

Ne yaptığınızı kaydedin

Planınızı gününüzün rehberi olarak kullanın ve AG'ye neler yaptığınızı yazın. Eğer planınızı kurşun kalemle yazdıysanız, ne yaptığınızı başka bir renkle yazın ki neyin ne olduğunu anlamak kolaylaşsın. Her aktiviteyi, kişisel gözlem aşamanızdaki gibi Keyif ve Ustalık açısından 10 üzerinden derecelendirin.

Gününüzü gözden geçirin

Her günün sonunda rahatça oturup, rahatlamak ve ne yaptığınızı görmek için birkaç dakika ayırın. Zamanınızı nasıl geçirdiğinizi dikkatlice gözden geçirin. Planınıza ne kadar sadık kaldınız? Eğer kalmadıysanız, niçin? Geride mi kaldınız? Öngörmediğiniz bir şey mi oldu? Başlangıç için çok fazla plan mı yaptınız? Yaptığınızdan ne kadar keyif ve tatmin elde ettiniz? K ve U arasındaki dengeniz nasıldı? Daha çok ne istersiniz? Daha az? Farklı?

Planlamadan daha fazla yararlanmak

Eğer planım başarılıysa?

Başarı, gerçekçi bir plan yapabilmek anlamına gelir. Bu planda keyif veren aktivite ve kazanımlar arasında bir denge vardır. Kişi hem keyif almış hem de ustalık bakımından tatmin olmuştur. Eğer planınız bu anlamda işinize yarıyorsa, burada üzerine gideceğiniz olumlu bir şey vardır. Sizin için iyi giden ve yinelemek istediğiniz bir günün şeklini böylece bulmuşsunuzdur.

Ancak genel olarak konuşursak planınız başarılı olsa bile, biraz ayar yapmanız gerekebilir. Örneğin düzenli egzersiz yapmayı veya ailenizle kaliteli zaman geçirmeyi eklemeyi yardımcı olarak görebilirsiniz. İzini kaybettiğiniz biriyle görüşmek, ertelediğiniz bir işi başarmak, her zaman yapmayı düşündüğünüz bir şeyi denemek veya düşündüğünüz yaşam stili değişikliklerini hayata geçirmek için ilk adımları atmaya zaman ayırmayı isteyebilirsiniz.

Ya planım başarısız olursa?

Planlar pek çok nedenle suya düşebilir. Arzuladıklarınızın istediğiniz gibi gitmediğini görmek sizi düş kırıklığına uğratsa da, planınızın "başarısızlığı" yarar sağlayabilir. Aktivite şeklinizin neden işe yaramadığınızı bilmek için gerekli şeyleri söyleyebilir.

Belki sizi mutsuz eden bir nedenden ötürü planınıza sadık kalmakta başarısız oldunuz. Örneğin, belki bir akşamı arkadaşınızla sinemada geçirmeyi planladınız ama onun yerine bir iş arkadaşınız sizi geç saate kadar çalışmaya ikna etti. Veya tüm bir sabahı finansal işleriniz için ayırmayı düşündünüz ama bir şekilde yapamadınız. Burada sizi neyin deneyimlemekten alıkoyduğuna dair çok değerli potansiyel bir bilgi bulunmaktadır. Sorun esas olarak neydi? Belirli bir zamanda yapabileceğiniz iş konusunda yüksek bir tahminde mi bulundunuz? Yapabileceğinizden fazlasını planlayıp yorgun mu düştünüz? Gününüzü keyif alacağınız şeylerden çok, yapmanız gerekenlerle mi geçirdiniz? Mola vermeyi mi unuttunuz? Kendiniz için rahatlama zamanı ayırdınız mı? Yoksa zamanınızı özel bir şeye harcamayıp, gününüzü boşa mı geçirdiğinizi hissettiniz? Sizin için iyi olabilecek bir şey yerine başkalarını memnun edecek bir şey mi yaptınız? Bu örüntüler size tanıdık geliyor mu? Bu şekilde davrandığınız başka durumlar var mı? Planınızda yanlış giden şey hayatınızda var olan daha genel bir kural veya stratejinizin yansıması olabilir mi?

Eğer sorunun özünü anlarsanız pratik değişikliklerle takılıp kaldığınız kendini baltalayan düşüncelerinizi belirleyip sorgulayarak düzenleme yapabilirsiniz (sayfa 163'te Sarah'nın örneğinde olduğu gibi). Planınızı gerçekleştirmenizi engelleyen şeyin yaşamın diğer alanlarında da yolunuza çıktığını fark edebilirsiniz.

Ya yapacak keyif verici bir şey bulamazsam?

Özellikle eğer düşük özgüven kendinize özen göstermenizi engelledi ve hayatınızdaki keyfi aldıysa, size zevk veren aktiviteleri bulmakta zorlanabilirsiniz. Bu güçlüğü aşmak için özel bir proje gerekebilir: Hiç ihtimal vermeseniz de size keyif verebilecek kaç yol düşünebilirsiniz?

Başkalarının keyiflenmek için neler yaptığını fark ederek işe başlayabilirsiniz. Ya arkadaşlarınız ve diğer tanıdıklarınız? Medyada gördükleriniz? Kütüphane ve okulun ilan panosunda gördüğünüz aktiviteler neler? Dışarıdayken etraftaki insanların nelerden zevk aldığını görüyorsunuz? Listesini yapın.

Sonra kendinizi düşünün. Şu an için zevk alacak çok şey yapıyor olmasanız da, geçmişte keyif veren şeyler olmuş muydu? Bunlar nelerdi? Her zaman yapmaktan hoşlandığınız ama yapmanın yolunu bulamadığınız bir şey var mı? Hiç denememiş olsanız bile yapabileceğiniz olası şeyler neler? Bunları listenize ekleyin.

Sizin için farklı koşullarda keyif verecek farklı olasılıkları düşünün. Yalnızken ne yapardınız? (Örneğin; okumak, TV izlemek veya yürüyüşe çıkmak?) Başkalarıyla birlikte ne yapardınız? (Örneğin; bara gitmek, akşam kursuna katılmak veya bir sanat galerisine gitmek?) Zaman gerektiren bir şey isteseniz ne yapardınız? (Örneğin tatil, günlük geziler veya insanlarla birarada olmak?) Gününüzün içine yayabileceğiniz ne yapabilirsiniz? (Örneğin; özel bir çay ya da bira içmek, sıcak ve güzel kokulu bir küvete girmek veya pencereden dışarıya bakmak için duraklamak?) Para gerektiren ne yapabilirsiniz? (Örneğin; çiçek almak, sinemaya gitmek veya dışarıda yemek yemek?) Para harcamadan ne yapabilirsiniz? (Örneğin: Günbatımını izlemek, vitrin bakmak veya eski fotoğrafları gözden geçirmek?) Hangi fiziksel zevkleri düşünebilirsiniz? (Örneğin: Yüzmeye gitmek, uçurtma uçurmak veya masaj yaptırmak?) Zihninizi kullandığınız hangi zevkleri düşünebilirsiniz? (Örneğin: Münazara dinlemek, yapboz yapmak ya da bulmaca çözmek?) Açık havada ne yapabilirsiniz? (Örneğin; bahçenizle ilgilenmek, plaja gitmek veya arabayla gezmek?) ve evde ne yapabilirsiniz? (Örneğin; katalogdan giysi seçmek, müzik dinlemek veya bilgisayar oyunları oynamak?) Tüm bunları listenize ekleyin.

Potansiyel zevkler listeniz oluştuğunda, onları gününüz için planlayın. İşinize yarayıp yaramayacakları konusunda hâlâ kuşkularınız olabilir. Bunu keşfetmenin tek bir yolu var! Ve yapabilirseniz oyunbozan düşünceler için dikkatli olmayı ihmal etmeyin. Onları bir kenara atın ve eğer yolunuza çıkmakta ısrar ederlerse onları bir kenara not edip yanıtlayın. Eğer kendinize bu şekilde keyif için izin verirseniz kendinize sevdiğiniz ve önemsediğiniz biri gibi davranmış olursunuz. Bu özgüveninizi arttırmak için içinde bulunmanız gereken yaklaşımdır. Kendinize özen gösterin. Bunu hak ediyorsunuz.

Günümün gerçekten zorunluluklarla dolu olduğu gerçeğiyle nasıl başedebilirim?

Eğer gününüz cidden yapmak zorunda olduğunuz şeylerle dolu ise keyif ve rahatlamaya zaman ayırmak zor olabilir. Bir şeye daha nasıl yer ayırabilirsiniz? Çalışanlar, ailesi olanlar, küçük çocuklarla veya yaşlı ebeveyniyle tek başına ilgilenenler ve toplumda ağır sorumlulukları olanlar – aslında hepimiz, zaman zaman yükümlülükler ve keyif arasında denge sağlamakta zorlanırız. Aslında kendinize zaman ayırmamanın tahmin etmediğiniz bazı sonuçları olduğunu bilmek önemlidir.

Giderek daha fazla yorgun, stresli olduğunuzu fark eder, sonunda yapmanız gerekenleri veya yapmayı istediklerinizi de yapamadığınızı görürsünüz. Bu durumdan sağlığınız bile etkilenebilir. İyi olmanız, kendiniz ve çevrenizdeki insanlar için rahatlama zamanları bulmanız kesinlikle önemlidir.

Eğer rahatlama ve keyif tutumlarının ve başkalarına olduğu gibi kendinize de özen göstermenin hakkınız olduğu inancını benimserseniz, meşgul günlerinizde bile küçük zevklere daha fazla yer açabilirsiniz. Bunların tüm çabalarınız için hak ettiğiniz ödüller olduğunu düşünün. Bir kahve için ve binanız etrafında küçük bir yürüyüş için beş dakika ayırın. Özel bir sabunla on dakikalık bir duş alın. Akşam yemeği için gerçekten sevdiğiniz bir şeyi seçin. Çok pahalı olmayan bir demet çiçek alın. Ütü yaparken veya arabayı onarırken favori radyo programınızı dinleyin. Çocuğunuz uyuduğunda, kendinizi ev işi yapmaya zorunlu hissetmek yerine bir dergi okuyun. Hünerli ve yaratıcı olun. İnsafsız işler ve zorunluluklar altında ezilmeyin. Aksi takdirde uzun vadede kendinize veya başkasına faydanız olmaz.

Ertelediğim şeylerin üstesinden nasıl gelebilirim?

Bir süredir bazı şeyleri erteliyorsanız, onlarla yüzleşmek yıldırıcı görünebilir. Ama pratik sorunların üstesinden gelmek kişinin yetkinliğini arttırır ve özgüvenine katkıda bulunur. Tam tersine sorunlardan ve görevlerden kaçınmak, yaşamınızın yönetiminin elinizde olduğu duygusunu zayıflatır ve kendinizle ilgili olumsuz fikirlerinize katkıda bulunur.

Şu adımları izleyerek ertelediğiniz sorunları gruplayabilirsiniz:

1. Ertelediğiniz işlerin ve kaçındığınız sorunların, aklınıza geldiği sırayla bir listesini yapın.
2. Eğer yapabiliyorsanız, listedeki maddeleri önem sırasına göre numaralandırın. En önce hangisinin yapılması gerekiyor? Ardından hangisi? Sonra hangisi? Eğer karar veremiyorsanız ve gerçekten önemli değilse, sadece alfabetik sırayla veya size ilk göründükleri haliyle alt alta dizin.

3. Listedeki ilk iş veya sorunu ele alın. Onu küçük, başedilebilir adımlara bölün. Bu adımlarınızın zihninizde provasını yapın. Böyle yaparken her adımda karşılaşmanız olası sorunları yazın ve onlar hakkında yapılabilecekler üzerinde çalışın. Bu, yardım ve tavsiye almayı veya konuyla ilgili daha fazla bilgi edinmeyi içerebilir.
4. Planladığınız şeyi yapmayı prova ederken, sorunu çözmenizi veya işin üstesinden gelmenizi güçleştiren düşüncelere dikkat edin. Endişeli beklentilerin ortaya çıktığını görebilirsiniz. (Örneğin, bir çözüm bulamayacağınızı hiçbir şeyi halledemeyeceğinizi düşünebilirsiniz). Veya kendi kendinizi eleştirirken bulabilirsiniz (Örneğin, bunu haftalar önce halletmeliydiniz ama tembelsiniz ve bir işe yaramazsınız.) Bu gerçekleştiğinde, öğrendiğiniz gibi tüm düşüncelerinizi yazın.
5. Makul olduğundan emin olduğunuz, adım adım gerçekleştirebileceğiniz bir planınız olduğunda, sorunlu ve endişeli veya özeleştirel düşünceler ortaya çıktığında – tıpkı provada olduğu gibi iş veya sorunun her birini tek bir adımda ele alın.
6. Sonucu Aktivite Günlüğü'nüze yazın ve kendiniz için Keyif ve Ustalık derecelendirmesi yapın. Unutmayın ki, eğer ertelemişseniz tamamlanan küçük bir iş veya çözülen küçük bir sorun sırtınızın sıvazlanmasını hak eder. Hâlâ yapmanız gereken şeyler hakkında yakınmak yerine kazanımızlarınızı fark edin.
7. Listedeki diğer maddeyi ele alın ve aynı adımları tekrarlayın.

ÖZET

1. Özgüveninizi geliştirmek güçlü noktalarınıza ve yaşamınızdaki güzel şeylere ve aynı zamanda endişeli beklentiler ile özeleştirel düşüncelerin üstesinden gelmeye odaklanmanızı içerir.
2. Güçlü noktalarınızı gözardı etmek ve başarılarınızı, zevklerinizi küçümsemek kendinize karşı gelen bir eğilimdir ve düşük özgüveni sürdürür.
3. Nitelikleriniz, hünerleriniz, yetenekleriniz ve güçlü noktalarınızı listeleyerek ve bunların günlük yaşamınızdaki örneklerini not ederek yanlı düşüncelerinizle mücadele edebilirsiniz. (Olumluluklar Defteri)
4. Aktivite Günlüğü'nüzü kullanarak zamanınızı nasıl geçirdiğinizi ve yaptıklarınızdan ne kadar keyif ve tatmin edindiğinizi gözlemleyebilirsiniz.
5. Bu gözlemler kendinizi iyi yaşatmaya başlamak, gün be gün edinilen zevki ve kazanımları en üste çıkartmak için temel oluşturur.

7
Kuralları değiştirmek

Giriş

Endişeli beklentiler ve özeleştirel düşünceler ansızın belirmez. 3. Bölüm'de gördüğümüz üzere, yaşam kuralları temel inancın doğru olduğu varsayımı üzerine inşa edilmiştir. Genellikle yaşamın erken yıllarında oluşmuş ve kişinin dünya ile başa çıkabilmesi için tasarlanmışlardır. Kuralların amacı yaşamı daha başedilebilir duruma getirmektir. Ama aslında uzun vadede hayattan istediğinizi elde etmenizde size engel olur ve kendinizi olduğunuz gibi kabul etmekten sizi alıkoyarlar.

Yaşam Kuralları günlük olarak koşulların sağlandığından emin olunan stratejilerde kendilerini gösterirler. Düşük özgüveniniz olduğunda, kendinizden beklentinizi, sevilmek ve kabul görmek; iyi ve değerli bir insan olabilmek için neler yapmanız gerektiğini kişisel kurallarınız belirler. Kişisel kurallar sizi belirli bir sınır içinde tutar. Eğer koşullarını yerine getirmekte başarısız olursanız, ortaya çıkacak sonuçların ayrıntılarını da onlar belirlerler.

Briony'nin ilişkilerle ilgili kuralı buna bir örnektir: "Eğer birinin bana yakınlaşmasına izin verirsem, beni incitir ve kullanır." Kuralları yıkmanın sonuçları genellikle acı verici olduğundan, koşulların karşılanmadığı durumlara karşı ciddi şekilde hassas olabilirsiniz. Bunlar, 3. Bölüm'de tanımlanan endişeli beklenti ve özeleştirel düşüncelerin kısırdöngüsüne yol açan temel inancınızın tetiklendiği durumlardır.

Şimdiye kadar endişeli beklentileri kontrol etmenin ve özeleştirel düşüncelerle mücadele etmenin ne kadar yardımcı olduğunu öğrendiniz. Ancak yaşam kuralları ve temel inancınıza dokunmadan günlük düşünceler, hisler ve hareketler seviyesinde kalmanın; bahçenizdeki yabani otları kökünden sökmek yerine, sadece başlarını kesmekten farkı yoktur. Bu bölüm size kişisel kurallarınızı nasıl tanımlayacağınızı gösterir. Düşük özgüvene katkılarını ve onları nasıl değiştireceğinizi; size daha çok özgürlük, hareket ve kendinizi olduğunuz gibi kabul etme cesareti veren yeni kuralları nasıl oluşturacağınızı görmenizde yardımcı olur.

Bölüm boyunca ilerlerken, mevcut kurallarınız, onları sorgularkenki argümanlarınız, yeni kurallarınız ve bu kuralları uygulamaya dökmek için oluşturduğunuz eylem planınız ile ilgili keşfettiğiniz şeyleri özet şeklinde yazıya dökmeniz önemlidir. Yandaki sayfada önerilen bazı başlıklar ve sayfa 178'de örnek bir özet bulacaksınız. Başlıklar bu bölümün ilerleyen kısımlarında bulacağınız soruları yansıtıyor. Bu sorular size, düşüncelerinizi sonradan dönüp bakabileceğiniz ve yeni anlayışınızın hayatınız üzerindeki pratik etkisini sağlamlaştıracağınız bir formda organize etmenize yardımcı olacaktır. Bu önemlidir çünkü yararsız yaşam kurallarını değiştirmek oldukça zor olabilir. Bölümde bulacağınız bir tartışma başlığı önce çok açık görünürken, bir sorununuz olduğunda ve gerçekten ihtiyaç duyduğunuzda size belirsiz ve kavraması zor gelebilir. Yazılı bir özet, işler zorlaştığında bile yeni bakış açınızı gözönünde bulundurmanız ve üzerinde çalışmanız için yardımcı olacaktır.

Yaşam kurallarının kökeni nedir?

Kurallar yardımcı olabilir. Başımıza geleni anlamlandırmamız için bize yardımcı olurlar, tekrarlayan örüntüleri fark etmemizi ve yeni deneyimlere şaşırmadan tepki vermemizi sağlarlar. Ayakta durmamız için bile yardım ederler (örneğin, "karşıdan karşıya geçerken yolun her iki tarafına da bakmalıyım.) Kurallar, toplum organizasyonunun bir parçasıdır. Ulusal anayasalar, politik ideolojiler, yasal çerçeveler, dini inançlar, profesyonel ahlak ve okul prensiplerinin tümü bu kurallardan oluşur.

Tablo 24. Kuralları değiştirmek: Yazılı özet için başlıklar

• Eski kuralım:	Kuralı kendi kelimelerinizle belirtin.
• Bu kuralın yaşamımda şu etkisi oldu:	Eski kuralınızın yaşamınızı nasıl etkilediğini özetleyin.
• Kuralın devrede olduğunu bilirim çünkü:	Eski kuralınızın aktif olduğuna dair ipuçlarını not edin. (düşünceler, duygular, davranış örüntüleri)
• Bu kuralımın olması anlaşılır çünkü:	Bu kuralı koymanıza neden olan deneyimleri ve güçlendirenleri etkenleri özetleyin.
• Aslında kural mantıksız çünkü:	Kuralın dünyanın işleyişine nasıl uymadığını özetleyin.
• Kurala uymanın sonuçları:	Kurala uymanın avantajlarını ve uymamanın risklerini özetleyin. Bunların o durum için anlaşılır olup olmadığını kontrol edin.
• Ama dezavantajları:	Kurala uymanın zarar verici yanlarını özetleyin.
• Daha gerçekçi ve yardımcı olacak bir kural şöyle olurdu:	Yeni kuralınızı kendi sözlerinizle yazın.
• Yeni kuralı denemem için ihtiyacım olan:	Yeni kuralınızı nasıl sağlamlaştıracağınıza dair planınızı yazın ve günlük yaşamınızda pratiğe dökün.

Ebeveynler, yaşamla bağımsızca başedebilmeleri için kuralları çocuklarına aktarır (örneğin, "Dengeli beslen"). Çocuklar ayrıca kuralları aile ve ebeveynlerinden tamamen gözlemleyerek de özümserler. Bağlantıları fark ederler (örneğin: "Eğer odamı toplamazsam, annem benim için yapar"). Ve bunlar daha genel bir kural için temel oluşturabilir (örneğin: İşler ters giderse toparlamak için biri olacaktır.") Asla söze dökülmemiş olan beklentilere uyarlar. Neyin övüldüğü ve eleştirildiğini, ebeveynlerin yüzünü neyin güldürdüğünü, neyin onlara kaşlarını çattırdığını fark ederler. Tüm bu deneyimler kişisel kurallar için temel oluşturur ve bu kuralların kişinin yaşamını nasıl sürdürdüğü konusunda süregiden etkileri olur.

Yararlı kurallar, deneyimin sağlam temellerine dayanarak denenip sınanırlar. Esnektirler. Kişinin duruma göre değişiklikleri adapte etmesine ve farklı insanlara farklı şekilde yanıt vermelerine izin verirler. Böylelikle, örneğin bir kişi bir kültürden farklı bir kültüre seyahat ederse, kuralları ve insan ilişkileri esnek ve açık oldukça yerel sosyal ortamlara başarıyla adapte olur. Ama sosyal kurallar katı ise ve özellikle tek doğru davranış biçimi olarak görülüyorsa kişi güçlük çekebilir.

Bazı kurallar; bize yardım etmek, dünyanın talepleri ile başarıyla uzlaşmak yerine, bizi yararsız örüntülere hapseder ve yaşam hedeflerimizi gerçekleştirmekten bizi alıkoyarlar. Özgüveni sağlamak için tasarlanmış olsalar da, aksine özgüveni zayıflatırlar. Çünkü üzerimize karşılayamayacağımız talepler yüklerler. Duruma veya kişisel ihtiyaçlara göre esnemezler (örneğin: Ederi ne olursa olsun bedele yüzde 110 vermelisin.) Bu aşırı ve katı kurallar sorun çıkartır. Özgürlük hareketini sınırlayan ve değişimi engelleyen bir duruma gelirler.

Özgüven konusunda sizi kırılgan duruma getiren kurallar hayatın pek çok alanında görülebilir. Farklı durumlarda kendinizden beklediğiniz performansı belirleyebilirler. Örneğin Jesse'ninki gibi mükemmeliyetçi kurallar sadece iş ortamında yüksek düzey performans göstermesi konusunda değil; en sıradan aktiviteleri yaparken ya da fiziksel görünümde de karşınıza çıkabilir.

Kurallar, başkaları ile birlikteyken özgürlüğünüzü kısıtlayarak tamamen kendiniz olmaktan sizi alıkoyabilir. Kate gibi siz de onaylanma, sevilme, aşk ve yakınlık hissinin bir şekilde oyunculuğunuza bağlı olduğunu düşünüyor olabilirsiniz. Kurallar kendi duygu ve düşüncelerinize nasıl tepki verdiğinizi bile etkileyebilir. Jim gibi hakkınızdaki olumlu görüşünüzü duygularınız, düşünceleriniz ve yaşamın size getirdikleri üzerinde tamamen kontrol sahibi oluşunuzla temellendirebilirsiniz. Böyle yararsız kurallar sizi hapseder. Etrafınızda beklentiler, standartlar ve taleplerden oluşan bir duvar örerler. İşte, bu duvarı aşmanın yolu.

Yaşam kuralları ve temel inanç arasındaki ilişki

Yararsız kurallar temel inancın gerçek olma ihtimalinden kaçış yolları gibidirler. Örneğin içinizden yetersiz olduğunuzu düşünebilirsiniz. Ama her zaman çok çalıştığınız ve kendinize yüksek standartlar koyduğunuz sürece yetersizliğinizi aşıp kendinizi iyi hissedebilirsiniz. Veya kendinizi çekici bulmuyor olabilirsiniz. Ama neşeli öyküleriniz olduğu sürece, partilerin aranan kişisi olarak kendinizi yine iyi hissedebilirsiniz.

Böyle kurallar çoğu zaman iyi işleyebilir. Onlara uyarak uzun zaman boyunca kendinizle ilgili olumlu görüşünüzü korumanız olası olabilir. Ancak ne yazık ki, bu yaklaşımla ilgili temel bir sorun vardır. Kurallar kendi hakkınızda gerçekten ne düşündüğünüzün (temel inancınızın) üzerini duvar kağıdı gibi örtebilir. Ama onu değiştiremezler. Onlar daha başarılı oldukça ve siz onların taleplerini yerine getirmekte daha da iyi oldukça, size geri çekilmeniz ve hesaplayabilmeniz ve durumunuzu sorgulamanız, daha kabullenici ve hoşgören bir bakış açısı sahibi olmanız için daha az fırsat verirler. Böylelikle temel inanç, kurallarınız yıkılmak üzereyken ortaya çıkmak üzere dokunulmamış halde kalır. Bunun Jesse için nasıl geçerli olduğunu sayfa 208'de bulabilirsiniz.

Kurallar Nasıldır?

Kurallar öğrenilir

Yararsız kurallar nadiren formal olarak öğretilirler. Daha çok, deneyim ve gözlemle özümsenirler. Bu, bir çocuğun gramer kurallarını bilmeden konuşmayı öğrenmesi gibidir. Bir yetişkin olarak gramatik olarak konuşursunuz (aksi takdirde anlaşılamazsınız) ama özel bir eğitiminiz olmadıkça uyduğunuz gramer kurallarının farkında değilsinizdir. Dolayısıyla bunu kelimelere dökmeyi zor veya olanaksız bulabilirsiniz.

Tablo 25. Yaşam kuralları ve temel inanç: Jesse

Temel İnanç
Yeteri kadar iyi değilim.

↓

Yaşam Kuralları
Eğer doğru olanı yapmazsam, hayatta bir yere varamam.
Biri beni eleştirirse bu, başarısız olduğum anlamına gelir.

↓

Politika
Her zaman mükemmeli ara.
Eleştiriden kaçınmak için her şeyi yap.

↓

Avantaj
Pek çok iyi iş yapıyor ve iyi geri dönüşler alıyorum.

↓

AMA: Sorun
İçten içe temel inancıma hâlâ yüzde 100 inanıyorum.
Kurallara uymak onu uykuya yatırsa da asla yok olmuyor.

↓

Artı:
Ne kadar denesem de, mükemmel olmak ve
eleştiriden uzak kalmak her zaman mümkün değil.

↓

Daha çok başardıkça, daha endişeli oluyorum. Bir sahtekarlık seziyorum
- şimdi herhangi bir zaman ipin üzerinden düşeceğim.
Ve bir şey ters gittiğinde veya biri hakkımda tamamen olumlu değilse
korkunç hissediyorum - direkt olarak temel inanca dönüş.

Kişisel Yaşam Kuralları genelde aynıdır – dile getirmeseniz de onlarla sürekli uyum içinde olabilirsiniz. Bu, dünyada nasıl işlev göstereceğinize yönelik –daha çok küçükken bir yetişkinin sizinkinden geniş olan bakış açısını edinmek için– aldığınız kararları yansıttığı içindir. Kurallarınız onları koyduğunuz zaman büyük olasılıkla mükemmel olarak anlamlıydı ama o zamanlar yetersiz bilgi ve deneyiminize dayanıyorlardı ve bu nedenle geçerliliklerini yitirmiş veya şimdiki yaşamınızla ilgisiz kalmış olabilirler.

Kurallar, içinde büyüdüğümüz kültürün parçasıdır

Kurallar, sosyal ve ailevi mirasımızın bir parçasıdır. Örneğin cinsiyetle ilgili olarak toplumun, kadın ve erkeğin nasıl olması gerektiği konusunda geliştirdiği kuralları düşünün. Bu fikirleri erken yaşlarımızda özümseriz ve onaylamasak bile onlara zıt davranmamız güç olabilir. Böyle davranmaya kalkışarak toplumsal onay almayarak cezalandırabiliriz. Kadınların iş yaşamında halen yaşadığı zorluklar ve erkeklerin çocuk bakımında anlamlı bir rol alması için verilen mücadele buna örnek gösterilebilir.

Kişisel kurallar, içinde büyüdüğümüz toplumun kurallarının abartılmış halleri gibidir. Örneğin batı toplumu özgürlük ve başarıya yüksek bir önem verilir. Bazı kişilerde bu sosyal baskılar "Asla yardım istememeliyim" ve "Eğer en yukarıda değilsem, başarısızım" şeklinde ifade bulabilir. Sosyal ve kültürel kurallar değişebilir ve böyle değişiklikler (aile yoluyla) kişisel kurallar üzerinde de etkili olacaktır. Örneğin İngiltere'de "Her zaman soğukkanlılığını koru" geleneksel olarak oldukça değer görür. Özelde bu şu şekilde görünür olabilir: "Eğer duygularımı gösterirsem, insanlar beni pısırık kabul edecek." Veya "Dik dur!" Yakın geçmişte Prenses Diana gibi insanlar, kırılganlık ve duyguyu açıkça ifade etmenin önemini ortaya koydular. Kişisel olarak bu, "Duygularımı açıkça ortaya koymazsam, bu benim insanî olmadığım, sert biri olduğum anlamına gelir" haline dönüşebilir. Kişisel kuralların temel aldığı kültür her seviyede işler – politik sistemler, etnik ve dini gruplar, sınıf, çevre, okul. Arka planınız ne olursa olsun kişisel kurallarınız içinde büyüdüğünüz kültürü ve ailenizi yansıtır.

Kurallarınız size özeldir

Kurallarınız sizinle aynı kültürde büyümüş kişilerle benzerlik taşısa da, hiç kimse sizin yaşam deneyiminizi tam olarak paylaşmayacaktır. Aynı ailede bile her çocuğun deneyimi birbirinden farklıdır. Ebeveynler çocuklara ne kadar eşit olmaya çalışsa da, hepsine biraz farklı davranılacak ve hepsi farklı şekilde sevilecektir. Bu nedenle kurallarınız size özeldir.

Kurallar katıdır ve değişime direnirler

Gördüğünüz şeyleri ve başınıza gelenleri günlük olarak nasıl yorumladığınızı biçimlendirdikleri için kurallar katı ve değişime dirençlidir. Algıdaki yanlılıklar ve 2. Bölüm'de ele alınan yorumlamalar (s. 54) onları pekiştirir ve güçlendirir. Kurallar, onların ne kadar yararsız olduklarını fark etmenizi zorlaştıracak şekilde davranmanız yönünde sizi cesaretlendirirler.

Endişeli beklentilerinizi kontrol etmek için yaptığınız çalışmayı düşünün. Gereksiz önlemlerin sizi, korkularınızın doğru olup olmadığını anlamaktan nasıl alıkoyduğunu gördünüz. Kurallar da aynı şekilde ama daha genel seviyede işler. Yani örneğin Jesse, sadece yüksek profilli görevini "yüzde 100 harika" şekilde tamamlamak için çabalamaz, bunun yanında genel olarak yaptığı her şey için mükemmeliyetçi standartları vardır. Bu da doğal yetenekleri ve becerileri gözönüne alındığında kendisine böylesi bir baskı uygulamasına gerek olmadığını fark etmek için hiçbir fırsatı kalmadığı anlamına gelir.

Kurallar güçlü duygularla bağlantılıdır

Kuralları yıktığınızda ve bunu yapma riski taşıdığınızda, duygularınız güçlü olacaktır. Kendinizi depresyonda veya umutsuz hissedersiniz, üzgün değil. Rahatsızlık değil, öfke hissedersiniz. Anlayış veya endişe ile değil korku ile tepki verirsiniz. Bu güçlü duygular bir kuralın devrede olduğunun işaretidir ve Durum'un harekete geçmek için yükseldiğini gösterir. Bu bağlamda, yararlı ipuçlarıdır. Ama güçleri ilgili ve ilgisiz bir bakış açısından ne olup bittiğini gözlemlemeyi zor duruma getirebilir.

Kurallar mantıksızdır

Endişeli beklentiler ve özeleştirel düşünceler gibi kişisel Yaşam Kuralları da gerçekle bağdaşmaz. Dünyanın işleyişine veya ortalama bir insandan mantıken beklenene uymazlar. Jesse (s. 178) her zaman mükemmel olmanın veya eleştiriden kaçmanın mümkün olmadığını fark ettiğinde bunu anlar. Kişisel kurallarınızı yeniden formüle ettiğinizde bu noktaya daha ayrıntılı olarak döneceğiz.

Kurallar aşırıdır

Yararsız kurallar fazla genellenmişlerdir. İçinde olduğunuz durumlarda, neyin duruma göre sizin için yararlı ve uyumlu olduğunu fark etmezler. Zaman ve mekandaki farklılıklara kulak asmazlar veya yaşamınızın bir zaman bir durumunda işe yaramış olsa da diğerlerinde yaramazlar. Bu dile şöyle yansır: "her zaman"/"asla"/"herkes"/ "hiç kimse"/"her şey"/"hiçbir şey". Durumunuzdaki anlık değişikliklere uymanızı, her durumun değerlendirmesini yapmanızı ve esnek bir yaklaşımda bulunmanızı, zamanında ihtiyaçlarınıza göre en iyi harekette bulunmanızı engellerler.

Kurallar mutlaktır. Gölge veya griliğe izin vermezler. Bu, onların dilinde: "Şu ilgimi çekiyor..." veya "Tercih ederim...", "İhtiyacım var..." veya "Yapmak isterdim..." yerine "Yapmam şart...", "Yapmalıyım...", " Mecburum..." şeklinde ifade edilir. Bu durum, siyah-beyaz ayrımının siz çok gençken, daha geniş bir bakış açısından görme deneyimi elde edemeden geliştiğine işaret eder.

Kurallar devam düşük özgüvenin sürmesini garantiler

Sayfa 178'de Jesse'in yaşadığı durum, önemli bir noktayı gösteriyor. Jesse kurallarının aslında olanaksız olan bir talebi içerdiğini fark etti: Her zaman yüzde 100 performans sergile ve asla eleştiri alma. Bunlar özgüven eksikliğiyle bağlantılı olan kişiye özgü yararsız kurallardır. Kişisel değerinizin olanaksız (örneğin, mükemmel olmak, başınıza gelenlerin tamamen kontrolünüzde olması gibi) veya kontrolünüzde olmayan şeylere (örneğin: Herkes tarafından kabul edilmek ve sevilmek gibi) bağlı olduğunu gösterirler İnsanlar özgüveni pek çok şarta bağlar:

- Genç olmak
- Güzel olmak
- Fit ve sağlıklı olmak
- Maaşa bağlı işte çalışmak
- Ebeveyn olmak
- Para
- Statü
- Uygun okulda olmak
- Bir eşinin olması
- Belirli bir kilo ve şekilde olmak
- En üstte olmak
- Başarı kazanmak
- Ünlü olmak
- Sevilmek
- Başarılı çocuklara sahip olmak
- Güvende olmak
- Cinsel olarak çekici olmak...

Listenin sonu gelmez. Sorun, bunların hiç birinin garanti edilemeyecek oluşundadır. Hepimiz yaşlanırız, zaman zaman hastalanırız, zarar görüp sakat kalabiliriz, işimizi kaybedebiliriz, çocuklarımız evi terk edebilir (veya gitmemeleri bir endişe kaynağı olabilir), hayatımızda bizi sevecek birinin olmadığı veya geleceğimizin güven vermediği dönemler ve bunun gibi şeyler olur. Tüm bu koşullar çok kırılgandır ve elimizden kayıp gidebilirler. Bu, kendimizi iyi hissetmek için onlara güvenirsek, özgüvenimizin de kırılgan olacağı anlamına gelir. Durumunuzdan bağımsız olarak; var olduğunuz, kendiniz gibi olduğunuz için mutlu olmak sizi daha güçlü bir konuma getirir.

Yaşam Kurallarını Tanımlamak: Genel Noktalar

Ne arıyorum?

Burada kendinizden beklediğiniz şeyleri yansıtan genel kuralları, kim olmanız gerektiğini gösteren standartları ve nasıl davranmanız gerektiğini, kabul görenin ne olduğuna dair hissinizi, neye izin verilmediğini, yaşamda başarılı olmak ve tatmin edici ilişkiler kurmak için ne gerektiği konusundaki fikirlerinizi arıyorsunuz. Gerçekte, kendinizi iyi hissetmek için ne yapmanız gerektiğini ve nasıl olmanız gerektiğini; başka deyişle özgüveninizin dayandığı şeyleri tanımlıyorsunuz. Eğer özgüveniniz düşükse, bu standartların talepkâr ve gerçek dışı olmasındandır (örneğin, kendinden beklentiniz diğerlerinden beklentinizden çok daha fazladır) Ve onların üzerinizdeki etkisini incelediğinizde güvenli bir kişisel değer algısına sahip olmaktan sizi nasıl alıkoyduğunu keşfedersiniz.

Yararsız kurallar hangi şekillere bürünür?

Yaşam kuralları genellikle üç şekilde kendilerini ifade ederler: Varsayımlar, sürdürücüler ve değer yargıları.

1 Varsayımlar

Bunlar, özgüveniniz ve yaşamınızdaki diğer şeylerin birbirine nasıl bağlı olduğuna dair fikirlerinizdir. (Örneğin: yandaki sayfada listelenenler) Bunlar genellikle şu şekilde karşımıza çıkar: " Eğer...sonra..." (şu şekilde de ifade edilebilirler "Yoksa..., o zaman...") Eğer 2. Bölüm'de, sayfa 57'deki Yaşam Kuralları'na göz atarsanız, varsayımlar için bazı örnekler bulabilirsiniz. Örneğin:

- Briony — Eğer birinin bana yakınlaşmasına izin verirsem, (o zaman) beni incitir ve istismar eder.
- Jesse — Eğer biri beni eleştirirse, (o zaman) başarısız olduğum anlamına gelir.
- Kate — İnsanların benden beklediği her şeyi yapmadığım takdirde, (o zaman) reddedilirim.
- Sarah — Başkaları tarafından tanınmadıkça yaptığım her şey değersiz. (Örneğin, "Yaptıklarım başkaları tarafından tanınmıyorsa, -o zaman- değersizdir.)

"Eğer.../ Yoksa...o zaman..." her zaman belirgin olmaz ama eğer dikkatli bakarsanız görebilirsiniz. Örneğin, Arran'ın " Var olmak, karşılık vermeye bağlıdır" cümlesi bir varsayımdır: "Eğer misilleme yapmazsam, o zaman yok olurum."

Bu şekildeki varsayımlar daha çok, büyük olumsuz öngörüler gibidir. Belirli bir şekilde davrandığınızda (ya da davranamadığınızda) ne olacağına yönelik tahmininizi yansıtırlar. Burada onları değiştirmeye dair bir ipucu saklıdır. Kişi "eğer" bölümünü hayata geçirdiğinde "o zaman" bölümü de gerçekleşiyor mu diye sınanabilir. Endişeli beklentilerle olan ilişkilerinizde öğrendiğiniz gibi, tehdit gerçekte olduğundan daha büyük algılanıyor olabilir.

2 Sürdürücüler

Bunlar; kendimizle ilgili iyi hissetmek için belirli şekilde davranmamız veya belirli şekilde insanlar olmamızı öğütleyen –meli –malı'lardır. 57. sayfadaki listede sürdürücülerle ilgili daha fazla örnek bulabilirsiniz.

• Briony	Kimsenin benim gerçek halimi görmesine izin vermemeliyim.
• Geoff	Kendimi her zaman sıkı kontrol altında tutmalıyım.
• Jim	Hayatın bana sunduğu her şeyle başedebilmeliyim.

Sürdürücüler genellikle gizli bir "aksi takdirde" ile bağlantılıdır. Cümlenizdeki gizli "aksi takdirde"yi bulabilirseniz, onun ne kadar doğru ve yardımcı olduğunu sınayabilirsiniz. Briony için "aksi takdirde", "benim ne kadar kötü bir insan olduğumu görüp, beni reddedecekler" idi. Geoff için "Üstesinden gelemeyeceğim ve her şeyi mahvedeceğim." Jim içinse "Ben zayıfım" idi.

Bu örneklerden göreceğiniz gibi "aksi takdirde" ne olacağına verdiğiniz yanıt temel inancınıza çok yakın olabilir. Aslında "aksi takdirde" temel inancınızın basit bir cümlesel karşılığı olabilir: "Aksi takdirde benim yetersiz / sevilmez / yetersiz / çirkin veya her neyse olduğum ortaya çıkacak." Bu halde sürdürücü, kişinin özgüven standartlarının açık bir ifadesidir.

3 Değer yargıları

Bunlar, belirli bir şekilde davranmanızın (veya davranmamanızın) ve olmanızın (veya olmamanızın) sonuçlarının nasıl olacağına dair ifadelerdir. Bir anlamda, varsayımlara benzeseler de sınırları daha belirsizdir ve tam olarak anlaşılabilmeleri için çözümlenmeleri gerekebilir. Örneğin: "Hata yapmak korkunç bir şeydir", "Reddedilmek katlanılmazdır", "Olayların kontrolünde olmak yaşamsal öneme sahiptir". Bu şekilde kurallarla karşılaşırsanız, üzerinizdeki taleplerini anlamak için kendinize dikkatli sorular yöneltmelisiniz. Bu belirsiz sözcüklerle ne kastettiğinizi bulmaya çalışın. ("Korkunç", "katlanılmaz", "zor".) Örneğin:

- Yanlışlarla ilgili "korkunç" olan ne? Eğer bir hata yaptıysam, sonrasında ne olur? En kötü ne olabilir? Sonuçları ne olabilir?
- "Katlanılmaz" ile neyi kastediyorum? Neyin olmasını öngörüyorum? Nasıl hissedeceğimi düşünüyorum? Ve ne kadar süreyle?
- Hangi anlamda "yaşamsal öneme sahip"? Kontrolü kaybetsem ne olurdu? Kontrolde olmak beni nelerden korur? Olmasaydım olabilecek en kötü şey nedir? Bu benim hakkımda ne anlama gelir? Beni nasıl biri yapar? Dünyadaki yerim üzerinde nasıl bir etkisi olur?

Kurallarımı saptadığımı nasıl anlarım?

Belirttiğimiz gibi, kişisel kurallarınızı sözcükle hiç ifade etmemiş olabilirsiniz. Bu, onları aklınızdan sıklıkla geçtiğini gözlemlediğiniz endişeli ve özeleştirel düşüncelerinizden daha zor fark etmenize neden olabilir.

Kurallarınızı araştırmak sizin için heyecanlı bir süreç haline gelebilir. Sizi öykünün anahtarına ulaştıran ipuçlarını arayan bir detektif, ormandaki patikalar hakkında fikir veren haritayı arayan bir araştırmacı haline getirir. Hatta kurallarınızı keşfettikçe oldukça şaşırabilirsiniz ("Bu çok anlamsız, buna inanamıyorum") . Eğer ilk tepkiniz buysa bir an durun ve değerlendirin. Sakin bir şekilde otururken, karşınızda yazılı olarak gördüğünüz bu kurala inanmanız güç olabilir. Ama ya onu sizin için geçerli kılabilecek bir durum içindeyken? Örneğin eğer kuralınız insanları memnun etmekse, öyle yapmadığınızı düşündüğünüz durumlarda ne hissedersiniz? Veya kuralınız başarıyla ilgiliyse, başarısız olduğunuzu düşündüğünüzde hisleriniz neler olur? Ve kendinizi kötü hissettiğiniz anlar? Fark ettiğiniz kural size ortalık sakinken pek inandırıcı görünmese de, yine de bazı zamanlar bu kural gerçekmiş gibi davrandığınız oluyor mu? Eğer öyleyse, görünenin aksine, değerli bir şey keşfettiniz.

Kurallarınızı tanımlamaya sıra geldi. Bu noktada, endişeli beklentilere, özeleştirel düşüncelere ve özgüveni arttırmaya yönelik yaptığınız çalışmalar ile ilgili zengin bilginiz bulunmaktadır. Bazı durumların rahatsız edici duyguları alevlendirip, sorun çıkarttığını fark etmiş olabilirsiniz. Bunlar, kişisel kurallarınızla bağlantılı durumlar olabilir.

Örneğin Jesse için anahtar durum, standarda uygun performans gösteremediği ve eleştirilmekten korktuğu zamanlardı. Tepkilerinizde gözlemlediğiniz yinelenen örüntüler, size zaten kurallarınız hakkında oldukça açık bir fikir vermiş olabilir. Eğer vermediyse endişelenmeyin. Eğer kurallarınızı şimdiye kadar hiç kelimelere dökmediyseniz, doğru formülü bulmak biraz zaman alabilir. Yaratıcı ve açık fikirli olun. Neler olabileceklerini sezebilmek için, aşağıdaki fikirleri kullanarak, farklı açılardan bakarak yaklaşın. Sizi az ya da çok düzenli olarak etkileyen ve yaşamınızı birçok farklı durumda şekillendiren genel bir ifade bulana kadar farklı kurallar, farklı sözcükler deneyin ve kuralınızı ortaya çıkarabilecek tüm ipuçlarınızı kullanın.

Yaşam kurallarınızı belirlemek: Bilgi kaynakları

Kurallarınızı belirlemek için çok sayıda bilgi kaynağı kullanabilirsiniz. Bazıları aşağıda özetlenmiş ve daha ayrıntılı olarak s. 187-194 arasında tarif edilmiştir. Eğer farklı kaynakları incelerseniz, süreci daha ödüllendirici ve esin verici bulabilirsiniz.

Birçok kuralınızın olduğunu fark etmek çok değerlidir. Keşfettiklerinizi not edin. Ama belki de en iyisi hepsi üzerinde teker teker sistematik olarak çalışmaktır. Aksi takdirde ne yapıyor olduğunuzun izini kaybedebilirsiniz. Yaşamınızda değiştirmek istediğiniz bir alanda etkili olabilecek bir kuralı seçin (örneğin, diğer kişilerle ilişkiler.) Alternatif bir kural geliştirme ve sınama işlemini tamamladığınızda, öğrendiklerinizi değiştirmek istediğiniz başka yararsız kurallarla uğraşmak için de kullanabilirsiniz.

Tablo 26. Yararsız yaşam kurallarını belirlemek: Bilgi kaynakları

- Direkt ifadeler
- Temalar
- Kendiniz ve başkaları hakkındaki yargılarınız
- Anılar, aile sözleri
- Aksi durumları izlemek (gerçekten kendinizi iyi hissettiğiniz alanlarla ilgili)
- Aşağı ok

Direkt ifadeler

Endişeli öngörüleriniz ve özeleştirel düşünceleriniz için tuttuğunuz kayıtlara göz atın. Belirli düşünceleri maskeleyen bazı kuralları görebilecek misiniz, bakın. Belirli konulardaki bazı beklentileriniz daha geniş konulara bakışınızı da yansıtıyor mu? Özeleştirel düşünceleriniz arasında daha genel bir kuralın ipuçları var mı?

Jesse görevini bitirmek için koştururken şu düşüncesi vardı: "Bu yüzde 100 harika olmalı." Bunu incelerken, ifadesinin başka durumlara da uyarlanabileceğini gördü – bu genel bir kuraldı.

Temalar

Yaşam Kurallarınız'dan hiçbiri kayıtlarınızda direkt olarak ifade edilmese bile, süregiden zihin karıştırıcı uğraş ve endişeleri, yaptığınız işteki temaları seçebiliyor musunuz? Hangi durumlar kendinizden kuşku duymanıza neden oluyor? (Örneğin, bir şeyi iyi yaptığınızı fark etmek veya tanımadığınız insanlarla karşılaşmak zorunda kalmak?) Kendinize karşı hangi durumlarda sertsiniz? Başkalarındaki hangi davranışlar güveninizi zayıflatıyor? Tekrarlayan temalar özgüven hissinizi kazanmak için kendinizden, başkalarından ve dünyadan beklentileriniz konusunda size fikir verebilir.

Sarah, endişeli ve özeleştirel düşüncelerini kaydederken, yaptığı bir resimle ilgili başkasının hoşlanmama belirtisi gösterdiğinde kendine karşı sert davrandığını fark etti. Bu yeni bir kural belirlemesine yardımcı oldu: "Eğer biri beni onaylamazsa, benimle ilgili bir sorun olmalıdır."

Jesse ise aksine faaliyetlerini Aktivite Günlüğü'ne not ederken 8 veya üzeri Ustalık derecesi almayanları atlama eğilimi gösterdiğini gördü. Bunun siyah-beyaz ve mükemmeliyetçi düşüncelerinin bir yansıması olduğunu fark etti: "Eğer yüzde 100 değilse, anlamsızdır."

Kendiniz ve başkaları hakkındaki yargılarınız

Özeleştirel düşüncelerinize bakın. Hangi koşullarda kendinize baskı uy-guluyorsunuz? Kendinizde neyi eleştiriyorsunuz? Bu kendinizden ne beklediğiniz konusunda size ne söylüyor? Eğer standartlarınızı esnetirseniz ne olabilir? Ne yanlış gidebilir? Eğer kendinizi dizginlemezseniz ve kurala uymazsanız, sonunuz neye varır? Ne tür bir insana dönüşürsünüz? (Örneğin; aptal, tembel, bencil?) Ne yapmanıza veya nasıl olmanıza ne olursa olsun asla izin verilmiyor?

Başkalarında eleştirdiğiniz şeyleri de gözönünde bulundurun. Onların hangi standartlara uymasını bekliyorsunuz? Bunlar kendinizden taleplerinizi yansıtabilir. Örneğin Jesse, işlerine karşı rahat tavır gösteren, öğle yemeği molasına çıkan ve makul saatte evine dönen insanlara karşı her zaman tahammülsüz olduğunu fark etti. "Faydasızlar" derdi kendi kendine. "Hiç gelmeseler de olur." Başkaları hakkındaki bu sert yargı kendine koyduğu yüksek standartların başka bir ipucuydu.

Anılar, aile sözleri

Söylendiği gibi kuralların kökleri deneyimlerde yatar. Kişi bazen bu kuralların izlerini büyüdüğü evde yaşadığı belirli erken dönem anılara veya sözlere kadar sürebilir. Bunları saptamak, geliştirdiğiniz politikaları anlamanıza yardımcı olabilir. Kurallarınız artık süresi geçmiş ve yararsız olsa da, bir zamanlar sizin için mükemmel derecede anlamlıydılar.

Çocukken bir şey istediğimde sıklıkla onaylanmayan tonlarda: "İstediğim şeyin olamayacağı" söylenirdi. Bundan çıkarttığım mesaj, bir şey istersem ona sahip olmama izin verilmeyeceği veya onun elimden alınacağı şeklindeydi. Düş kırıklığını önlemek için belki de bir şey istememek daha iyiydi ve ne istediğiniz konusunda açık olmak kesinlikle iyi bir politika değildi.

Kendi çocuklarım olduğunda yakın geçmişte anladım ki, "istediğim şey olmaz" kuralı tamamen farklı bir mesaj iletmek için planlanmıştı: "Eğer bir şey istiyorsan lütfen de" veya genel olarak "nazik ol." Bu yeni anlayışa rağmen, ne istediğimi direkt olarak söylemeyi hâlâ sıklıkla zor bulurum. Herhangi bir şeyi tüm kalbimle istemek konusunda kendimi hassas hissederim.

Bu örnekle, ifadelerin onları ortaya koyanlar için tek bir anlama geldiğini, ifadeye maruz kalan karşı taraf içinse farklı anlamlara gelebildiğini gösterir. Bu durumda kişinin tavrıyla ilgili hedeflenen şey daha iyi niyetli bir yerden anlaşılır. Çocukken, herhangi fark gözetmeksizin, bana söyleneni olduğu gibi aldım. Sonuç olarak geliştirdiğim politika bana a'dan z'ye her durumda eşlik etti. Bunun zorluğunu ve var olan kaynaklarımı kavramak bile onu temizlemedi. Keşfedeceğiniz gibi, kurallarınızı tanımlamak onları değiştirmek için sadece ilk adımdır.

Çocuk olduğunuz, ergen olduğunuz zamanları hatırlayın ve nasıl davranacağınız, nasıl bir insan olmanız gerektiği konusunda aldığınız mesajları düşünün. Siz büyürken:

- Ne yapmanız ve ne yapmamanız gerektiği konusunda size neler söylenmişti?
- Size söyleneni yapmamanız halinde bunun sonuçları ne olurdu? Bu, sizi çevrenizin gözünde nasıl bir insan yaptı? Kurala uygun davranmadığınızda ne beklemeniz söylenmişti? Başkalarıyla ilişkileriniz veya gelecek için ne tür imalarda bulunuldu?
- Hangi konularda eleştirilir, cezalandırılır veya alaya alınırdınız?
- Siz bir şeyi başaramadığınızda veya beklentiyi karşılayamadığınızda insanlar ne derlerdi veya ne yaparlardı?
- Hata yaptığınızda, yaramaz olduğunuzda, okulda iyi olmadığınızda sizin için önemli olan insanlar nasıl tepki verirdi?
- Ne için takdir edilir, övülürdünüz?
- Sıcaklık ve şefkat almak için ne yapmanız gerekirdi?
- Hangi aile atasözü ve sözlerini hatırlayabiliyorsunuz? (Örneğin; "Üzgün olmaktansa, güvende olmak iyidir." "Şimdiki acı, ilerinin kazancı." Aptal olan aptalca şeyler yapar")

Belirli anıları araştırmanıza yardımcı olmak için, tekrar düşünce kayıtlarınıza bakın ve size tipik görünen (temalar) duygu ve düşünceleri seçin. Kendinize sorun:

- Bu düşünceler ne zaman başladı veya bu şekilde düşünüp, davrandığınızı ne zaman fark ettiniz? İçinde bulunduğunuz koşullar nelerdi?
- Sizi endişelendiren veya öz eleştirelliğinizi tetikleyen bir şey gördüğünüzde, bu size geçmişinizden bir şey hatırlatıyor mu? Aklınıza kimlerin sesi veya yüzü geliyor?
- Sizden bazı şeylerin beklendiğini ilk olarak ne zaman kavradınız? Veya onay ile sevginin, var oluşunuzdan ziyade yapmanız gereken bir şeye veya olmanız gerektiğiniz gibi olmanıza dayandığını ne zaman öğrendiniz?
- Aklınıza hangi özel anı ve görüntüler geliyor? Örneğin, Kate'in memnun etme isteği annesinin tekrar tekrar söylediği şu sözlerle pekişmişti: "Eğer yaramazlık yaparsan, annen artık seni sevmez." Annesinin bir tartışma sonrası evi terk ettiğine dair açık (ve hâlâ altüst edici) bir anısı da vardı. Kate hâlâ kendini sokaktan aşağı koşup annesine geri dönmesi için yalvarırken görebiliyordu. Terk edildiğinde ikna olmuştu.

Aksi durumları izlemek

Size zorlayıcı gelen durumlarla ilgili kanaatiniz Yaşam Kurallarınızla ilgili değerli bir bilgi kaynağıdır. Özel olarak iyi hissettiğiniz durumlara da dikkatlice bakıp ipuçları bulabilirsiniz. Bunlar; kurallara uyduğunuz, yapmanız gerekeni yaptığınız ve kendinizi iyi hissetmek için gerekli tepkiyi başkalarından aldığınız zamanlar olabilir. O yüksek standartlara ulaştınız, her ayrıntıda müthiş göründünüz, herkes sizi sevdi, zordu ama her şeyi kontrol altında tuttunuz. O zaman kendinize sorun:

- Size gerçekten ama gerçekten iyi hissettiren nedir?
- Bunun sonuçları ne? Hangi kurallara uymuş olabilirsiniz? Hangi standartları karşıladınız?
- Başkalarında hangi nitelik ve davranışlardan gerçekten hoşlanır ve hangilerine değer verirsiniz? Nasıl davranmanız veya nasıl olmanız gerektiği konusunda bu size ne söylüyor?

Aşağı ok

Bu, genel kurallar edinmek için belirli sorun durumlarında nasıl düşündüğünüz ve hissettiğiniz konusunda farkındalığınızı kullanma yoludur. Bu ilk olarak David Burns'ün depresyonun bilişsel terapi ile tedavisi için bir kendine yardım kitabı olan '*İyi Hissetmek*'te tarif edilmiştir.* Sayfa 193-94'te bir örnek bulacaksınız (Jesse'nin aşağı oku). Dahil olan adımlar şöyledir:

Başlangıç noktanız

Sizi altüst eden ve kendinizi kötü hissetmenize neden olan bir sorun düşünün. (Örneğin; eleştirilmek, son teslim tarihini kaçırmak, bir fırsatı kaçırmak.) Bu durumda kurallarınızı yıkma tehlikesinde olduğunuz veya zaten yıktığınız için temel inancınız aktive olur. Şimdi belleğinizde hâlâ taze olan yakın tarihli bir örneği düşünün.

Ayrıntılar

Ne olup bittiğini kendinize hatırlatın. O durumda hissettiklerinizi, aklınızdan geçen düşünce ve görüntüleri boş bir kağıda yazın. Sizin için en önemli görünen ve deneyimlediğiniz duygular açısından en geçerli olan düşünce veya görüntüyü belirleyin.

Aşağı ok

Hemen düşüncelerinizin alternatiflerini araştırmak yerine, kendinize sorun: "Bunların doğru olduğu varsayılsa, benim için ne anlamı olurdu?" Bu soruya yanıtınızı bulduğunuzda, onun alternatifleri üzerinde çalışmak yerine soruyu tekrar yöneltin: "Bunların doğru olduğu varsayılsa, benim için anlamı ne olurdu?" Ve tekrar.

İncelemeye başladığınız belirli bir sorun durumunun altında yatan genel kuralı, düşünce ve duygularınızın anlamını keşfedene kadar adım adım devam edin.

---

* '*İyi Hissetmek*', David Burns, Psikonet Yayınları, 21. Basım, Temmuz 2015, İstanbul.

"Sizin için anlamı ne olurdu?" aşağı oku izleyebilmek için sorabileceğiniz olası bir sorudur. Aşağıdaki tabloda özetlenen sorunun ardında yatan kurala rahat vermemek için size yardımcı olabilecek başka sorular da bulacaksınız.

Unutmayın bazı yararsız yaşam kurallarınızın da olması mümkündür – genelde olur. Okları aşağı doğru farklı başlangıç noktalarından takip etmeyi ilginç bulabilirsiniz. İlk yaptığınızda kuralınızı belirlemekte zorluk çekiyorsanız, bu önemli bir noktadır. Bu doğru yolda olduğunuzu görmeniz ve sisteminizdeki diğer kuralları keşfetmeniz için de bir yoldur. Farklı sorular sorarak da deneyin. Yanıtlar aydınlatıcı olabilir.

Tablo 27. Aşağı Ok soruları

- Doğru oldukları varsayılsa, sizin için ne ifade ederdi?
- Doğru oldukları varsayılsa, o zaman ne olur?
- Olabilecek en kötü şey nedir? O zaman ne olur? Ve sonra?
- Onunla ilgili çok kötü ne olabilir? (Bu soruyu "Kendimi kötü hissederim" diye yanıtlamak yardımcı olmaz. Muhtemelen kötü hissedersiniz ama bu özelinde kurallarınız konusunda size yararlı veya ilginç bir şey söylemeyecektir. Verdiğiniz hızlı yanıt şahsi duygularınız hakkında bir şeyse, kendinize niye kötü hissettiğinizi sorun.)
- Bu niçin sizin için bir sorun oluşturur?
- Bunun sonuçları neler?
- Bu, size nasıl davranmanız konusunda ne anlatıyor?
- Bu, size kendinizden ve başkalarından beklentileriniz konusunda ne anlatıyor?
- Bu, size kendiniz için koyduğunuz standartlar hakkında ne anlatıyor?
- Bu, size kendinizi iyi hissetmeniz için nasıl bir insan olmanız gerektiği konusunda ne anlatıyor?
- Bu, size başka kişilerden kabul görmek, onay almak, hoşlanma veya sevgi almak için ne yapmanız veya nasıl olmanız gerektiği konusunda ne anlatıyor?
- Bu, size hayatta başarılı olmak için ne yapmanız gerektiği konusunda ne anlatıyor?

Aşağı ok'u uyguladığınızda belirli bir noktadan sonra bir daire çevresinde dönüyormuş duygusuna kapılırsınız, temel kuralınıza ulaşmış olabilirsiniz ama kuralınız kolay tanıyacağınız bir görüntü de olmayabilir. Sorgulamayı bırakın, geri çekilin ve sonucu izleyin. Son seviyeler hangi Yaşam Kuralı'na işaret ediyor.

Bir fikriniz olduğunda, taslak bir kural oluştuğunda, onu bir ölçüde deneyin. Bunun uyarlanabileceği başka durumlar da düşünebiliyor musunuz? Başka yerlere uyarladığınızda size anlamlı geliyor mu?

Başka bir başlangıç noktası deneyin. O da aynı yerde sonlanıyor mu? Kendinize, özellikle endişeli beklentileriniz ve özeleştirel düşüncelerinizi gözlemlemek için birkaç gün ayırın. Taslak kuralınız günlük tepkileriniz için bir anlama geliyor mu? Eğer öyleyse, daha yararlı bir alternatif arama noktasındasınızdır. Eğer öyle değilse, gözlemlemeniz için hangi kural daha iyi olabilir? Yılmayın, başkasını deneyin.

Başlangıçta kuralınızın ne olabileceğine dair net bir algınız olabilir, ama bunu ifade ettiğiniz de size tam anlamıyla doğru gelmiyor olabilir. Kurallar sıklıkla doğru formüle edilemediği için başlangıçta uygun ifadeyi bulmak güç olabilir. Size "uyan" bir versiyon bulana kadar ifade ile oynayın. Kuralın alabileceği değişik şekilleri deneyin: Doğru ifadeyi bulduğunuzda, onu tanıyacaksınız – "Hah, işte buymuş!"

Tablo 28. Aşağı Ok: Jesse

Durum: Toplantıda yanıtlayamayacağım bir soru soruldu.
Duygular: Endişeli, kendini izleyen, utanmış.
Düşünce: Bunun yanıtını bilmeliydim.

↓

Bilmemem bana ne ifade ediyor?

↓

İşimi gerektiği gibi yapmadığımı.

↓

Eğer doğruysa, bu size ne ifade ederdi?

↓

Er ya da geç insanlar yeterli olmadığımı fark edeceklerdir.

↓

Varsayalım ki fark ettiler, bunu ne izlerdi?

↓

İnanılırlığımı yitirirdim. Görevden alınabilirim.

↓

Tüm bunların performansınız için sonuçları neler?

↓

Her şeye yanıt bulamamayı gerçekten kaldıramıyorum.
Ne olursa olsun, her zaman doğruyu bulmalıyım.

↓

O zaman kural ne?

↓

Her zaman doğruyu yapmadıkça, hayatta bir yere gelemem.

Yaşam kurallarınızın etkisini belirlemek

Kurallar endişeli beklentiler veya özeleştirel düşünceler gibi değildir. Belirli anlarda, özel durumlarda birden kafanızda belirmezler. Farklı durumlarda nasıl düşündüğünüzü, nasıl hissettiğiniz ve nasıl davrandığınızı etkileyebilirler. Söylediğimiz gibi, onları gençken de öğrenmiş olabilirsiniz.

Yararsız bir kuralı saptadığınızda, onun yaşamınızdaki sonucu incelenmeye değer. Kuralınızı değiştirmeye yeltendiğinizde, sadece daha gerçekçi ve yararlı bir Yaşam Kuralı alternatifi bulmanız değil; onun günlük yaşamınızdaki devam eden etkisini de değiştirmeniz gerekecektir. Kuralınızın sonuçlarını fark etmek, bunu başarmanıza yardımcı olacaktır. Gereksiniminiz olan bilginin çoğunu endişeli beklentiler, özeleştirel düşenceler ve özsaygınızı arttırmak için yaptığınız çalışmadan edinmiş olacaksınız.

Şimdi yaşamınıza göz atarak başlayın. Kuralınız hangi durumlarda sizi etkiliyor? Örneğin: İlişkiler? İş? Tahsil? Boş zamanlarınızı nasıl geçiriyorsunuz? Kendinize ne kadar iyi bakıyorsunuz? İşler iyi gitmediğinde nasıl tepki gösteriyorsunuz? Fırsat ve mücadelelere nasıl yanıt veriyorsunuz? Duygularınızı ifade etmek ve ihtiyaçlarınızın karşılandığından emin olmakta ne kadar iyisiniz? Kuralınızın devrede olduğunu nasıl biliyorsunuz? İpuçları neler? Bedeninizdeki belirli duyumlar, duygular veya düşünceleriniz mi? Yaptığınız (veya yapamadığınız) şeyler mi? Başkalarından aldığınız tepkiler mi?

Şimdi geçmişe dönün. Geçmişinize uzanan benzer bir örüntü görebiliyor musunuz? Geçmişi düşündüğünüzde, kuralın o zaman sizin üzerinizde nasıl bir etkisi oldu? Sizi hangi gereksiz korumacı politika ve önlemlere yönlendirdi? Kural yüzünden neleri kaçırdınız, nelerden yararlanamadınız veya kaybettiniz, neleri tehlikeye attınız? Size ne gibi sınırlandırmalar getirdi? Kendinizden hoşnut olmanız ve başkalarıyla birlikte rahatlamanız için özgürlüğünüze nasıl engel oldu? Keyif alma kapasitenizi nasıl etkiledi? Daha önceki bölümlerde yaptığınız çalışmalara göz atın. Gözlemlediklerinizin ne kadarı bu kuralla ilgili sayılabilir?

Keşiflerinizi pekiştirmek

Artık kural (veya kurallarınızın) ne olabileceği konusunda iyi bir fikriniz var. Ne keşfettiğinizi yazarak bunu sağlamlaştırın:

- Kuralım: ______________________________
- Bu kuralın üzerimde şu etkisi oldu:
- Kuralın devrede olduğunu biliyorum çünkü:

Kuralın devrede olup olmadığını anlama konusunda farkındalığınızı geliştirmek için birkaç gün izlemeyi yararlı bulabilirsiniz. Örnekler toplayın (olasılıkla kaydetmiş olduklarınıza benzer olanlar) ve kuralınızın sizi nasıl etkilediği ve devrede olduğunu anlamaya yönelik farkındalığınızı artırın Bir kez kuralınızı belirlediğiniz zaman, onun her yerde ortaya çıktığını keşfedebilirsiniz.

Kuralları değiştirmek

Yaşam Kurallarınız belirli bir zamandır bulunuyor olabilir. Bir gecede değişmezler. Ancak ilk aşamada değilsiniz. Endişeli beklentiler ve özeleştirel düşünceleri ele alma, iyi noktalara odaklanma ve kendinizi iyi yaşama yöneltme konularında geliştirdiğiniz becerilerin tümü kuralları değiştirmenin bir parçasıdır. Şimdi (onların sayesinde) ne olduklarını bilerek, kuralları sorgulamaya geçeceksiniz. Aşağıda özetlenmiş bazı yararlı soruların ayrıntılarına ulaşacaksınız.

Amacınız kendiniz için daha gerçekçi standartlar edinmek ve yaşamdan istediğinizi almak için yüreklendirici yeni kurallar bulmaktır. Daha önce dediğimiz gibi, özgüveninizi düşük tutan birden fazla yararsız kural keşfetmiş olabilirsiniz. (Örneğin, onay arıyorsunuzdur ve aynı zamanda mükemmeliyetçisinizdir.) Eğer öyle ise, en çok değiştirmek istediğinizle başlayın ve sonrasında öğrendiklerinizi diğerlerini elemek için kullanın. Birinden diğerine atlayıp, biraz oradan biraz buradan yapmaktansa; her defasında tek bir kural üzerinde sistematik ola-

Tablo 29. Kuralları değiştirmek: Yararlı sorular

- Kural nereden geldi?
- Kural hangi açıdan mantıksız?
- Kurala uymanın getirileri neler?
- Kurala uymanın bedelleri neler?
- Hangi alternatif kural daha gerçekçi ve yardımcı olur?
- Yeni kuralınızın "test sürüşü" için ne yapmanız gerekiyor? Nasıl günlük uygulamaya sokabilirsiniz?

rak çalışarak çok daha kazançlı çıkarsınız. Sayfa 204'te ele alındığı gibi argümanlarınızın yönünü özetlemekten ve yeni kuralınızın test sürüşünü yapmak için hatırlatma kartından yararlanabilirsiniz.

Kural nereden geldi?

Buradaki amaç geçmişe yuvarlanmak değil, daha çok, kuralları bir çerçeveye sokmak, nasıl başladıklarını ve onları neyin sürdürdüğünü anlamaktır. Bu, kendinizi onlardan ayırmaya doğru bir adımdır. Şu soruları aklınızda bulundurun:

- Geçmiş deneyimlerim kurallarımı nasıl açıklıyor?
- Benimsediğim stratejileri ne kadar açıklıyor?
- Günümüzde nasıl davrandığımı anlamam için ne kadar yardımcı oluyor?

Kurallarınızın nereden kaynaklandığı konusunda zaten iyi bir sezginiz olabilir. Kaynaklarını anlamak onların zamanında size sunulan bilgiye göre en iyi düşünceler olduklarını görmenize yardımcı olacaktır. Bu anlayış önemli bir değişiklik yaratacak gibi görünmez ama yaşam kurallarınızı güncellemek için yardımcı bir ilk adım olabilir. Ancak kurallarınızın nereden geldiğini bulamıyorsanız, ümitsizliğe kapılmayın. Bu bilgi, onları değiştirmek için zorunlu değildir. Sadece takip eden soruların size daha yararlı olabileceği anlamına gelir.

Ne olduklarını fark ettiğinizde, sizi kurala götüren yaşam deneyimlerinizi özetleyin. Devrede olduklarına dair işareti ne zaman fark ettiğinizi kendinize hatırlatın. Kural aile kültürünüzün veya içinde büyüdüğünüz daha geniş bir kültürün bir parçası mıydı? Zorlu ve stresli durumlarla başetmek için mi benimsediniz? Çocukken ihtiyaç duydu-ğunuz yakınlık ve bakımı temin etmek için bulduğunuz bir yol muydu? Veya kaba, güvenilmez yetişkinlerle başetmek için miydi? Veya okulun taleplerini karşılamak için miydi? Veya alay ve sataşmadan kaçınmak için miydi?

Kuralı yerinde tutmaya katkıda bulunan geç dönem deneyimlerini de hesaba katmak isteyebilirsiniz. Örneğin, kendinizi sizi suiistimal eden bir ilişkinin tuzağına düşmüş olarak mı buldunuz? Başkaları ebeveyninizin takındığı eleştirel rolü mü üstlendi? Kendinizi sürekli olarak benimsediğiniz politikaları kuvvetlendiren çevrelerde mi buldunuz? Örneğin Jess, huysuz ve eleştirel bir patronun bulunduğu bir işyerinde belirli sorunlar yaşadı. Bu baskı altında, doğruyu yapabilmek için çabasını ikiye katladı.

Kuralın bir noktada anlamlı geldiği kabul edilirse, şimdi yetişkin olarak durumla ne kadar ilgili olduğunu sorma gereğini hiç duymazsınız. Eğer büyük bölümü Hıristiyan olan bir ülkedenseniz, olasılıkla yaşamınızda Noel Baba'ya inandığınız bir dönem vardı. Öyle olması için her türlü nedeniniz vardı. Yaşamınızdaki güvendiğiniz kişiler size onun var olduğunu söylemişlerdir ve Noel sabahı kanıtlarını kendi gözlerinizle görmüşsünüzdür. Noel'den önceki günlerde özellikle iyi olmayı deneme politikası ve dışarı hediyeleriniz için bir çorap asmak (veya yastık kılıfı) son derece mantıklı gelmiştir. Ben çocukken dışarıya Noel Baba için bir bardak brandy ve börek, ren geyiği için de havuçlar bırakırdım. Sabah olduğunda sadece kırıntıları kalmış olurdu.

Ama işler ilerledi ve artık daha geniş bir yaşam deneyiminiz, Noel gecesi ne olup bittiğine ilişkin farklı bir anlayışınız var. Bir yetişkin olarak Noel Baba'nın var olduğuna hâlâ inanmanız ve ona göre davranmanız pek beklenmez. Evden bir başkasının içini dolduracağı iyi bir nedeniniz olmazsa, çocuklar için Noel baba rolünü oynamayıp hâlâ çorabınızı asmanız garip görünürdü.

Noel Baba'yı tanımayan bir kültürden geliyorsanız, şimdi farklı değerlendirdiğiniz fakat çocukken inanmış olduğunuz diğer mit ve efsaneleri düşünün. Belki aynısı kişisel kurallarınız için de doğrudur. Halen gerekli ve yararlılar mı? Yoksa zamanı geçmiş bir bakış açısının olmaması sizin için daha mı iyi?

Kural hangi açıdan mantıksız?

Bu soru, kanıt ve karşı kanıtları değerlendirerek olumsuz düşünceleri sorgulamaya benzer. Yararsız yaşam kuralları taleplerinde aşırıdırlar. Bu anlamda, gerçeklerden ayrışır ve deneyimin zenginliği ve çeşitliliğini reddederler. Kuralınızın dünyanın işleyişinde nasıl başarısız olduğunu görmek için yetişkinlikte edindiğiniz bilgilere başvurun. Kuralınız sıradan kusurlu bir kişi için nasıl gerçekçi olasılıkların ötesine geçiyor? Veya saygı duyduğunuz ve önemsediğiniz başka birinden ne benzer bir durumda ne beklersiniz? Kuralınızın sizden talep ettikleri hangi yönden aşırı, abartılı hatta imkânsız?

Unutmayın, bu kendinizle çocukluğunuzda yaptığınız bir anlaşmaydı. Şimdi bir çocuğun hayatınızı yönlendirmesine izin verir misiniz? Niçin hayır? Bir yetişkin olarak küçükken kavrayamadığınız neler görüyorsunuz? Yaşamlarının sınırlı deneyimi ele alındığında, çocuklar bir durumun diğerinden farklı olduğunu, bir kişiyle işe yarayanın diğer kişiyle yaramadığını, her şeyin geçtiğini, bir zaman ve mekanda uygun olanın, başka bir zaman ve mekanda uygun olmadığını anlamak konusunda ne kadar iyidirler?

Kurallara uymanın getirileri neler?

Uzun vadede ne kadar yararsız olsalar da, Yaşam Kuralları'nın gerçek getirileri vardır. Bu, onları yerlerinde tutar. Örneğin Jesse yüksek standartlarının, takdir edilip övülmesine katkıda bulunduğunu, kariyerinde gelişmesine yardımcı olan harika bir iş çıkarması için kendisini gerçekten motive ettiğini biliyordu. Bu, kaybetmek isteyeceği bir şey değildi.

Kurallarınızın getirileri ile ilgili açık olmak önemlidir. Çünkü geliştireceğiniz alternatifler size eski kuralınızın avantajını dezavantajları olmaksızın sunmalıdır. Aksi takdirde, eski sistemi bırakmakta çekimser olmanız anlaşılabilir – sonuçta, tanıdığınız şeytan tanımadığınız şeytandan iyidir.

Kuralınızın getiri ve avantajlarının listesini yapın. Ondan ne kazancınız oluyor? Size hangi alanlarda yardımcı oluyor? Ve eğer ondan vazgeçerseniz neleri riske edeceğinizi de gözönünde bulundurun. Kuralınız sizi neden koruyor?

İnsanlar genellikle kurallarından vazgeçmeleri halinde, bir felaketin olacağı gibi huzursuz bir fikre kapılırlar. Jesse, mükemmeliyetçi olmazsa bir daha nezih bir iş çıkartamayacağından kuşkulandı. Başkaları tarafından kabullenilmenin tek yolunun mükemmeliyetçilik olduğunu düşündü. Bu fikirler daha sonra deneyimler aracılığıyla sınanabilir. Şu an önemli olan, eski kuralı yerinde tutan getiri ve korkuları aydınlatmaktır.

Kuralınızın tüm getirilerini listelediğinizde, onlara dikkatle bakın. Bazıları gerçekten daha görünür olabilir. Örneğin, başkalarını hep ön plana koymanız gerektiği kuralı doğal olarak yardımsever olmanıza katkı sağlar ve başkalarının size karşı nazik davranmasını teşvik eder. Ama bir de dezavantajı vardır: Kendi gereksinimleriniz karşılanmaz ve sonuçlar artan kırgınlık ve yorgunluk olabilir. Sonunda başkalarıyla ilgilenemez hale gelirsiniz.

Örneğin Jesse, mükemmel işinin her zaman kabullenilmeyi garantilemediğini gördü. Bazen o kadar öfkeli ve gergin oluyordu ki, insanlar onu yanına yaklaşılmaz ve kibirli buluyordu.

Tanımladığınız bu getirileri sorgulamadan kabul etmeyin. Onlara yakından bakın ve pratikte ne kadar gerçekleri yansıttıklarını belirleyin. Kuralınızdan vazgeçmekle ilgili olarak da aynısını yapın. Kuralınıza uymadığınızda tam olarak bunların gerçekleşeceğini nasıl biliyorsunuz? Bunu nasıl keşfedebilirsiniz?

Kurala uymanın bedelleri neler?

Getirileri incelediniz, şimdi sıra bedellerde. Bu kuralların fırsatlarınızı nasıl kısıtladığını, sizi zevkten nasıl mahrum ettiğini, başkalarıyla ilişkilerinize bulaşıp nasıl keyifsizleştirdiğini, başarı algınızı nasıl zayıflattığını veya yaşamdan istediğinizi elde etmede nasıl yolun ortasında durduğunu inceleyin. Edindiğiniz bilgiyi bu kuralın yaşamınızdaki etkisini değerlendirirken ve günlük olarak devrede olduğunda etkisini gözlemlerken kullanın.

Kendiniz için istediğiniz yaşamı kazanma şansınızı belirlemek için kuralın etkisini açığa çıkartmak yardımcı olabilir. Hayattaki bazı temel amaçlarınızın listesini yapın. Örnekler şöyle olabilir: Tatmin edici bir kariyer, yaptığından keyif almak, insanlarla rahat olmak ve güvenmek, her deneyimden yarar sağlamak. Sonra kendinize sorun: Bu kural, bu amaçları başarmam için yardımcı oluyor mu? Yaşamdan istediğimi elde etmek için en iyi strateji mi? Yoksa yolumu mu kesiyor?

Getiri ve bedelleri tablolaştırmak

Boş bir kağıt alıp, ortasına dik bir çizgi çekmek, belirlediğiniz getiri ve bedelleri özetlemenize yardımcı olabilir. Sol sütuna, kuralınıza bağlı bedelleri ve onu bırakmanız halinde açığa çıkacak riskleri yazın. Sağ sütunda ise dezavantajları listeleyin. İki listeyi tartın ve en alta kuralınızın size ne kadar yardımcı olduğu konusundaki değerlendirmenizi yazın. Eğer dengede olduğuna karar verirseniz, kuralınız yararlıdır, sizi istediğiniz yere taşır. O zaman alıştırmaya devam etmenize gerek yoktur. Öte yandan kuralın yararsız olduğu ve hayatınızdan elde etmek isteğiniz konusunda önünüzü kestiği sonucunu çıkartırsanız, bir sonraki adım size bedelleri olmaksızın, eski kuralın avantajlarını sunacak bir alternatif geliştirmektir.

Hangi alternatif kural daha gerçekçi ve yardımcı olur?

Yeni kurallar günden güne deneyimleri dönüştürebilir. Eski sistemdeki kod ihlali, endişe veya özeleştiriyi tetikleyen durumlarla rahatlıkla ve güvenle başetmenize izin verirler. Facia olabilecek diye düşündüğünüz şeyler gelip geçen külfetler haline gelir. Ölüm-kalım meselesi gibi görünenler heyecan verici mücadele ve fırsatlara dönüşür. Yeni kurallar size yaşamdan istediğinizi almanızın kapısını açar.

Düşüncenizi özgürleştirmenize yardımcı olmak için başka birine eski kuralınızı benimsemesini önerip önermeyeceğinizi düşünün. Örneğin bir uzaylı gelip gezegenin yaşadığınız bölümünde mutlu ve doyumlu bir yaşam sağlamak için sizden bir öneri istese, ona ne derdiniz? Veya yine, kuralınızı çocuklarınız varsa onlara geçirmek ister miydiniz? Eğer istemezseniz, onların kuralının ne olmasını tercih ederdiniz?

Göreviniz eskinin getirilerinden olabildiğince keyif almanıza izin verecek ama bedellerini eleyecek yeni bir kural bulmak. Yeni kural eskisine göre olasılıkla daha esnek ve gerçekçi olacaktır. Duruma göre çeşitlemeleri hesaba katmaya uygun olacak, "bazı insanlarla, bazı zamanlarda" şeklinde işleyecektir. Uçlarda olmak yerine ayakları yere basacaktır. Böylelikle; "Zorundayım...", "Yapmalıyım...", "Gerekli..." veya "Eğer ..... olursa korkunç olur", yerine "İstiyorum...", "Hoşlanıyorum...", "Tercih ediyorum...", "..... uygundur" şeklinde ifade edilecektir. Yeni kuralda aynı "Eğer..." ile başlayabilir ama farklı bir "o zaman..." ile biter. Örneğin Jesse, "Eğer biri beni eleştirirse, bu başarısız olduğum anlamına gelir" cümlesini "Eğer biri beni eleştirirse, onu hak etmiş ya da etmemiş olabilirim – bu insan olmanın bir parçası ve bununla ilgili bir yanlışlık yok" ile değiştirdi.

Bu örnek yeni kurallarla ilgili tipik bir şeyi örneklemektedir: Genellikle eskilere göre daha uzun ve ayrıntılıdırlar. Bu, bir yetişkinin daha derin bir seviyede dünyanın nasıl işlediğini anlama becerisini ve durumlara göre çeşitlemeleri hesaba kattığını yansıtır. Bazen onlara bir arma veya tişört üzerinde karşınıza çıkabilecek bir sloganda rastlamak çok hoş olur. Yeni kuralını oluşturduktan bir süre sonra Jesse bir delikanlının babasını memnun edebilmek için hatalı zeminde verdiği mücadeleyi anlatan bir film izledi. Sadece sıradışı bir şey babanın onayını almasını sağlayacaktı. Jesse kendisi için babanın sevgi dolu yanıtını slogan olarak seçti: "Mükemmel olmak için, mükemmel olman şart değil."

Başlangıçta kendinizi rahat hissedeceğiniz bir alternatif bulmanız zor görünebilir. En iyi girişiminizi yazın ve ardından bir veya iki hafta boyunca sizin için ne kadar iyi gittiğini anlamak, daha iyiye gidiş olup olmadığını anlamak için deneyin. Diğer kişilerle konuşup onları gözlemek de denemeye değer. Sizce onların kuralları ne olabilir? Gözlemleriniz insanların benimsediği farklı konumları keşfetmenize ve sizde en iyi işleyecek durumu açığa kavuşturmanıza olanak verecektir.

Yeni kuralınızın "test sürüşü" için ne yapmanız gerekiyor? Nasıl günlük uygulamaya sokabilirsiniz?

Eski kuralınız belirli bir süre işlevde olmuş olabilir. Bunun karşılığında yenisi tezgâhtan yeni çıkmıştır ve size rahatça uyması biraz zaman alabilir. Yeni politikanızı sağlamlaştırmak için ne yapacağınızı belirlemeniz, sizin için ne kadar işe yaradığını kontrol etmeniz ve günlük bazda pratiğe sokmanız gerekir. Bu, bizi zaten şimdiye kadar yaptığınız işe, yani deneyler yapıp sonuçlarını gözlemleyerek kendiniz için keşiflerde bulunma anafikrine geri götürür. Yeni kuralınızı güçlendirmek için yapabileceğiniz en önemli şey (ve doğrusu onda da daha fazla değişiklik yapmanız gerekip gerekmediğini keşfetmeniz için) o gerçekmiş gibi davranmak ve kazancı gözlemlemektir. Bir sonraki bölüm bunun için nasıl davranılacağı ile ilgili bazı fikirler sağlamaktadır.

Öğrendiklerinizi pekiştirmek

Yazılı özet

Bu, yazılı özetinizi tamamlamak için iyi bir zamandır. Eğer isterseniz sayfa 195'teki başlıkları kullanabilirsiniz. Sayfa 207-208'de bir örnek bulacaksınız (Jesse'nin yazılı özeti). Yararsız kuralınızı saptarken keşfettiklerinizi zaten özetlemiştiniz. Şimdi ise onu değiştirmeye çalışırken öğrendiklerinizi özetleyebilirsiniz.

Olumlu özellik ve iyi noktalarınızın listesi gibi, sadece yazılı bir özet yeterli değildir. Takip ettiğiniz argümanlar ve geliştirdiğiniz yeni kural günlük farkındalığınızın bir parçası olmalıdır: Böylelikle duygularınız, düşünceleriniz ve sorunlu durumlarda ne yaptığınızı en iyi şekilde etkileme şansları olur. Özetinizi tamamladığınızda, kolaylıkla ulaşabileceğiniz bir yere koyun ve sonraki birkaç hafta her gün dikkatle okuyun – belki başlangıçta günde bir defadan fazla. Kalktıktan hemen sonra bunun için en iyi zamandır. Bu, zihninizi her gün doğru bir çerçeveye sokar. Özeti okumak için bir başka iyi zamansa yatağa gitmeden hemen önce, gününüzü gözden geçirip, yaptıklarınızın sizde nasıl değişiklikler yapabileceğini düşündüğünüz vakittir.

Amaç, yeni kuralınızı zihinsel donanımınızın bir parçası yapmak, böylelikle ileride onunla ikinci doğanız gibi uyum içinde davranmanıza katkı sağlamaktır. Bu noktaya ulaştığınızı düşünene kadar özetinizi düzenli olarak okumayı sürdürün.

Hatırlatma kartı

Yapmaya çalıştığınız değişiklikleri yüreklendirmenin bir başka yolu da istediğiniz değişiklikleri cebiniz veya çantanızda kolaylıkla taşıyabileceğiniz bir karta yazmaktır (örneğin, bir fihrist kartı). Örneğin, gün içinde sakin bir zamanınız olduğunda sizin için sorun çıkartabileceğini düşündüğünüz durumlarla karşılaşmadan çıkartıp benimsemeyi hedeflediğiniz stratejileri hatırlatması için bu kartı kullanabilirsiniz.

Eski kuralla başetmek

İyi biçimlendirilmiş bir alternatifiniz olsa da ve onu pratiğe dökmeye başlıyor olsanız da eski kuralınız bir süre daha belirli bazı durumlarda araya girebilir. Sonuçta uzun süredir oradaydı ve onu gün ışığına çıkartır çıkartmaz sessizce uzaklaşmayabilir. Eğer buna hazırlıklıysanız; eski kuralın işlemde olduğunu görünce cesaretinizi kaybedip, ondan nasıl kurtulacağınızı merak etmek yerine; durumu sakince halledebilirsiniz. Burada endişeli beklentiler ve özeleştirel düşünceler üzerine yaptığınız çalışma karşılığını verecektir. Hatırlayın, bunlar eski kuralın kırılma tehlikesinde olduğunun işaretleridir. Düşüncelerinizi sorgulamak, onlara alternatif geliştirmek ve farklı davranarak onları denemek için öğrendiğiniz yöntemleri kullanmaya devam edin. Zamanla, giderek daha az yapmanıza gerek olduğunu göreceksiniz.

Yeni kuralı denemek

Ortaya çıktığında eski kuralla uğraşmanın yanısıra, yeni kuralla uyum içinde olmayı denemenize yardımcı olması ve kazancı gözlemlemeniz için de net bir hareket planı geliştirmelisiniz. "Eğer..." veya "Olmazsa..." çalışmasını yapın ve "O zaman..." takip ediyor mu bakın. Eğer önceki bölümlere göz atarsanız; endişeli düşünceleri kontrol edip, özeleştiri ile mücadele ederken kendinize karşı daha nazik ve daha toleranslı olarak, iyi özelliklerinize odaklanarak kendinize başarılarınız için itibar ettiğinizi ve yaşamdaki iyi şeylerle ödüllendirdiğinizi fark edebilirsiniz. Ne yaptığınızı inceleyin ve hangilerinin kurallarınızı değiştirmenin parçası olduğunu saptayın. Onları eylem planınıza koyabilirsiniz.

Ek olarak, yeni kuralınızın gerçekten yararlı bir politika olduğundan emin olmak ve günlük yaşantınızda benimsemek için başka ne yapabileceğinizi kendinize sorun. Bu, sınırlarınızı genişletmek için, mükemmelin altında olduğunuzda, başka insanlar sizi sevmeyip, onaylamasa bile, bazen kendinizi ön plana koysanız bile veya bazen fazlasıyla kontrolü kaybetmiş olsanız bile iyi hissetmenin mümkün olduğunu keşfetmek anlamına gelir.

İlerlerken, sadece ana stratejileri değil, bazı küçük durumlarda ortaya koyduğunuz belirli değişiklikleri de eklediğinizden emin olun. Sadece "daha iddialı olmak" değil ama örneğin "yardıma ihtiyaç duyduğumda istemek", "biriyle aynı fikirde olmadığımda hayır demek", "benim için bedeli yüksek olabilecek ricaları reddetmek", "İyi tanıdığım kişilerle düşüncelerim ve duygularım konusunda açık olmak". Sonra bu değişiklikleri yaşamınızda nasıl yapacağınızı düşünün. Örneğin Aktivite Günlüğü'nüzü kullanarak; belirli insanlarla, belirli durum ve belirli zamanlardaki deneyimlerinizi planlayabilirsiniz.

Yaptığınız deneylerin sonuçlarını değerlendirmeyi bildiğinizden emin olun. Bu, endişeli beklentilerinizi araştırırken yaptığınız şeye benzer. Tam olarak neyi gözlemlemeniz gerekmektedir? Yeni politikanızın işe yaradığının veya yaramadığının işaretleri neler olurdu? Eğer yeni kural işlerse (ya da işlemezse) kendinizde ne gözlerdiniz (duygularınız, beden durumunuz, davranışınızdaki değişiklikler)? Başkalarının size karşı tepkileri nasıl olurdu? Beklentilerinizi ve neye dayanarak bunları beklediğinizi düşünce seviyesinde belirlediğinizde, yeni yaşam kurallarını pekiştirmek için deneyleri sürdürmeye açık olmanız gerekir.

Başlangıçta, yeni kuralınızla uyum içinde hareket etmek rahatsız hissettirirse şaşırmayın. Denemeden de oldukça tedirgin olduğunuzu fark edebilirsiniz. Eğer öyleyse, neyi öngördüğünüz üzerinde çalışın ve kontrol etmek için denemelerinizden yararlanın (gereksiz önlemleri bırakmayı unutmayın, aksi takdirde ihtiyacınız olan bilgiyi edinemezsiniz.) Aynı şekilde, deneme iyi gitse bile ardından suçlu veya endişeli hissettiğinizi fark edebilirsiniz. Bu, örneğin daha az fedakâr olmayı deneyimleyen veya standartlarını "yüzde 110'dan", "yeterince iyi" ye düşürenlerde olabilir. Veya yine, bir deneme yapmayı planlayıp geri çekildiğinizde kendinize kızabilirsiniz. Bunlar gibi rahatsızlık verici deneyimler hissederseniz, zaten öğrendiğiniz yöntemleri kullanarak onların arkasındaki düşüncelere bakın ve yanıtlayın.

Hazırlıklı olun

Yeni kuralınızın tamamlanması altı–sekiz ay kadar sürebilir. Yeni kuralın sizin için yararlı olduğunu ve sizi yararlı, ilginç yönlere götürdüğünü görebildiğiniz sürece, pes etmeyin. Gelişiminiz ve kendinize hedefler koymak için düzenli olarak süreci gözden geçirmeyi yararlı bulabilirsiniz. Geçen hafta veya ay ne elde ettiniz? Bir sonraki hafta veya ay neyi hedeflemek istiyorsunuz?

Yol boyunca denemeleriniz ve onların kazançlarının ve uğraştığınız yararlı düşüncelerin yazılı kaydını tutmak size işlerin nasıl geliştiğini görmenizde yardımcı olacaktır. Geriye dönüp ne yaptığınıza bakabilir ve bunu yüreklendirme kaynağı olarak kullanabilirsiniz. Sizin belirli kuralınızı paylaşmayan ve sizin onun fikrini paylaşmadığınız bir arkadaşla çalışmak da – fikir olarak yardımcı olabilir. Her ikinizin de farklı bakış açıları olduğu sürece iki kafa tek bir kafadan iyidir.

Tablo 30. Kuralları değiştirmek: Yazılı özet – Jesse

- **Eski kuralım:**
  Doğru olanı yapmadığım sürece, hayatta hiçbir yere varamam.

- **Bu kuralın hayatımda şu etkisi oldu:**
  Her zaman yetersiz, yeterince iyi olmadığımı hissettim. Bu benim sürekli baskı altında, gergin ve stresli olacak derecede çok fazla çalışmama neden oldu. İlişkilerimi etkiledi. İnsanlara ayıracak yeterli zamanım olmadı ve bu nedenle kayboldum. Bazen beni oldukça hasta etti. Bu kurala uyamayacağımı düşündüğüm için bazı fırsatlardan kaçtım.

- **Kuralın işbaşında olduğunu biliyorum çünkü:**
  Başarısız olmak konusunda endişelenip kendimi daha da çok baskı altına sokuyorum. Konularla ilgilenmek konusunda aşırıya kaçıyorum. Endişe nedeniyle kendimi hasta hissediyorum. Ve eğer kuralı yıktığımı düşünürsem, çok öz eleştirel, depresif oluyor ve her şeyden vazgeçiyorum.

- **Bu kuralımın olması anlaşılabilir çünkü:**
  Ben küçükken, babamın yaşamındaki değişiklikle ilgili yaşadığı hayal kırıklığı, yapabileceğimizin en iyisini yapmamız konusundaki tutumunu keskinleştirdi. Bizi yüreklendirip, övmek yerine, hepimize onun isteği şekilde performans sergilemezsek başaramadığımız mesajını verdi. Bu mesajı içe aldım ve onu mükemmeliyetçi olmakla dengelemeyi denedim.

- **Aslında kural mantıksız çünkü:**
  Her zaman her şeyi doğru yapmak insani olarak mümkün değil. Hatta yanlış şeyler yapmak öğrenme ve büyümenin parçasıdır.

- **Kurala uymanın getirileri:**
  Bazen gerçekten iyi iş çıkartıyorum ve bu nedenle takdir kazanıyorum. İşimde bu kadar iyi olmam kısmen bu nedenledir. İnsanlar beni sayar. İyi iş çıkarttığımda, harika hissederim.

- **Ama bedelleri:**
  Sürekli gerginim. Bazen işim olabileceği kadar iyi olmuyor çünkü onunla ilgili öyle bir beklentiye giriyorum. Yanlışlarımdan ders alamıyorum çünkü beni çok rahatsız ediyorlar. Yapıcı eleştiriden de ders alamıyorum. İşler iyi gitmeyince kendimi berbat hissediyorum ve bunu aşmam asırlar sürüyor. İyi yapamayacağım her şeyden kaçınıyorum ve bu nedenle her türlü fırsatı kaçırıyorum. İnsanlar beni sayabilir ama bu onları mesafeli tutuyor. Beni merhametsiz, yanına yaklaşılmaz- hatta kibirli görüyorlar. Üzerime yüklediğim yük sağlığım için kötü. İlaveten tüm zamanım ve dikkatim işime yöneliyor-rahatlamak ve istediğim şeyleri yapmak için kendime izin vermiyorum. Kısacası, kural beni stres, keder ve tüm cephelerde korkuya sürüklüyor.

- **Daha gerçekçi ve yararlı bir kural şöyle olabilirdi:**
  İyi olmaktan hoşlanıyorum - bununla ilgili kötü bir şey yok. Ama ben bir insanım ve bazen hata yapacağım. Yanlış yapmak büyümeye giden yoldur.

- **Yeni kuralın test sürüşünü yapmak için ihtiyacım olan:**
  - Bu özeti okumayı sürdürmek.
  - Yeni kuralımı bir hatırlatma kartına yazmak ve günde birkaç kez okumak.
  - Çalışma saatlerimi azaltmak ve keyif ile sosyal temas için planlama yapmak.
  - Kendime zaman ayırmak.
  - Standartlarımı gözden geçirip daha az performans gösterdiğim durumlar için kendime hak tanımak.
  - Yanlış yapmayı deneyimlemek ve sonucunu gözlemlemek. Örneğin, sorulduğunda "bilmiyorum" demenin pratiğini yapmak.
  - Günümü önceden programlamak ve her zaman yapabileceğimden daha azını planlamak.
  - Yapamadığıma değil, başardığıma odaklanmak. Yarın yeni bir gün olacak.
  - Eleştirinin yararlı olabileceğini hatırlamak - eleştiri tamamen başarısız olduğum anlamına gelmez.
  - Stres işaretlerine dikkat etmek -eski işlevsiz yollarıma geri döndüğüm anlamına gelirler.
  - Tekrar ortaya çıktığında eski örüntüyü ele almak, endişeli beklentiler ve özeleştiriyle uğraşmak için öğrendiklerimi kullanmak

ÖZET

1. Düşük özgüveniniz olduğunda, Yararsız Yaşam Kuralları sizi yaşamdan istediğinizi elde etmekten ve kendinizi olduğunuz gibi kabul etmekten alıkoyar.
2. Kurallar, deneyim ve gözlem ile öğrenilir. Büyüdüğümüz kültürün bir parçasıdırlar ve genelde bize ailelerimiz yoluyla aktarılırlar.
3. Pekçok kural yararlıdır. Ama düşük özgüven ile bağlantılı yararsız kurallar; sert, talepkâr ve uç noktadadırlar. Hareket özgürlüğünü kısıtlar, değişiklik yapmayı ve büyümeyi zor ve hatta olanaksız kılarlar.
4. Kurallar temel inancınızla başetmeniz için bir yol gibi görünürler ama onu değiştirmek için bir şey yapmazlar. Aksine temel inancın yerinde kalmasına yardımcı olurlar.
5. Yararsız kurallar tanımlanıp değiştirilebilir. Yeni, daha gerçekçi ve yararlı kurallar oluşturulup duruma uygunlukları denenebilir.

8
Temel inancı zayıflatmak

Giriş

Düşük özgüvenin kalbinde yatan olumsuz inançlarınızın yani temel inançlarınızın üstesinden gelmek için gerekli temelleri attınız. 2. Bölüm'de bu inançların nasıl geliştiği tarif edilmişti. Olasılıkla çocukluktaki deneyimlerinize dayanarak ulaştığınız bu fikirler (gerçekler değil), anlaşılabilir sonuçlardır. Bir kez geliştiklerinde başınıza geleni nasıl algılayıp yorumladığınızı etkileyerek yerlerinde tutulurlar. Dünya ile başetmek için (temel inancın görünürdeki gerçeğinden hareketle) tasarlanan yararsız Yaşam Kuralları belirsizliklerin üzerini kapatarak, temel inancı el sürülmemiş halde bırakır. 3. Bölüm'de kişisel kurallarınızın yıkılma tehlikesi olduğunda temel inancınızın endişeli beklenti ve özeleştirel düşünceler ile nasıl alevlendiği, kısırdöngüyü başlatıp nasıl aktive olduğu tanımlanmıştı.

4. ve 7. Bölümlerde düşük özgüvenin yerinde saymasına neden olan ana unsurlar bir bir sıralanmıştı. Endişeli beklentileri nasıl kontrol edeceğinizi ve özeleştirel düşüncelerle nasıl mücadele edeceğinizi, iyi noktalarınıza nasıl odaklanıp kendinize nasıl yaşamda iyi şeyler hak eden biri gibi davranabileceğinizi öğrendiniz. Yeni, daha gerçekçi ve yararlı yaşam kuralları geliştirdiniz ve onları kullanıma koymaya başladınız.

Bu bölümleri tamamladıkça ve temel inancınızın günlük yaşamınızdaki etkisini azaltınca, kendiniz hakkındaki düşünceleriniz zaten değişti. Henüz direkt olarak meydan okumamış olsanız bile; eski, olumsuz temel inancınız eskisine göre daha az inandırıcı görünebilir.

Bazıları düşük özgüveni sürdüren kısırdöngüyü bir kez kırdıklarında ve daha gerçekçi Yaşam Kuralları ile uyumlu davranmaya başladıklarında, özgüven sorununun epey çözüldüğünü keşfederler. Diğerleri; kendileri hakkındaki sabit, olumsuz düşünceleri değiştirmek için, günden güne düşünce ve davranıştaki belirli değişikliklerden yararlanmayı daha zor bulurlar. Bu noktada sizin için yararlı bilgiler var. Bu bölüm öğrendiklerinizi pekiştirmenize ve temel inancınızın üzerine eğilmenize yardımcı olacaktır.

Amaç; yeni, daha değer bilen ve nazik bir bakış açısı geliştirmeniz ve kendinizi kabul etmek için yaptığınız bu yolculukta son adımları atabilmeniz için yaptığınız işi eyleme dökmenize yardımcı olmaktır. Bu adımlar:

- Eski, olumsuz temel inancınızı tanımlamak
- Daha olumlu yeni bir temel inanç oluşturmak
- Eski temel inancınızı desteklemek için kullandığınız kanıtları gözden geçirmek ve onu anlamak için başka yollar aramak
- Yeni temel inancı destekleyen ve eskisiyle tezat oluşturan karşı kanıt aramak
- Yeni temel inancınızı pekiştirip, güçlendirecek davranışsal deneyler düzenlemek

Temel inancı tanımlamak

Kitap boyunca, temel inancınızın ne olduğu konusunda bir algıya sahip olmuş olabilirsiniz. Bu bölüm size onu açıkça tanımlamanız için yardımcı olmak üzere olası bazı bilgi kaynaklarını sunacak (s.216'da bir özet yer almaktadır). Her bilgi kaynağını dönüşümlü olarak ele almayı yararlı bulabilirsiniz. Hepsi size birbirinden farklı bakış açıları sunacak, böylelikle temel inancınız ile ilgili fikriniz netleşecektir.

Halihazırda temel inancınızdan oldukça emin olsanız bile, bu bölümü gözden geçirmek; önsezinizi teyit etmek, ifadenizi netleştirmek ve henüz çok farkında olmadığınız kendinizle ilgili olumsuz inançları keşfetmek için size bir fırsat verecektir. Birden fazla temel inancınız olması olasıdır (kendini hem önemsiz, hem aşağı gören Sarah gibi). Öyleyse, temel inancınızla da Yaşam Kurallarınız ile yaptığınızın aynısını yapın. Sizin için en önemli olan, en çok değiştirmek istediğiniz temel inancı seçin ve bunun üzerinde sistematik olarak çalışacağınız bölümü kullanın. Daha sonra eğer isterseniz kendi hakkınızdaki diğer olumsuz inançlarınızı (ve aslında başkaları, dünya ve genel olarak hayat hakkındaki yararsız olumsuz görüşleri) değiştirmek için öğrendiklerinizi kullanabilirsiniz.

Potansiyel bilgi kaynaklarının her birinin üzerinden geçerken, temel inancınızı tetikleyen her türlü şeyi not alın. Ne olduğu konusunda açık bir hissiniz olduğunda, kendiniz için özetleyin. ("Temel inancım şu: 'Ben ____________'"). Bölümün sonunda belirlenen özet sayfasını kullanmayı yararlı bulabilirsiniz. Ardından, tıpkı endişeli ve özeleştirel düşüncelerinizi değerlendirdiğiniz gibi, ona ne kadar inandığınıza yönelik derecelendirme yapın (0-100). Yüzde 100, onu hâlâ tamamen doğru bulduğunuz anlamına gelir, yüzde 50, iki tarafa da eşit uzaklıkta olduğunuzu, yüzde 5 ise temel inancınıza artık zorlukla inandığınızı gösterir.

Temel inancınıza ne kadar inandığınızın durumlar arasında değişiklik gösterdiğini fark edebilirsiniz. Eğer özgüveniniz görece kuvvetliyse, temel inancınızın sadece bazı zorlu durumlarda ikna edici olduğunu görebilirsiniz. Eğer öyleyse, iki derecelendirme yapın: Temel inancınıza en güçlü olduğu durumlarda ne kadar inandığınız ve en az ikna edici olduğu durumlarda ne kadar inandığınızı derecelendirin. Bazen de temel inancınızın az ya da çok düzenli olarak varlığını sürdürdüğünü görürsünüz. Bu durumda, tek bir derecelendirmeye ihtiyaç duyabilirsiniz.

Düşük özgüvenin üstesinden gelmek için çalışmaya başladığınızdan beri temel inancınıza inanış derecenizin değiştiğini fark edebilirsiniz. Eğer, daha önceki bölümlerde yer alan değişimle ilgili fikirleri sistematik olarak takip ettiyseniz bu oldukça olasıdır. Eğer sizin için durum buysa, kitaba başlamadan önce ve sonra temel inancınıza ne kadar inandığınızı yazın. Gözlemlediğiniz değişikliklerin nedenlerini de gözönünde bulundurun. Sizi korkutan şeylerle yüzleşmeyi öğrenmek ve olabilecek en kötü şeyi keşfetmek miydi? Özeleştirel düşünce tuzağından kaçmak mıydı? Kendinizde güçlü ve iyi olana odaklanmak için çaba göstermek ve kendinize hayatta iyi şeyleri hak eden biri gibi davranmak mıydı? Veya yaşam için yeni kurallar geliştirmek ve onları uygulamaya koymak için çalışmanız mı? Veya belki bunların bir karışımı. Eğer neyin yardımcı olduğunu bulursanız, bu size kendiniz için yapmaya devam etmeniz gerekenleri anlatacaktır.

İnancınızın seviyesini derecelendirdikten sonra, temel inancınıza odaklanmak için kısa bir zaman ayırın ve –endişeli ve özeleştirel düşünceleri belirlemek için yaptığınız gibi– uyanan duygularınızı fark edin. Yaşadığınız duyguları yazın (örneğin: üzüntü, öfke, suçluluk) ve güçlerine göre onları derecelendirin (0-100). Hâlâ temel inancınızı çağırabilmenize rağmen, odaklandığınızda duygularınızın farklılaştığını görebilirsiniz. Eğer temel inanç şimdi sizin için daha önce olduğundan daha az ikna edici ise, o zaman onu düşündüğünüzde sıkıntınızın yoğunluğunun da daha az olması gerekir.

Temel inancınız ile ilgili bilgi kaynakları

Geçmişiniz hakkındaki bilginiz

2. Bölüm'de kişilerle ilgili öyküleri okuduğunuzda, size herhangi bir şey hatırlattı mı?

Tanımlanan deneyimlerden herhangi biri, size büyürken yaşadıklarınızı hatırlattı mı? Eğer tam öyle olmadıysa bile, küçüklüğünüzde size olanları hatırlayıp onların size kendinizi nasıl hissettirdiğini, üzerinizdeki etkisini düşünmenize katkı sağladı mı?

Tıpkı daha önce Yaşam Kurallarınızı belirlemek için yararlandığınız gibi temel inancınızı tanımlamak için de bu anılardan yararlanabilirsiniz. Aşağıdaki noktaları özellikle gözönünde bulundurun:

- Hangi geçmiş deneyimler kendiniz hakkında olumsuz düşünmenizi teşvik etti? Çocukluk ve ergenliğinizdeki hangi olaylar insan olarak eksik olduğunuz sonucuna varmanıza yol açtı?
- Kendiniz hakkındaki bu hissi ilk defa ne zaman duydunuz? Özel anıları hatırlayabiliyor musunuz, bakın. Kendinizle ilgili duygunuzu berraklaştırdığınızda Briony'nin üvey babası tarafından taciz edilmesi gibi anahtar bir olayın anısını bulabilirsiniz. Veya, (Sarah örneğinde olduğu gibi) tek bir olay önemli değildi, daha ziyade süre giden nezaketsizlik veya onay vermeme, eleştiri veya şefkat eksikliği vardı ve sonuçta tam olarak ait hissedemediğiniz bir ortamdı.
- Kendinize karşı katı olduğunuzda kimin sesini duyuyorsunuz? Aklınıza kimin yüzü geliyor? Bu kişi (veya kişiler) kişiliğiniz hakkında size hangi mesajları verdiler?
- Memnun edemeyince veya eleştiri aldığınızda sizi tanımlamak için hangi kelimeler kullanıldı? Başkalarının kullandığı kelimeler sizinkiler haline gelmiş olabilir.

Tablo 31. Temel inancınızı tanımlamak: Bilgi kaynakları

- Geçmişiniz hakkındaki bilginiz
- Endişeli beklentilerinizde ifade edilen korkular
- Özeleştirel düşünceleriniz
- İyi noktalarınıza odaklanmanızı ve kendinize hayatta iyi şeyleri hak eden biri gibi davranmanızı zorlaştıran düşünceleriniz
- Eski kurallarınızı yıkmanın öngörülen sonuçları
- Aşağı ok

Endişeli beklentilerinizde ifade edilen korkular

Endişeli beklentileriniz üzerinde yaptığınız çalışmayı düşünün. Korkularınız, kendinizi güvende hissetmek için aldığınız gereksiz tedbirler temel inancınız hakkında size ipuçları verecektir.

- En çok korktuğunuz şeyin gerçekleştiğini varsayalım: Bu bir insan olarak sizin hakkınızda neyi belirtirdi? Sizi nasıl biri haline getirirdi? Örneğin Kate'in alacağını isteyememesinin, bencil, tutucu ve temel olarak sevilmez olmasını göstermesi gibi. (s. 84)
- Ya gereksiz önlemleriniz? Özellikle endişeleriniz diğerleri üzerinde yarattığınız izlenim konusundaysa, önlemleriniz gerçek kendinizi saklamak için olabilir. Eğer öyleyse, hangisi "gerçek siz"? Eğer kendinizi gizlemezseniz ve koruma adımları atmazsanız, nasıl biri olduğunuzun ortaya çıkabileceğinden korkuyorsunuz? Örneğin Chris'in mücadeleden kaçınması (kendine göre) aptal olduğunu saklamak içindi.

Özeleştirel düşünceleriniz

Özeleştirel düşüncelerinizle mücadele etmek için yaptığınız çalışmaya bakın. Bu düşünceler temel inancınızın direkt yansıması olabilir.

- Özeleştirel olduğunuzda kendinizi tanımlamak için hangi sözcükleri kullandınız? Kendinize hangi adları verdiniz? Tekrarlayan örüntülere ve kendinize düşünmeden seslenmelerine bakın. Özeleştirel düşünceleriniz hangi olumsuz düşünceleri yansıtıyor?
- Kullandığınız kelimeler küçükken sizin hakkınızda kullanılanlara benzer mi? Eğer öyleyse, olasılıkla o zamandan beri yerlerindeler ve anlık tepkiler yerine hakkınızdaki kalıcı inançlarınızı yansıtıyorlar.
- Özeleştiriyi tetikleyen şeyler yaptığınızda, bunlar size hakkınızda ne söylüyor? Nasıl biri böyle şeyler yapar? Örneğin Jim, duygularını bastırmakta yetersiz olmasının "nevrotik bir harabe" olduğu anlamına geldiğini düşünüyordu.

İyi noktalarınıza odaklanmanızı ve kendinize hayatta iyi şeyleri hak eden biri gibi davranmanızı zorlaştıran düşünceleriniz

Kendinize başarılarınız için itibar edip, iyi davranmaya çalışırken, iyi noktalarınızın listesini yapmaya çalışın. Onları işlevdeyken gözlemlediğiniz sırada aklınıza gelen şüphe ve çekinceleri inceleyin. Bu alanda yaşadığınız zorluklar kendiniz ile ilgili alt etmekte zorlandığınız olumsuz düşüncelerinizi yansıtabilir. Örneğin Jesse, yaptıkları için kendisini takdir etmeye veya rahatlamaya yönelik gösterdiği isteksizliğin "yeterince iyi olmadığı" inancını yansıttığını gördü.

- Hangi engelleyici düşünce ve çekinceler, gerçekte kim olduğunuzu yansıtan hangi olumlu yönlerinizi kabullenme konusunda isteksiz olmanıza neden oldu?
- İyi noktalarınızı nasıl reddettiniz veya değersizleştirdiniz?
- Başarılarınızı takdir etmek ve kendinize rahatlama ve keyif sunmak için hangi itirazları geliştirdiniz?
- Bu kuşkular, çekinceler ve feragatler kendinizle ilgili hangi görüşleri yansıtıyor?

Eski kurallarınızı yıkmanın öngörülen sonuçları

Yaşam Kuralları'nda (s. 182-83) bazen "Eğer...." veya "Yoksa...."yı takip eden "o zaman...." temel inancın direkt bir ifadesi gibidir. Örneğin: "Eğer hata yaparsam, *o zaman başarısızım.*") Tanımladığınız kurallara dönün ve onları yıkarsanız sonucunun ne olabileceğini öngördüğünüze bakın.

- Eğer Yaşam Kurallarınızı yıkarsanız, bu bir insan olarak sizinle ilgili ne anlama geliyor?
- Ne tür biri hata yapar, herkesin onayını, sevgisini kazanmayı beceremez, duygularının kontrolünü kaybeder? vs.
- Eğer kuralınız "olmalı" ise, " yoksa" sizin kişisel olarak bir yansımanız olabilir mi? (Örneğin; "her zaman yapıcı olarak meşgul olmalıyım (yoksa tembelimdir).

Aşağı ok

"Aşağı ok" tekniğini temel inancınızı belirlemek için kullanabilirsiniz. Süreç, Yaşam Kuralları'nızı belirleme sürecine benzer (s. 191-93) Ama olası soruların farklı bir vurgusu vardır. Standartlarınız ve beklentilerinizden çok, dikkatinizi kendinizle ilgili olumsuz görüşlerinize odaklamak üzere tasarlanmıştır. Ana değişiklik; nasıl davranacağınız ve nasıl bir insan olmanız gerektiği konusunda her seviyedeki sorunun sizin için ne anlama geldiğini değil, hakkınızda ne söylediğini araştırmaktır.

Daha önce olduğu gibi kendinizi kötü hissettiğiniz özel bir olaydan yola çıkın. Deneyimlediğiniz düşünce ve duyguları yazın – yine özellikle en güçlü olan düşünceye ve sizin için en önemli sayılan duyguya odaklanmak yardımcı olabilir. Sonra düşüncelerinize alternatif aramak yerine, kendinize aşağıdaki soruları sırayla sorun. Örneğin:

- Bu düşüncenin doğru olduğu varsayılırsa, bu, benim hakkımda ne anlama gelir?
- Bu düşüncenin doğru olduğu varsayılırsa, kişisel olarak hakkımda ne söyler?
- Bu, bir insan olarak hakkımda ne söylüyor?
- Bu, beni nasıl bir insan yapıyor?
- Hakkımda nasıl inanışları yansıtıyor?
- Kendimi nasıl gördüğüm konusunda etkileri neler?

Temel inancı bulmak için farklı sorular kullanmak size yardım edecektir. Kendiniz hakkında uğraştığınız konuya uymakla kalmayıp daha geniş bir genelleme arıyorsunuz. ("Ben ________.") Belirli bir an için geçerli olan, belirli bir özeleştirel ifade üzerinde durmayın. Temel inancınızın pekçok farklı durumda ortaya çıkan uzun süredir sizinle birlikte olan kendinizle ilgili bir görüş olduğunu fark etmelisiniz. Kendinizi tipik olarak kötü hissettiğiniz farklı durumları bulduklarınızı doğrulamak için başlangıç noktası olarak kullanabilirsiniz (eğer temel inancınızı bulmakta veya söze dökmekte sorun yaşıyorsanız bir başka deneme yapın). Temel inancınıza giden bir aşağı ok örneğini sayfa 220'de bulabilirsiniz (Briony).

Yeni bir temel inanç oluşturmak

Temel inancınızı tanımladıktan sonra üzerinde çok fazla düşünüp derinleşmeden ona daha olumlu ve gerçekçi bir alternatif oluşturmak için hemen harekete geçmeye değer. Çünkü olasılıkla zaman içinde düşük özgüveni sürdüren düşünce ve hafıza yanlılıklarını yansıtan ve size temel inancınızı destekler görünen birçok deneyim biriktirmişsinizdir. İstediğiniz zaman "eski temel inancınızı" geri çağırıp, ona yatırım yapıp, üzerinde paralarını tekrar tekrar sayan bir cimri gibi oturabilirsiniz.

Tersine yeni bir "temel inanç hesabınız" olmayabilir bile. Veya varsa da hemen hemen boştur ve ona ulaşmak zordur. Rakamlar, transferde kaybolur ve hesabınızın numarası ile şifresini unutup durursunuz. Bu, "temel inanç" yatırımlarınızı koyacak güvenli, sağlam, daimi hiçbir yeriniz olmadığı anlamına gelir.

Yeni bir temel inanç oluşturmak, sizin eşinize ait olan yeni bir hesap açmaya benzer. Size eski temel inanca karşıt olan deneyimleri saklayacak bir alan verir, yeni ve daha nazik bir bakış açısını destekler. Orada kendinizle ilgili olumlu tarafları güvenle saklayabileceğiniz bir yer vardır. İhtiyacınız olduğunda onları çağırabileceğinizi bilirsiniz.

Bunu ifade etmenin başka bir yolu da sadece sizi sevmeyen ve kötü hissettiren kişilerden oluşan bir adres defteriniz olduğunu hayal etmektir. Sizi seven, önemseyen, sayan kişilerin adres defterinizde yeri yoktur. Bu durum gerçek olsaydı ortaya çıkabilecek sonuçları düşünün. Size kendinizi iyi hissettiren kişilerin iletişim numaraları bölük pörçük kağıtlarda olurdu. Kaybolurlardı, kazayla atılır veya buzdolabının arkasına düşerlerdi. Belleğinize güvenmeyi deneyebilirsiniz ama ilgilenilmesi gereken çok şey varken bu bilgileri unutabilirsiniz. Sonuçta adları ve numaralarını not almayı hiç denemezsiniz bile. Gereği olmadığını düşünürsünüz. Eğer insanların sizinle ilgili ne hissettiği konusunda daha dengeli bir bakış açısı edinmek isterseniz, ilk adım sizin tarafınızda olan insanlar için kendinize yeni bir adres defteri almak olur.

Bu iki analoji yeni bir temel inanç oluşturmadaki amacımızı gösterir. Bir tarafa kendiniz hakkındaki olumlu bilgileri, daha hoşnut bir bakış açısını destekleyen deneyimleri koymak için yer verir. Bu; eski,

Tablo 32. Aşağı Ok: Temel inancı tanmlamak (Briony)

Durum: Yeni erkek arkadaş telefon etmeye söz verdi ama aramadı.
Duygular: Midem bozuk, umutsuzum.
Düşünce: Unuttu.

↓

Bu doğru olsaydı, sizin için ne ifade ederdi?

↓

Hatırlanmaya değmezim.

↓

Bu, sana kendi hakkında ne anlatırdı?

↓

O geri çekildi çünkü gerçek ben'i gördü.

↓

Eğer öyle yapsaydı, ne görmüş olurdu?

↓

Sevmediği bir şey.

↓

Sonucunda ne olurdu, neyi sevmezdi?

↓

Sevilmeyi hak etmeyen gerçek beni.

↓

Bu doğru olsaydı, bu bir insan olarak senin için ne söylerdi?

↓

Kötüyüm.

olumsuz düşüncelerinizi tümüyle zayıflatmaya çalıştığınız anlamına gelmez ("Belki tamamen yetersiz değilimdir"), ama yerine alternatif geliştirip, onu destekleyen bilgi ve deneyimler aramaya başladığınız anlamına gelir ("Belki yeterliyimdir").

Daha önceki bölümlerde yaptığınız çalışma, size eski temel inancınız hakkında bilgi vermenin yanısıra, tercih edeceğiniz alternatifin ne olacağı konusunda da bilgi sağlamış olabilir. Kitap boyunca endişeli öngörüleri kontrol edip, özeleştirel düşüncelerle mücadele ettikçe, kendinizin olumlu yönlerine odaklandıkça ve kurallarınızı değiştirdikçe, kendiniz hakkında hangi düşünceler aklınıza geldi? Tüm bu alanlarda yaptıklarınıza bir göz attığınızda, yaptığınız değişiklikler size hakkınızda ne söylüyor? Eski olumsuz bakışınıza tamamen uygunlar mı?

Günden güne tanımlayıp gözlemlediğiniz belirli özellikler, güçlü haller, değerler ve becerilerinize göz atın. Eski temel inancınıza uyuyorlar mı? Yoksa iyi ve güçlü yanlarınızı, sizde olan değerleri hesaba katmakta başarısız olan yanlı ve adaletsiz bir bakış açısı olarak güncellenmesi mi gerekiyor? Hangi bakış hakkınızda gözlemlediğiniz her şey düşünüldüğünde daha geçerli olabilir? Hangi yeni temel inanç, insanların geri kalanı gibi mükemmellikten uzak olduğunuzu, fakat zayıflık ve eksiklerinizin yanında güçlü ve nitelikli olduğunuzu gösterirdi?

Burada siz yargıç ve jürisiniz, iddia makamı değil. Göreviniz, sadece sanığı mahkum edecek olanları değil, tüm kanıtları hesaba katmaktır.

Bununla ilgili bir fikriniz olduğunda, yeni temel inancınızı yazın (eğer isterseniz, bölümün sonundaki özet kağıdına). Tıpkı eski temel inancınıza yaptığınız gibi size ne kadar inandırıcı geldiği ile ilgili varyasyonları ve düşük özsaygınızı artırmak için başladığınız çalışmadan bu yana inancınızın nasıl değiştiğini dahil ederek yeni temel inancınıza ne kadar inandığınızı derecelendirin. Sonra bir süre dikkatinizi kendinize verin ve hangi duyguların oluştuğunu, ne kadar kuvvetli olduklarını not edin. Bölüm boyunca ilerlerken, zaman zaman özet sayfasına dönün, onu destekleyip güçlendiren kanıtlara odaklandıkça yeni temel inancınıza olan inancınızın nasıl değiştiğini gözlemleyin.

Sayfa 243'teki örneklere bakınca yeni temel inancın bazen kısaca eskisinin zıttı olduğunu göreceksiniz (örneğin: Karen, Geoff, Kate).

Diğer taraftan bazı durumlarda, yeni temel inanç bir nevi raydan çıkar ve yeni bir yola sapıp eskisiyle ilgisiz bir durum alır (örneğin: Briony, Arran, Chris). Bazen yeni temel inanç bu ikisinin arasında bir yerde alır (örneğin: Jesse, Sarah, Jim). Buradaki nokta yeni temel inancınızın size kişisel olarak anlamlı gelen bir bakış açısını yansıtması ve sonuçta kendinizi nasıl hissettiğinizi değiştirmesi ve deneyimlerinize taze bir bakış sunmasıdır. Böylece kendi iyi yanlarınızı fark etmeniz ve onlara ağırlık vermeye başlamanıza izin verecektir. Nasıl kelimeye dökeceğiniz size kalmıştır.

Yeni temel inancınızın aklınıza hemen geçmişte yaptığınız şeyleri getirdiğini görebilirsiniz. Veya eğer özellikle düşük özsaygınız devredeyse ve kendiniz hakkında hâlâ mücadele edilmesi gereken "kendiniz ile ilgili olumlu şeyler düşünmcnin bir tabu olduğu" inancınız varsa zihninizin adeta boşalmış olduğunu düşünebilirsiniz.

Bu durumda endişelenmeyin. Bölüm boyunca çalıştıkça düşünceleriniz netleşebilir. Şu an kendinize bilişsel terapist Christine Padesky'-nin önerdiği bir soruyu yöneltmek yardımcı olabilir: "Eğer __________ olmasaydınız (eski temel inancınız), ne olmak isterdiniz?" Örneğin, "Eğer yetersiz olmasaydım, yeterli olmayı isterdim." Eğer soruya yanıt verebilirseniz, sonradan değişebilir olsa da, o an size oldukça teorik görünse de yazın. ("Yeterliyim" durumunda) sizin için hiç ikna edici görünmese bile, yeni bakış açınız için kanıt toplamak adına sizin için bir başlangıç noktası olacaktır. Bölüm boyunca üzerinde çalıştıkça inancınız gelişebilir.

Bu noktada, kendinizle ilgili olumlu şeyler düşünme konusunu uygun bulmamanızda, eski fikirlerin yüzeye çıktığını fark edebilirsiniz. Hatırlayın, burada şişkin bir kişisel imaj sahibi olmaktan bahsetmiyoruz ("Her yönden mükemmelim," Her gün her yönden daha da iyi oluyorum"). Burada önerilen insani zayıflıklarınız ve kusurlarınızı unutmanız, değiştirmek istediğiniz yanlarınız gözardı etmeniz veya geliştirip yoklarmış gibi davranmanız değil. Bu kitap, olumlu düşünmenin gücü veya kendiniz hakkında gerçekçi olmayacak kadar olumsuz olduğunuzda gerçekçi olmayacak derecede olumlu duruma gelmeniz için cesaretlendirmek için değildir. Zayıflıklarınızı, hatalarınızı daha geniş bir bakış açısından değerlendirmeniz ve "mükemmel"den çok, "iyi" olanı dengeli ve tarafsız şekilde başarmanızla ilgilidir.

Yüzde 100 sevilebilir, yüzde 100 başarılı, yüzde 100 değerli, yüzde 100 akıllı, yüzde 100 çekici veya her neyse, olmanız pek mümkün değildir. Ayrıca niçin tüm insan ırkında bu kişi siz olasınız, başka olan olmuş mu? Yaptığınız çalışma ve yapacaklarınız, kusurlarınız ve zayıf yanlarınızın değerinizin temelini oluşturması yerine onları parçanız durumuna getirmeyi istiyor. Onlarla yaşabileceğinize karar verebilir veya onları değiştirmek isteyebilirsiniz. Bu size kalmış.

Bu noktayı daha açık duruma getirmek için, "sevilebilir"lik örneğini ele alalım. "Sevilebilir"liği temsil eden 10 cm'lik bir çizgi düşünün.

Sevilebilir

% 0 ———————————————————— % 100

Çizginin sağında yer alan biri yüzde 100 sevilebilirdir. Bu, gerçek dışı olarak iyi bir şey gibi görünebilir. Soldaki kişi yüzde sıfır sevilebilirdir. Şimdi çizginin neresine denk geldiğinizi düşündüğünüzü gösteren bir "x" işareti atın. Eğer ne kadar sevilebilir olduğunuz konusunda kuşkunuz varsa, olasılıkla çizginin sol tarafına yakın geliyorsunuz. Şimdi yüzde sıfır ve yüzde 100 sevilebilirlik ne anlama geliyor onu ele alalım. "Yüzde 100 sevilebilir" olmak için, örneğin:

- Her zaman sevilebilir olmak
- Tamamen sevilebilir olmak (hiçbir özelliğiniz hiçbir zaman sevilemez olamaz)
- Herkes tarafından sevilebilir olmak

Yüzde 100 sevilebilir olmanın mümkün olmadığı hemen açık duruma gelecektir. Hiç kimse böyle bir noktada olamaz. Tanıdığınız insanları düşünün. Uç noktaları aklınızda bulundurarak (0 ve 100) onları çizgide nereye yerleştirirdiniz? Ve yine uç noktaları aklınızda bulundurarak, kendinizi nereye koyardınız? Yeni temel inancınıza karar verdiğinizde, bu noktayı aklınızda bulundurun. Siz erişilmez yüzde 100'ü değil, "yeterince iyi"yi arıyorsunuz.

Yeni temel inancınıza inancınızın derecesi şu an için düşükse, endişelenmeyin. Eğer eski temel inanç epey bir süredir kalıcı olmuşsa, yenisinin güçlü şekilde ikna edici olarak yerini alması zaman, sabır ve pratik gerektirecektir. Şimdi eski temel inancı nasıl zayıflatacağınız ve tanımladığınız yenisini nasıl güçlendireceğiniz konusunda ilerleyeceğiz. Şimdiye kadar yaptığınız çalışmanın burada size iyi bir dayanak olduğunu göreceksiniz.

Eski temel inancı zayıflatmak

Kendinizle ilgili olumsuz düşünceleriniz deneyimlerinize dayanıyor. Geçmişte başınıza gelenlerden anlam çıkartma çabanızı simgeliyorlar. Düşünce ve anılarınızdaki yanlılıkların temel inancınızı yerinde tutma eğilimi düşünüldüğünde, geçmiş yaşamınıza göz attığınızda onları destekleyecek "kanıt" bulacağınız bulacaksınızdır. "Kanıt" –ve onu açıklayacak başka yollar– araştırmak düşük özgüvenin üstesinden gelmeye yönelik başka bir adımdır. Bu, özeleştirel düşüncelerle mücadele etmek için zaten geliştirdiğiniz yöntemler ve o noktada kullandığınız düşüncelere benzer ve size burada yardımcı olabilirler. Ancak buradaki ölçeğimiz biraz daha geniştir: Odak noktası, zaman zaman uyanan belirli düşünceler yerine, kendinizle ilgili genel inançlarınıza yöneliktir. Akılda tutulması gereken ana sorular şöyledir:

- Hangi "kanıt" eski temel inancınızı destekliyor?
- Bu "kanıt" başka türlü nasıl anlaşılabilir?

Hangi "Kanıt" eski temel inancınızı destekliyor?

Burada "kanıt" sözcüğünü, pek çok farklı deneyimin eski temel inancınızı desteklediğini ve kendiniz hakkında inandığınız şeylerle ilgili işaretlerin aslında doğru olduğunu kabul etmiş olsanız bile, bu deneyimlerin farklı yorumlara açık olduğunu belirtmek için tırnak içine aldım. Eğer onlara yakından bakarsanız, sizin için hiç de o kadar kötü temsiller olmadığını görebilirsiniz. Bunu anlamak için ilk adım kendinize destek olarak seçtiğiniz deneyimleri açıklığa kavuşturmaktır.

Bir an için eski temel inancınıza odaklanın. Eski ve yeni hangi deneyimler aklınıza geliyor? Zihninizde temel inancınızı destekleyen hangi olaylar beliriyor? Size yetersiz, sevilmez, başarısız veya temel inancınız neyse, öyle olduğunuzu söyleten ne? Kendiniz hakkında böyle olumsuz sonuçlara ulaşmanıza ne neden oldu?

Destekleyen "kanıt" kişiden kişiye göre değişir. Bazen 2. Bölüm'de tanımlanan öykülerdeki ilişki ve deneyimlerde olduğu gibi temel inancınız geçmişte yerleşmiştir. Daha yakın tarihli olaylar da kanıt kaynağı olarak kullanılabilir. Bazı genel "kanıt" kaynakları aşağıda tanımlanıp, özetlenmiştir. Okudukça "kanıt"lardan herhangi birinin size bir şey hatırlatıp hatırlatmadığına bakın.

Liste ayrıntılı değildir. Kendiniz hakkındaki "kanıt"ı desteklemek için kullandığınız zayıf görüşler orada yer almayabilir. Yine de bu bölümü sizinkilerin ne olabileceğini anlamak için bir fırsat olarak kullanın. Eski temel inancınızı desteklemek için birden fazla "kanıt" kullanıyor olabileceğinizi aklınızda bulundurun ve bulabildiğiniz kadarını not edin. Sonraki göreviniz durup "kanıt"ı dikkatlice incelemektir. Ona iyice göz attığınızda ne görüyorsunuz? Kendinizle ilgili olumsuz görüşünüzü gerçekten doğruluyor mu? Veya farklı şekilde anlaşılabilir mi?

Güncel zorluklar ve bunaltı belirtileri

Örneğin Briony bir noktada oldukça depresif hissetti. Kendisini depresif hisseden insanlara özgü olduğu üzere halsizleşti ve herhangi bir şey yapmanın onun için çok zor olduğunu fark etti. Briony bunu hiçbir işe yaramayan, tembel biri olduğu şeklinde algıladı. Bir başka deyişle; modu yükseldiğinde kaybolabilecek bu hissi geçici belirtisi bir belirti olarak görmek yerine, ne kadar kötü bir insan olduğunun göstergesi olarak aldı.

Tablo 33. Eski, olumsuz temel inancı destekleyen "kanıt" kaynakları

- Güncel zorluklar ve bunaltı belirtileri
- Zorlukları tek başına aşmakta başarısız olmak
- Geçmiş hata ve başarısızlıklar
- Belirli kusurlar
- Kişisel özellikler - fiziksel veya psikolojik
- Siz ve diğerleri arasındaki farklar
- Başkalarının size karşı tavrı - geçmiş veya şimdi
- Sorumlu olduğunuzu hissettiğiniz kişilere karşı başkalarının tavrı
- Kimliğinizin parçası olan bir şeyin kaybı

Zorlukları tek başına aşmakta başarısız olmak

Jim'in eşiyle konuşmak ve yardım almak için çektiği güçlük bunun örneğidir. Tek başına idare edememeyi, iki zihnin bazen bir taneden daha iyi olduğunu fark etmek yerine bunu zayıflık işareti olarak gördü.

Geçmiş hata ve başarısızlıklar

İnsanın kırılganlığı düşünüldüğünde, yaşamı pişmanlıklar olmadan atlatmak olanaksızdır. Zaman zaman hepimiz bencil, düşüncesiz, alıngan, öngörüsüz olabilir veya tamamen dürüst davranamayabiliriz. Hepimiz kestirmeden gideriz, yanlışlar yaparız, mücadeleden kaçarız ve amaçlarımıza ulaşamayabiliriz. Böylesine normal insani zayıflıklar sıklıkla düşük özgüvenli insanlar tarafından temel yetersizliklerinin birer kanıtı olarak görülür.

Bu, Arran için de geçerliydi. İlkgençliğinde kanunların sınırlarında geziniyordu. O zamanlar insanların yaralandığı kavgalara katıldı, bir keresinde durum çok kötüydü. Polisle başı defalarca belaya girdi ve birden fazla kez mahkemeye çıktı. Arran yaşlandıkça bu yaşam biçiminin kendine yararı olmadığını gördü. Düşmanca davranan dünyada bu, ona var olmak için tek yol gibi görünüyor, değişmekten korkuyordu. Yine de kendinde, yaşadığı şehirden taşınma cesaretini buldu, yeni arkadaşlar edindi, sevdiği yeni bir iş buldu ve daha sonra evlendi, çocukları oldu. Bu olumlu değişikliklere rağmen, kendisini iyi hissetmeyi yine de zor buldu. Geçmişi onu izliyordu. Ne zaman geriye baksa, kendini tamamen değersiz hissediyordu.

Belirli kusurlar

Kimse mükemmel değildir. Hepimizin hataları, değiştirmek ya da geliştirmek istediği özellikleri vardır. Düşük özgüveni olanlar bu kusurları, çözülmesi olası ve gerçek değerleriyle ilgisi bulunmayan sorunlar olarak görmek yerine, kendileriyle ilgili temel bir yanlışın kanıtı olarak görürler. Örneğin Chris her seferinde okuma ve yazmayla ilgili sorun yaşadığında, bunu zekasını yansıtmayan ve doğru yardımla alt edilebilecek bir öğrenme zorluğu olarak görmek yerine aptallığının bir kanıtı olarak gördü.

Fiziksel özellikler

Düşük özgüvenli kişiler kendilerini çok uzun, çok kısa, çok şişman, çok zayıf, yanlış renkte, yanlış şekilde veya yanlış yaratılmış bulabilirler. Bu gözlemlerini özgüvenlerini zayıflatmak için kullanabilirler. Karen'ın değerinin, nasıl göründüğüne ve kaç kilo olduğuna dayanan inancı buna bir örnektir. Olması gerektiğini düşündüğünün üzerinde bir kiloya çıktığında, tamamen şişman, çirkin olduğunu ve çekici olmadığını hissediyordu. Bunun dışında hiçbir şey önemli değildi. Onu çekici kılan diğer her şeyi görmezden geliyordu – örneğin tarzını, yaşamdan zevk alma becerisini ve zekâsını.

Psikolojik özellikler

Psikolojik özellikler de kişiyi kendileri hakkında kötü hissetmelerine ve dolayısıyla düşük özgüvene yöneltebilir. Örneğin Geoff; yetişkin olarak bile yüksek enerjisi, merakı ve yaratıcılığının gösteriş olarak algılanabileceğinden korkuyordu. Onaylanmama ve eleştiri beklentisiyle; her şeyin arasında kaybolmak için kendini aşağı çekiyordu. Özelliklerini bir armağan olarak kabul etmek yerine, kabul edilemez olduğunun kanıtı olarak görüyordu.

Siz ve diğerleri arasındaki farklar

Ne kadar yetenekli olsanız da, sizden daha yeteneklilerin olması olasıdır. Ne kadar şeyiniz olsa da, sizden fazlasına sahip olanların da olması muhtemeldir. Düşük özgüveni olanlar, kendileri ile ilgili olumsuz düşünceler hakkında böyle karşılaştırmaları kanıt kaynağı olarak kullanabilirler. Örneğin Sarah, kendi çalışmalarını hep başka sanatçılarınkiyle kıyaslıyordu. Bu kıyaslamalarda genellikle en kötü olduğunu düşünüyordu. Kendini başkalarının ne yaptığından bağımsız olarak, kişisel değer yargılarına göre değerlendirmek yerine, aşağılık hissini ateşlemek için olumsuz karşılaştırmalardan yararlanıyordu.

Başkalarının size karşı tavrı, geçmiş veya şimdi

Çocukluklarında kendilerine kötü davranılanlar; davranış aileden, okul arkadaşlarından veya toplumdan nereden gelirse gelsin; bu davranışı kendi değer yoksunluklarının bir kanıtı olarak görebilir. Aynı şekilde; şimdiki hoşnutsuzluk, reddetme, onay vermeme veya kötüye kullanılma da düşük özgüvene destek verebilir. Örneğin Briony'nin üvey ebeveyninden gördüğü davranış, onun kötü olduğuna dair kanıtın ana kaynağıydı. Başka türlü ona niçin böyle davranıyor olabilirlerdi ki? Yetişkinken bile biri ona kötü davrandığında, tahmini hemen bunu bir şekilde hak ettiği şeklindeydi. Böylelikle herhangi bir kabalık, gözönüne alınmama, anlaşmazlık onun temelde kötü olduğuna kanıt oluyordu.

Sorumlu olduğunuzu hissettiğiniz kişilere karşı başkalarının tavrı

Bu, özellikle düşük özgüveni olan ebeveynler için bir tuzaktır. Onlar büyüyüp evden ayrılsalar bile çocuklarının hayatlarında kötü giden her şeyle ilgili kendilerini suçlayabilirler. Bu, Briony için geçerliydi. Genç kızının zaman zaman partilerde sokaktan uyuşturucu aldığını keşfettiğinde, tepkisi hemen bunun kendi suçu olduğunu düşünmek oldu. Kötü bir ebeveyndi. Kendi kötülüğü bir şekilde dışarı sızmış ve kızına bulaşmıştı. Bu bakış, durumu yapıcı olarak ele almasını, kızıyla yaptığının sonuçlarını tartışmasını ve durumun yarattığı baskıya dayanmasını güçleştiriyordu.

Kimliğinizin parçası olan bir şeyin kaybı

Bölüm 7 (s. 181-82) insanların özgüveni nasıl farklı noktalara dayandırdığını gösterdi. Eğer değerinizi bağladığınız nokta elinizden alınırsa, bu sizi kendiniz hakkında tamamen olumsuz düşüncelerle karşı karşıya bırakır. Örneğin Jesse, çalıştığı şirket zor zamanlardan geçtiği için işten çıkartılmıştı. İşi özgüvenini bağladığı bir yerdi. Şirket, onu kaybetmek istemediğini belirtse de, işten çıkartılmayı kişisel olarak algıladı. Bu, iyi olmadığının başka bir işaretiydi.

"Kanıt" başka türlü nasıl anlaşılabilir?

Temel inancınızı destekleyen tüm "kanıt" kaynakları tıpkı özeleştirel düşüncelerin belirli durumlarda aklınızdan geçmesi gibi değişik yorumlara açıktır. Eski temel inancınızı destekleyen kanıtlar fark ettiğinizde, yeni göreviniz onu dikkatlice incelemek ve kendinizle ilgili inandığınız şeyi ne kadar doğru olarak desteklediğine dair inancınızı belirlemektir. Sonuçlarınızı bölümün sonundaki Özet Sayfası'na yazın.

Bu soruları (aşağıda özetlenmiştir) kendiniz için yararlı bulabilirsiniz. Bunların yukarıda sıralanan farklı kanıt kaynaklarıyla doğrudan ilgili olduklarını göreceksiniz. Sayfa 126-134'te özeleştirel düşüncelerle uğraşmak için kullandığınız soruları aklınızda bulundurmak da yararlı olabilir. Bunlar, eski temel inancınızı desteklemek için kullandığınız size anlamlı gelen, "kanıt"a dayalı belirli sorulardır.

Tablo 34. Eski temel inancı destekleyen kanıtı gözden geçirmek: Yararlı sorular

- Güncel güçlükler ve bunaltı belirtileri için Kişisel yetersizlik dışında başka hangi açıklamalar olabilir?
- Tek başına idare edebilmek yararlı olsa da, yardım ve destek arayabilmenin avantajları ne olabilir?
- Kendinizi geçmiş hata ve başarısızlıklar üzerinden yargılamak ne kadar adil?
- Kendinizi belirli kusurlar üzerinden yargılamak ne kadar adil?
- Özgüveninizin ne yapmanız veya nasıl olmanız gerektiği konusunda katı fikirlere dayanmasına izin vermeniz size ne kadar yardımcı oluyor?
- Birisi bir konuda sizden iyi veya sizden daha fazlasına sahip olduğu için, bu onları daha iyi biri mi yapar?
- Başkalarının size karşı davranışı için nasıl bir insan olduğunuz dışında başka hangi nedenler bulunabilir?
- Kendinizi sorumlu hissettiğiniz insanlar hakkında sizin davranışlarınızın ne kadar gücü var?

Güncel güçlükler ve bunaltı belirtileri için kişisel yetersizlik dışında başka hangi açıklamalar olabilir?

Eğer zorluk ve bunaltı yaşadığınız bir dönemdeyseniz, bunu kendinizle ilgili temel bir yanlışlık olarak almak yerine, şu anki hayatınıza odaklanın. Keninizi nasıl hissettiğiniz konusunda anlamlı gelecek başka bir şey oluyor olabilir mi? Eğer önemsediğiniz biri sizin şimdi yaşadıklarınızı yaşasa, onlar da kendilerini benzer şekilde mi hissederdi? Eğer öyleyse, bundan ne çıkartırdınız? Onların da yetersiz, kötü olduğunu mu varsayardınız? Yoksa olan biten düşünüldüğünde tepkilerinin anlaşılabilir olduğunu mu düşünürdünüz? Eğer yaşamınızda olup bitenler açık değilse bile, kendinizi nasıl hissettiğinizi açıklayın. Eski deneyimlerinizin sonucu olan düşünce alışkanlıkları olarak açıklanabilir mi? Eğer öyleyse; üzerinize yapışıp kalan şeyleri kullanmak yerine kendinize karşı daha nazik ve anlayışlı olmayı, yapmanız gereken şeyler için kendinizi yüreklendirmeyi ve gereksinim duyduğunuz yardımı almayı daha yararlı bulabilirsiniz.

Tek başına idare edebilmek yararlı olsa da, yardım ve destek alabilmenin avantajları ne olabilir?

Jim gibi siz de yardım istemenin zayıflık veya yetersizlik işareti olduğunu düşünebilirsiniz. İki ayağınız üzerinde durabilmeniz gerekmektedir. Ama gerçekten ihtiyaç duyduğunuzda yardım istemek sizi aslında daha zayıf değil, güçlü bir konuma sokar çünkü size kendi başınıza halledebileceğinizden daha geniş çeşitlilikteki durumları başarıyla ele alma şansını sağlar. Zor durumdaki başkaları size yardım veya destek için geldiğinde ne hissediyorsunuz? Otomatik olarak onların zayıf veya acıklı durumda olduğu sonucunu mu çıkartıyorsunuz? Kendileri için yardım istemekte zorlanan kişiler genellikle başkalarına yardım sağlamakta iyidirler. Başkalarını aksi yönde yargılamazlar. Tam tersine başkalarına yardım önermek, kendilerini yararlı, onlara ihtiyaç duyanlara karşı istenilen, sıcak biri gibi hissettirir. Onlara bu şansın yarısını verseniz, sizi önemseyen insanların sizinle ilgili hissedeceği şeyler de bunlar olabilir.

Alternatif olarak, (Kate gibi) eğer yardım isterseniz hayal kırıklığına uğrayacağınızdan korkabilirsiniz. Başkalarının buna olumsuz bakabilir. Reddedebilir, hakaret edebilir veya ihtiyaç duyduğunuz şeyi veremeyebilirler. Bu noktada bu şekilde davranmayacak kişileri seçmek yararlı olabilir. Başkalarının size nasıl tepki vereceğini sınamanın en iyi yolu denemektir. 4. Bölüm'de gördüğünüz gibi öngörülerinizi deneyip, kontrol edin.

Kendinizi geçmiş hata ve başarısızlıklar üzerinden yargılamak ne kadar adil?

Düşük özgüveni olan kişiler bazen ne yaptıklarını, ne olduklarıyla karıştırırlar. Kötü davranışı kötü insan olma işareti ya da başarısız olmayı daha geniş anlamda başarısızlık olarak görürler. Bu doğru olsaydı, dünyadaki kimse kendini iyi hissedemezdi. Yaptığımız şeylerden pişmanlık duyabiliriz (Arran gibi) ama bundan hareketle kendini suçlu çıkarmak ne bize yardımcı olur ne de doğrudur. Eğer iyi bir şey yaparsanız, bu sizi tamamen iyi biri yapar mı? Eğer düşük özgüveniniz varsa, buna inanmakta güçlük çekersiniz. Ama yanlış bir şey yaptığınızda, aynı hatayı yeniden yapabilirsiniz.

Oldukça kötü, değersiz, yetersiz, yararsız vs. olduğunuza yönelik inancınız kendini gerçekleştiren kehanet haline gelebilir. Pişmanlık duyduğunuz şeyleri onarmayı veya işlerin iyiye gitmesi için durumu sakince ele almanızı güçleştirir – zaten kumaşınızda varsa ne gerek var ki? Geçmiş hatalarınızı insani hatalar olarak görmek ve ders çıkarmak daha yapıcı olabilir. Kendinize karşı daha hoşgörülü davranmanıza izin verir – günahkârı değil, günahı mahkum eder.

Bu, kendinizi sınırlandırmayı bırakmak anlamına gelmez. Öne çıkarılması gereken noktayı öne almak ve aynı hataları ileride yapmayı engellemek için atılan ilk adımdır. Yapmış olduğunuz şey o zamanki bilgi düzeyiniz düşünüldüğünde yapabileceğiniz tek şey olmuş olabilir. Şimdi farklı görüyorsunuz, o zaman şimdiki daha geniş bakış açısının avantajlarını kullanın. Ve hatırlayın: Kötü ya da aptalca bir şey yapmış olabilirsiniz ama bu sizi kötü ya de aptal biri yapmaz.

Kendinizi belirli kusurlar üzerinden yargılamak ne kadar adil?

Sadece kendinizi ayarlamakta veya dakik olmakta, zamanınızı organize etmekte, insanlarla endişelenmeden konuşmakta zorlanmanız, sizinle ilgili insani olarak temel bir yanlış olduğunu gösterir mi? Kendinizle ilgili bir şeyi geliştirmek istediğiniz özelliklere sahip olmak sizi yalnızca insan ırkının bir parçası yapar. Eğer düşük özgüvenin temeli olarak bu konuda yaşadığınız güçlükleri görüyorsanız, çifte standart uyguluyor olabilirsiniz (bkz. s. 130). Aynı güçlüğü yaşayan başka birini de aynı şekilde yargılar mıydınız? Eğer öyle değilse, kendinize karşı daha hoşgörülü bir yaklaşımda bulunmayı deneyin. Bu özeleştiriye saplanmaktansa, ilerlemeniz için size yardımcı olur.

Unutmayın, kusurlarınız –her ne olursa olsun– sadece bir yanınızı temsil eder (olumlu özelliklerinizin listesi bunu zaten açığa çıkarmaya başlamış olabilir). "Akılcı Duygusal Terapi" adı verilen bir psikoterapi ekolünün kurucusu olan Albert Ellis bu noktayı vurgulamak için bir benzetme kullanmıştır: Bir sepet meyve hayal edin. Sepette harika bir ananas, iyi elmalar, sıradan bir ya da iki portakal, hâlâ olgunlaşmamış bir salkım üzüm, zamanı geçmiş birkaç armut ve altında tamamen kararıp çürümüş bir muz var. Şimdi soru şu: Sepeti tümüyle nasıl değerlendirirsiniz? Şöyle yapmak mümkündür. İçeriğini birer birer değerlendirebilirsiniz. Aynısı insanlar için de geçerlidir. Bütün olarak değerlendiremezsiniz – sadece bireysel yanlarını ve bireysel olarak yaptıklarını değerlendirebilirsiniz.

Özgüveninizin ne yapmanız veya nasıl olmanız gerektiği konusunda katı fikirlere dayanmasına izin vermeniz size ne kadar yardımcı olur?

Özgüveni kontrolünüz altında olmayabilecek belirli noktalara bağlamak sizi kaçınılmaz olarak düşük özgüvene karşı incinebilir duruma getirecektir. Özgüveninizin kendinizle ilgili belirli bir özelliğe bağlı olduğunu zaten fark etmiş olabilirsiniz (örneğin; insanları güldürme yetiniz, fiziksel gücünüz veya yüksek ücret kazanma beceriniz). Veya bunu güvendiğiniz şeyi kaybettikten sonra da fark edebilirsiniz (örneğin; yaşlandınız, fiziksel güzelliğiniz azaldı, emekli oldunuz, aileniz evden ayrıldı). Şimdi kendinize –tamamen veya sonunda ne olmanız gerektiğinden bağımsız olarak– değerinizin neye dayandığını sormanız gerekiyor.

Olumlu özelliklerinizin listesi burada iyi bir başlangıç noktası olabilir. Ona tekrar bakın. Özgüveninizi listedeki nitelik, güçlü yan, beceri ve yeteneklerinizin kaçına dayandırıyorsunuz? Bu konuda net bir bakış açısı bulmakta zorlanıyorsanız, tanıdığınız, sevdiğiniz, saydığınız insanları düşünün. Onları sizin için çekici kılan şeyleri yazın. Her kişiye niçin değer verdiğinizi değerlendirirken, özgüveninizin dayandığı o tek şey sizin için ne kadar önemli?

Karen fiziksel görünümüne yeniden değer vermenin özgüvenine

katkısı açısından bu soruşturmayı çok yararlı buldu. Kendisi hakkında listelediği pek çok olumlu özelliğinin (tarz, yaşamdan keyif alma becerisi, zeka) kilosu veya şekliyle ilgisi yoktu. Diğer taraftan, bu özelliklerin sadece kilo ve şeklin önemli olduğu inancı ile nasıl da bağlantılı olduğunu görebildi. Örneğin sadece yemek veya yememek ile meşgulken yaşamdan zevk almak zordu.

Sevdiği ve saydığı insanların listesini yaptı ve her birinde neyi çekici bulduğunu yazdı. Bazı ince ve fit insanları takdir ediyordu ama mizah yeteneği, duyarlılık, düşüncelilik ve sağduyu gibi başka değerler insani seviyede ağır basıyordu. Bunlarla kıyaslandığında fiziksel görünüm önemsizdi. Karen kendisini olduğu gibi kabul etmenin ve sevmenin, şişmanlık veya zayıflık gibi konu dışı bir standarta dayanarak düşünmesinden, daha iyi olacağını kabullendi..

Birisi bir konuda sizden iyi veya sizden fazlasına sahip olduğu için, bu onları daha iyi biri mi yapar?

Bazılarının belirli boyutlarda sizden daha ileride olduğu gerçeği (yeterlilik, güzellik, maddi başarı, kariyer gelişimi) onları insan olarak sizden daha iyi yapmaz. Her şeyde en iyi olmak mümkün değildir. Ve insanlar (boy, kilo, gelir gibi belirli bazı kıyaslamalar dışında) yanardağları ve oklu kirpileri karşılaştırır gibi anlamlı şekilde kıyaslanamaz. Kendi değeriniz ile ilgili algınız, başkalarıyla olan ilişkinizde nasıl durduğunuzdan bağımsız olarak, kendi içinizde gizlidir.

Başkalarının size karşı davranışı için nasıl bir insan olduğunuz dışında başka hangi nedenler bulunabilir?

Düşük özgüveni olanlar genellikle eğer diğerleri tarafından kötü davranış görürlerse veya olumsuz tepki alırlarsa, bunu bir şekilde hak ettiklerini düşünürler. Bu; başkalarının size yaptıklarına sınır koymanızı güçleştirip, başkalarının zamanına ve ilgisine bağlı olduğunuzu hissetmenizi; ihtiyaçlarınızı öne çıkartmanızı ve iyi hissetmek için yolunuzu kesen zehirleyici ilişkileri bitirmenize izin vermenizi zorlaştırır.

Başkalarının hakkınızda ne düşündüğünü veya size nasıl davrandığını kişisel değeriniz olarak ele almak, pek çok nedenden dolayı anlamlı değildir. Örneğin:

- İnsanların yargıları her zaman güvenilir değildir. Örneğin Hitler, ülkesinde 1930'larda ve hatta sonrasında yaygın şekilde saygı görüyordu. Tarih, görüşünün yanlış olduğunu gösterdi.
- Birinin bir şeyi sevmemesi, onun değeri olmadığını göstermez. Eğer çikolatalı dondurmayı sevmiyorsam, bu onu kötü bir şey yapar mı?
- Eğer kendi hakkınızdaki görüşünüz, başkalarının sizin hakkınızdaki görüşlerine dayanıyorsa, kendiniz hakkında sabit bir görüşünüzün olması (eğer olanaksız değilse) zordur. Eğer biri sizi belirli bir gün içinde severse, bu sizin uygun bir insan olduğunuz anlamına gelir. Eğer ertesi gün aniden bir tartışma yaşayıp ayrı düşerseniz, uygun değilsiniz demektir. Bu iki olasılığın her ikisi birden nasıl doğru olabilir? Siz hâlâ aynı kişisiniz. Ve yine; biri sizi seven diğeri sevmeyen eğer iki kişiyle birlikteyseniz, aynı anda hem uygun hem uygun olmayan kişi olurdunuz. Kendinizle ilgili hissiniz için başkalarının görüşlerine güvenmek karmaşa için en kısa yoldur.
- Herkesin her zaman onayını ve beğenisini almak mümkün değildir. İnsanların zevkleri çeşitlidir. Eğer herkesi memnun etmeye çalışırsanız, sürekli çatışan taleplerle karşılaşırsınız. Pek çok kişiyi, çoğu zaman memnun etmeyi becerseniz bile, kendinizi hâlâ değerli hissetmezsiniz, çünkü her an birini memnuniyetsiz hale getirebilir; eleştiri veya kabalıkla karşılaşabilirsiniz. Kendinizle ilgili olumlu düşüncenizi başkalarının görüşlerine göre temellendirmek, evinizi kaygan bir zemine inşa etmek gibidir.

İnsanların nasıl davrandığı hakkında pek çok olası neden olabilir. Eski temel inancınızı destekleyen davranışlara sahip görünen belirli bir kişinin (veya kişilerin) böyle düşünmek ve davranmak için ne gibi nedenleri olabilir? Örneğin erken dönemde öğrendikleri bilgiler, şimdi olduğundan farklı davranmalarını güçleştiriyor olabilir (Tıpkı çocukken istismar edilen veya şiddet gören çocukların, istismarda bulunan veya şiddet uygulayan kişilere dönüşmesi gibi). Sadece duruma bağlı olarak kötü davranıyor olabilirler (stres, baskı, hastalık, korku). Onlar farkında olmadan bile, onlara anlaşamadıkları birini hatırlatıyor olabilirsiniz. Onların tarzı olmayabilirsiniz. Size nasıl davrandıkları şahsi bir şey olmayabilir – sadece size değil herkese karşı tavırları eleştirel, sert veya hafife alıcıdır.

Eğer kendinizi genel olarak suçlamaktan vazgeçip, insanların size davranışlarının farklı nedenlerini düşünmeyi zor bulursanız, kendiniz dışındakilere kötü davranış ve nezaketsizliği nasıl açıkladığınızı gözlemleyin. Örneğin, geçmiş yıllarda çocuk istismarı başlıklara çıktı. Böyle bir olay duyduğunuzda, hemen her zaman sorgudaki çocuğun suçlanması gerektiğini mi öngörüyorsunuz? Veya sorumluluğu yetişkin suistimalciye mi yöneltiyorsunuz? Benzer şekilde eğer göz korkutma, eziyet, tecavüz veya saldırı haberi okuduğunuzda otomatik kararınız buna uğrayanın hak etmiş olduğu yönünde mi? Veya failin yaptığından sorumlu olduğunu görebiliyor musunuz? Savaş kurbanı sivillerin başlarına gelenlerle ilgili kusurlu olduğunu mu düşünüyorsunuz? Yoksa onları başkaları tarafından kendi nedenleri için yürütülen şiddetin masum kurbanları olarak mı görüyorsunuz? Tüm bu durumlarda, otomatik tepkiniz kötü davranılan kişiye yönelik davranışı açıklarken onunla ilgili yanlış bir şey olduğu yönündedir – bir şekilde onların suçu olabilir mi? Veya olan biteni başka bir şekilde mi açıklıyorsunuz? Eğer öyleyse, benzer açıklamaları kendi deneyimlerinize uygulamayı deneyin.

Kendinizi sorumlu hissettiğiniz insanlar hakkındaki davranışınızda ne kadar gücünüz var?

Kendinizi sorumlu hissettiğiniz birisi iyi olmadığında kötü hissetmeniz, aslında diğerlerinin üzerinde gerçekte sahip olmadığınız bir güce sahip olduğunuzu varsaymaktır. Örneğin eğer bir parti düzenlerseniz, evinizi sıcak ve iyi karşılayan bir duruma getirip, iyi yemek ve içecek sunabilirsiniz, konuklarınızın hoşlanacağı türden müzik çalabilirsiniz ve birbirlerinden hoşlanacak insanları davet edebilirsiniz – ama herkesin zevk alacağını garanti edemezsiniz. Bunu yalnız, onlar yapabilir.

Daha ciddi bir örnek olarak Briony'nin kızı ele alındığında, Briony'nin bu durumdan ne kadar bunaldığını göstermek, kızına yaptığının kendisi için zararlı olabileceğini, kalabalıkta sürüklenmek yerine kendisini düşünmesi gerektiğini açıklamak için yapabileceği birçok şey vardır. Ama (kızının genç bir yetişkin olarak ihtiyaç duyduğu bağımsızlığı hiçe saymadan) 24 saatlik gözlem yapması ve evi terk etmesini yasaklaması mümkün olmaz. Diğer bir deyişle Briony durumu yapabileceği en şefkatli ve dikkatli şekilde ele almakta sorumludur ama sonunda kızının başka bir yerde ne yaptığı konusunda sorumlu olamaz, basitçe, bu kadar gücü yoktur.

Kontrolünüz dışında olandan, gerçekçi olarak ne yapabileceğinizi ayırıp başkalarına karşı olan sorumluluğunuzun sınırları konusunda açık olmayı deneyin. Kendinizle ilgili olumlu görüşünüzü, sorumluluklarınızı karşılamaya yönelik isteğinize dayandırmanız mantıklıdır. Özgüveninizi, üzerinde kontrolünüz bulunmayan şeylere dayandırmanız mantıklı değildir.

Özet

Eski temel inancınızı destekleyen kanıtları tanımlayıp onu anlayacak başka yollar bulduğunuzda, bölümün sonundaki Özet Sayfası'na dönün ve bulduklarınızı kısaca not edin. Sonra, tekrar eski ve yeni temel inancınıza ne kadar inandığınızı ve onları nasıl ele aldığınızı derecelendirin. Bir değişiklik görebiliyor musunuz? Eğer öyleyse değişikliğin nedeni ne? Eğer öyle değilse "kanıt"ı yorumlamak için hâlâ yeterince tatmin edici bir alternatif bulamadığınızdan mı? Yoksa hâlâ başvurmadığınız daha fazla "kanıt" mı var? Eğer öyleyse, yine deneyin.

Hangi kanıt yeni temel inancınızı destekleyip eskisiyle ters düşüyor?

Eski temel inancınızı destekleyen kanıtları tanımladınız, tarttınız ve onu yorumlayıp, açıklamak için diğer yolları aradınız. Denklemin diğer tarafında ise eski temel inanç ile direkt olarak ters düşen ve yenisini destekleyen kanıtlar aramak yer alır (eğer hâlâ bir alternatif tanımlayamadıysanız, eski temel inanç ile tutarlı olmayan bir kanıt aramaya devam edin). Bu iki farklı açı, eski temel inancı zayıflatmak için özeleştirel düşünceleri yanıtlamak ve iyi yönlerinize odaklanmanıza denk gelir. Birbirlerini tamamlarlar. Ek olarak, tıpkı özeleştiri konusunda yaptığınız çalışmanın eski temel inancınızı yeniden değerlendirmek konusunda size yardımcı olduğu gibi, güçlü olduğunuz noktalar, beceri ve özelliklerin altını çizmek ve onların günden güne daha fazla farkına varmak da yeni temel inancınızı destekleyen bilgiye odaklanmanız için size yardımcı olacaktır.

Yeni temel inancınızı destekleyen ve eskisiyle ters düşen yeni kanıtlar toplamak için iki ana yol vardır: Gözlem ve davranışsal deneyler.

1 Gözlem

Bölüm 2 (sayfa 54-55) eski temel inancınızın algıdaki sistematik yanlılıklar aracılığıyla nasıl yerinde tutulduğunu tanımladı. Bu yanlılıklar, temel inancınızla çelişen bilgileri dikkate almamanızı veya yok saymanızı; temel inancınızla uyumlu olan bilgilere ağırlık vermenizi kolaylaştırır. İyi noktalarınızı listeleyerek ve pratikte onların örneklerini kaydederek bu yanlılığı düzeltmek için çalıştınız. Şimdi, eski temel inancınızla çelişen şeyleri araştırmak ve kaydetmeye, kendinizle ilgili daha geniş bakış açısını destekleyen bilgilere ihtiyacınız var.

Tıpkı endişeli beklentilerinizi kontrol ederken, ne olmasından korktuğunuzla ilgili net olmanız gibi, gözleme başlamadan önce ne aradığınızla ilgili açık bir fikrinizin olması önemlidir. Aksi takdirde, çalıştığınız şeyle ilgisi olmayan gözlemlerle vakit kaybedebilir ve eski temel inancı zayıflatıp, yenisini güçlendirmek için bir şey yapmamış olursunuz. Gerçekten değişiklik yaratacak bilgiyi de kaçırabilirsiniz.

Aramanız gereken bilgi (veya kanıt) tamamen temel inancınızın doğasına dayanır. Örneğin, eski temel inancınız "Ben sevilmezim" ve yeni temel inancınız "Ben sevilebilirim" şeklindeyse, o zaman gerçekten sevilebilir olduğunuzu destekleyen kanıtları toplamalısınız (örneğin; size gülümseyen insanlar, sizinle vakit geçirmek isteyenler veya sizin varlığınızdan hoşnut olduğunu söyleyenler). Eğer diğer taraftan eski temel inancınız "Yetersizim" idiyse ve yenisi "Yeterliyim" şeklindeyse, o zaman gerçekten yeterli olduğunuz konusunda kanıt toplamanız gerekmektedir (örneğin, işleri zamanında yetiştirmek, sorulara makul cevaplar vermek veya işteki krizleri geçerli şekilde ele almak).

Kişisel olarak hangi bilgiye ihtiyaç duyduğunuzu bulmak için, aşağıda yer alan soruları yanıtlayın ve düşünebileceğiniz her şeyin listesini yapın:

- Hangi görüşünüzü eski temel inancınız ile tutarsız bulursunuz?
- Hangi bilgi veya deneyim size bunun yanlış, adaletsiz veya geçersiz olduğunu gösterir?

ve tersine:

- Yeni temel inancınızla tutarlı olan hangi kanıtları görüyorsunuz?
- Hangi bilgi veya deneyimler size onun doğru, adil veya geçerli olduğunu gösterir?

Listenizdeki maddelerin tamamen açık ve belirli olduğundan emin olun. Eğer belirsiz ve yetersiz şekilde tanımlanmışlarsa, onları gözlemleyip gözlemlemediğinizle ilgili sorun yaşarsınız. Bu nedenle yukarıdaki "sevilebilir" ve "yeterli" sözcükleri, farklı kişiler tarafından farklı yorumlanacak global terimler olmaması için küçük parçalara bölünmüşlerdir.

Olasılıkların neler olabileceği konusunda size örnek vermek için, burada 2. Bölüm'de tanıştığınız kişilerden örnekler verilmiştir. Bunlar, her birinin yeni temel inançlarını desteklediğini dikkatlice düşündükleri kanıtların sonuçlarıdır.

Tablo 35. Eski temel inancı destekleyen kanıt: Örnekler

	Eski Temel İnanç	Yeni Temel İnanç	Aranacak destekleyici kanıt
Briony	Kötüyüm	Değerliyim	Başkaları için yaptıklarım Topluma katkı için yaptıklarım (örneğin: Hayırsever işlerim, siyasi etkinliğim) İyi noktalarım (listeden) İlişkilerim - insanların beni sevdiklerine dair işaretler (örneğin: Telefonla arama, mektuplar, davetler, insanların durup benimle konuşması)
Jesse	Yeteri kadar iyi değilim	Olduğum gibi iyiyim	İnsanların eski standardımda olmasam bile yaptıklarıma değer verdiklerinin işaretleri (gülümsemeler, övgüler, teşekkürler) Benimle ilgili iyi şeylerin performansımla ilgisi yoktur. (örneğin: Sosyal olmaktan hoşlanmak, müziği sevmek) Arkadaşlıklarım - insanların söyleyip yaptıkları şeyler beni bir işi nasıl yaptığım için değil, ben olduğum için sevdiklerini gösteriyor
Karen	Çekici değilim	Çekiciyim	Sahip olduğum iyi niteliklerin hiçbiri fiziksel görünümümle ilgili değil (listemden günlük örnekler) Erkeklerin benimle ilgilendiğinin işaretleri (çıkma teklifi, beğeniyle bakışlar, sohbet) İnsanların bana sıcak davranması (gülümseme, şakalarıma gülme, insanların yanıma oturması, beni görmekten memnun görünmeleri)

Geoff	Kabul edilmezim	Kabul edilebilirim	Kendim olmaya kalktığımda, hayallere daldığımda, sesim yükseldiğinde, konuların peşine düştüğümde, tüm enerjimi verdiğimde gelen olumlu tepkiler (insanların katılımı, hevesimle ateşlenmeleri, daha fazla bilmekistemeleri, beni yeniden görmek istemeleri, benimle zaman geçirmek istemeleri)
Arran	Değersizim	Aidim Sevilebilirim	Bir şeylerin parçası olduğumu gösteren her şey (futbol kulübü, iş arkadaşlarımın beni dışarıya bir şeyler içmeye çağırması, geldiğimde çocuklarımın bana merhaba demek için koşturmaları, eşimin bana sarılması)
Kate	Sevilmezim	Herkes kadar iyiyim	Arkadaşlarımın bana karşı sevgisi, ebeveynimin benim için pratikte yaptıkları (onu gösterme şekilleri) Sevilebilir olduğumu gösteren hakkımdaki iyi şeyler (sadakatim, düşünceliliğim, diğer insanların ihtiyaçlarına uyum sağlayabilmem)
Sarah	Aşağıyım	Açık fikirliyim	Olumlu özelliklerim (örnekler kaydetmeye devam edin) Hayatımda hak ettiğim iyi şeyler (evim, arkadaşlarım, yeni yavru kedim)
Chris	Aptalım	Gerektiği kadar güçlü ve yeterliyim	Öğrenme olanaklarına karşı kendimi açmam, Merakım. Disleksimle yüzleşmem ve hakkında bir şeyler yapıyor olmam.

	Eski Temel İnanç	Yeni Temel İnanç	Aranacak destekleyici kanıt
Jim	Güçlü ve yeterliyim Nevrotik bir harabeyim	Gerektiği kadar güçlü ve yeterliyim	Hayatımı yürütebilme yeteneğimdeki günlük işaretler (evde ve işyerindeki krizleri ele almak, aile finansını yönetmek, işimi iyi yapmak) Yardıma ihtiyaç duyduğumda bunu fark etmem ve söylemem.

2 Davranışsal deneyler

Endişeli beklentilerin geçerliliğini sınamak, özeleştirel düşüncelere karşı çıkmak ve yeni Yaşam Kuralları'nı sınamak için zaten deneyim kazandınız. Şimdi sıra yeni temel inancınız gerçekmiş gibi davranmayı deneyip, düşük özgüvenin etrafınıza inşa ettiği hapishanenin duvarlarını yıkmakta. Eski temel inancınızı düşünerek yaptığınız çalışmalara rağmen, bunu yapmaktan kendinizi hâlâ rahatsız hissediyor veya hatta korkuyor olabilirsiniz. Farklı şekilde davranmayı düşündüğünüzde, yeni bir durum içine girme konusunda endişelendiğinizde, hatta yeni kendinizle olmayı başarmanın ardından nasıl iyi gittiği konusunda kuşkuya düştüğünüzde aklınızdan neler geçtiğini fark edin. Bu duyguların arkasında endişeli beklentiler ve özeleştirel düşünceleri bulma olasılığınız var. Eğer öyleyse, onlar için ne yapacağınızı biliyorsunuz.

Burada da, sürdüreceğiniz deneyler temel inancınızın doğasına dayanıyor. Hangi deneylerin hakkınızdaki yeni bakışı onaylayıp güçlendirdiğini aklınızda bulundurun. Bu yeni bakışın yararlı ve doğru olduğunu keşfetmeniz için ne yapmanız gerekiyor? Endişeli beklentiler konusunda çalışırken nelerden kaçındığınızı ve gereksiz önlemleri kullanmaya gereksinim duyduğunuz durumları hatırlayın. Kaçındığınız konuda ilerlemeyi ve aldığınız önlemleri bırakmayı denediniz – keşfettikleriniz buraya ne kadar uyuyor? Benzer durumlarda başka hangi deneyleri yapabilirdiniz?

Aynı şekilde kendinize karşı nazik davranmayı öğrendiğiniz zaman yaptığınız değişiklikleri düşünün ve yaşamınız için ödüller ve keyif alanları geliştirin. Bu şimdi yaptığınıza ne kadar uyuyor? Yeni temel inancınıza olan inancınızı desteklemek için yapabileceğiniz başka benzer şeyler var mı? Veya aynısından daha fazla yapabileceğiniz?

Yeni temel inancınıza inanan biri gündelik hayatta ne yapardı, bunun üzerinde çalışın. Yaşamın değişik alanlarında yapabileceğiniz şeylerin listesini yapın – iş, boş zaman, yakın ilişkiler, sosyal yaşam, kendinizle ilgilenmek. Sonra listenizi belirli deneylere dönüştürün ve günlük hayatınızda uygulamaya koymaya başlayın. Burada size olası bazı deneyler konusunda fikir verebilecek çeşitli örnekler bulunmaktadır.

Tablo 36. Yeni temel inanç oluşturmak – davranışsal deneyler: Örnekler

	Yeni Temel İnanç	Deneyler
Briony	Değerliyim	Güvendiğim insanın temasa geçmesini beklemek yerine ilk adımı atmak. İnsanlara karşı kendim hakkında adım adım daha açık olmak Kendim için ödül ve keyif alanları planlamak
Jesse	Olduğum gibi iyiyim	Standartlarımı düşürmek - görev ve dokümanlara daha az zaman ayırmak. Küçük hatalara odaklanmayı bırakmak ve etkisini gözlemlemek Cehaleti kabul etmek "Bu konuda hiç fikrim yok" demeyi deneyimlemek
Karen	Çekiciyim	Kendimi şişman hissetsem de yüzmeye gitmek Ölü renklerin arkasına saklanmak yerine bana uyan renkli giysiler giymek

	Yeni Temel İnanç	Deneyler
Geoff	Kabul edilebilirim	Kendimi bastırmayı bırakmak duygularımı göstermek ve böyle yaptığımda insanların tepkilerini gözlemlemek Başkasının konuşması yerine duygularımı ifade etmek Her şeyi prova etmek yerine aklıma geleni söylemek
Arran	Aidim	İnsanlara karşı ilk hamleyi yapma riskini göze almak Kiralık ev yerine satın alabileceğim bir ev bakmak.
Kate	Sevilebilirim	"Hayır" demek İhtiyaç duyduğumu istemek aksi takdirde elde edemem
Sarah	Herkes kadar iyiyim	İnsanların zamanı ve dikkatini kazanmayı hak etmişim gibi düşünmek Onlardan kaçınmak yerine kendimi göstermek için fırsatlara bakmak Eleştirileri okumak - söyledikleri ile aynı fikirde olmak zorunda değilim
Chris	Açık fikirliyim	Kaçırılan fırsatları telafi etmek yetişkinler için eğitim fırsatlarını araştırmak ve disleksli ile olanakların ne olduğuna göz atmak Sorun yokmuş gibi davranmak yerine insanlara sorunu anlatmak
Jim	Gerektiği kadar güçlü ve yeterliyim	Gerçekten ihtiyaç duymasam bile, yardım almak için bir neden bulmak Bir şey beni rahatsız ettiğinde, onun hakkında konuşmak

Özet

Bu aşamada ne gözlemlediğinizi kaydetmek önemli olacaktır. Tıpkı endişeli beklentilerinizle ilgili yaptığınız deneyler sonucunda elde ettiğiniz bilgilerle yaptığınız gibi, vardığınız sonuçları dikkatli şekilde gözlemlediğinizden de emin olun. Ne fark ettiğinizin, tam olarak ne yaptığınızın ve neye dönüştüğünün dikkatli bir kaydını tutmak, yeni temel inancınızla uyumlu bilgi toplamanıza izin verir. Örneğin bunu olumlu noktalarınızın örnekleriyle birlikte Olumlu Kayıt Günceniz'e yazabilirsiniz. Eğer kaydetmezseniz, unutulur veya kaybolur ve ileride kendiniz hakkında kuşkuya düştüğünüzde gelecekte sizin için herhangi bir veri mevcut olmaz.

Sonuçta, bölümün sonundaki Özet Sayfası'na dönün ve yeni temel inancınız ile ilgili kanıt ararken ne keşfettiğinizi özetleyin. Ve yine, eski ve yeni temel inancınızın duygularınıza olan etkisini bir kez daha derecelendirin. Eski temel inancınız zayıfladıkça bu derecelendirmeleri düzenli olarak tekrar etmek ve yeni temel inancınız için kanıt toplamak zaman içinde nasıl değiştiğinizi gösterecektir.

Uzun vadeli bir bakış açısı geliştirmek

Yeni bir temel inanç inşa edip, güçlendirmek bir gecede olmaz. Tamamen tatmin olduğunuzu düşündüğünüz alternatifi bulmak için sistematik gözlem ve deneyimleme haftalar, hatta aylar alabilir. Eski temel inancınızı destekleyen kanıt toplamanız bir ömür sürdü. Topladınız ve sakladınız, düşünüp taşındınız ve kendiniz için sonuçlarının etkisini gördünüz. Yeni temel inancınızı desteklemek için benzer şekilde, yine bir yaşam boyu kanıta gereksinim duymayacaksınız (bu cesaret kırıcı bir düşünce olurdu!). Ama yeni temel inancınızla uyumlu düşünmek ve davranmak ikinci doğanız haline gelene kadar zaman ve enerji yatırımı yapmalı, kayıt tutmalı ve pratiğe düzenli olarak devam etmelisiniz. Bu noktaya ulaştığınızda, düşük özgüvenin üstesinden gelmek yolunda son adımı atmış olacaksınız. Kitabın son bölümü bunu nasıl yapacağınız konusunda size bazı fikirler verecektir.

ÖZET

1. Düşük özgüvenin üstesinden gelmek için son adım temel inancınızı kendi sözlerinizle tanımlamaktır. Bunu yapmak için kullanabileceğiniz farklı bilgi kaynakları bulunmaktadır.
2. Eski, olumsuz temel inancınızı bir kez tanımladığınızda, derhal daha olumlu, dengeli bir alternatif üretmek için ilerleyebilirsiniz. Bu; sizin kendinizle ilgili eski inanışlarınızla tezat oluşturan gözlemlediğiniz ve önceden hesapladığınız bilgiyi fark etmenize yardımcı olacaktır.
3. Sonraki adım, eski temel inancınızı desteklemek için kullanmış olduğunuz kanıtları belirlemek ve onun gerçek sizi yansıttığını varsaymaktansa, onu anlamak için başka yollar bulup bulamayacağınızı araştırmaktır.
4. Son göreviniz; gözlem ve deneyler ile yeni temel inancınız doğruymuş gibi davranarak hangi deneyim ve bilgilerin yeni temel inancınızı destekleyeceğine karar vermek, onları araştırmak ve sonuçları gözlemlemektir.

Tablo 37. Temel inancınızı zayıflatmak: Özet Sayfası

- **Eski temel inancım: "Ben** ....

	İnanç	Duygular (0-100)
Eski temel inanç en inandırıcı olduğunda:	%............................	....
En az inandırıcı olduğunda:	%............................	....
Kitaba başladığımda:	%............................	....

- **Yeni temel inancım: "Ben** ....

	İnanç	Duygular (0-100)
Yeni temel inanç en inandırıcı olduğunda:	%............................	....
En az inandırıcı olduğunda:	%............................	....
Kitaba başladığımda:	%............................	....

- **Eski temel inancı destekleyen "Kanıt" ve onu nasıl anladığım:**

Kanıt	Yeni anlayış

Bu yeni anlayışın ışığında, şimdi
Eski Temel İnancıma % .... inanıyorum

Bu yeni anlayışın ışığında, şimdi
Yeni Temel İnancıma % .... inanıyorum

- **Yeni temel inancımı destekleyen (geçmiş ve şimdiki) kanıtlar:**

....

....

....

....

....

Bu yeni anlayışın ışığında, şimdi
Eski Temel İnancıma % .... inanıyorum

Bu yeni anlayışın ışığında, şimdi
Yeni Temel İnancıma % .... inanıyorum

- **Gözlem: Yeni temel inancımı desteklemek için toplamaya gereksinim duyduğum daha fazla kanıt için uyanık olmam gereken bilgi ve denemeler:**

....

....

....

....

....

- **Deneyler: Yeni temel inancı desteklemek için daha fazla kanıt toplamak üzere yapmam gereken özel şeyler:**

....

....

....

....

....

Tablo 38. Temel inancınızı zayıflatmak: Briony

• **Eski temel inancım: "Ben *Kötüyüm***

	İnanç	Duygular (0-100)
Eski temel inanç en inandırıcı olduğunda:	% 70	Ümitsizlik 75 Suçluluk 60
En az inandırıcı olduğunda:	% 45	Ümitsizlik 50 Suçluluk 40
Kitaba başladığımda:	% 100	Ümitsizlik 100 Suçluluk 100

• **Yeni temel inancım: "Ben *Değerliyim***

	İnanç	Duygular (0-100)
Yeni temel inanç en inandırıcı olduğunda:	% 50	Ümit 30 Rahatlama 40
En az inandırıcı olduğunda:	% 20	Ümit 10 Rahatlama 10
Kitaba başladığımda:	% 0	Ümit 0 Rahatlama 0

• **Eski temel inancı destekleyen "Kanıt" ve onu nasıl anladığım:**

Kanıt	Yeni anlayış
Ebeveynim öldü kendimi suçladım	*Beni içtenlikle sevdiler ve ellerinden gelebilseydi beni asla terk etmezlerdi.*
Üvey ailemin davranışı	*Benim suçum değil-davranışları kötü ve zalimdi ve bunun için bir neden yoktu. Hiçbir çocuk böyle davranılmayı hak etmez.*
Üvey babamın suiistimali	*Kötücül bir davranıştı. Bunu biliyordu: o nedenle gizledi. O yetişkindi, ben çocuktum. Güvenimi asla bu şekilde suiistimal etmemeliydi. Bu hastalıklı bir şeydi.*
İlk evliliğim-eşim sürekli benimle alay etti, eleştirdi ve beni yıprattı.	*Şimdi başka ilişkilerde de böyle olduğunu biliyorum. Olan oldu. Karşı koyabilecek durumda değildim. Kötü olduğuma dair inancım kendini gerçekleştiren bir kehanetti. Bunu hak ettiğimi düşündüm.*

• **Eski temel inancı destekleyen "Kanıt" ve onu nasıl anladığım:**

Kanıt	Yeni anlayış
İnsanların rahatsız edici veya kaba olması, beni susturması	*Bu bazen olabilir-herkesi mutlu edemem. Bu benim kötü olduğum anlamına gelmez.*

Bu yeni anlayışın ışığında, şimdi
Eski Temel İnancıma % 30 inanıyorum

Bu yeni anlayışın ışığında, şimdi
Yeni Temel İnancıma % 75 inanıyorum

• **Yeni temel inancımı destekleyen (geçmiş ve şimdiki) kanıtlar:**

Ebeveynim beni sevdi. Bunu kişisel anılarım, fotoğraflarım ve sahip olduklarımdan biliyorum.
Büyükannem beni sevdi. Beni koruyamadı ama kendimi değerli ve sevilebilir hissettirdi.
Arkadaş edinmek için çok fazla dikenli ve mutsuz olmama rağmen okulda bazı arkadaşlar edindim. (Benim suçum değil)
İlk evliliğimde suiistimal edilsem bile bir işim olmasını becerebildim ve çocuk sahibi olduktan sonra onları babalarından korudum.
Onları suiistimal etme işaretleri vermeye başladığında, asla tek başıma yapabileceğimi düşünmememe rağmen terketme cesaretini gösterdim.
Beni seven ve destekleyen ikinci bir eş buldum. İyi bir adam ve beni seçti, tüm güçlüklerime rağmen bağlandı.
Başıma geleni atlatmak için mücadele verdim ve iyi savaştım.
Listemdeki tüm iyi noktalar.

Bu yeni anlayışın ışığında, şimdi
Eski Temel İnancıma % 20 inanıyorum

Bu yeni anlayışın ışığında, şimdi
Yeni Temel İnancıma % 85 inanıyorum

• **Gözlem: Yeni temel inancımı desteklemek için toplamaya gereksinim duyduğum daha fazla kanıt için uyanık olmam gereken bilgi ve denemeler:**

Başkaları için yaptığım şeyler, özellikle çocuklara harcadığım tüm zaman ve özen. Onlara ve eşime olan sevgim. Onlardan aldığım keyif. Onlarla ilgilenmekteki yaratıcılığım ve hayal gücüm ve onları iyi insanlar haline getirmek için yardım etmek.
Topluma sağladıklarım (Yardım işleri, politik aktivistliğim)
Gündelik hayatta kendini gösteren iyi yönlerim.
İlişkilerim - insanların beni sevdiğine dair işaretler, telefonlar, mektuplar, davetler. İnsanların benimle konuşmak ve işlere dahil olmamı istemeleri.
Zekâm - en azından eğitim almaya ve bununla ilgili bir şey yapmaya layık olduğumu düşünüyorum.

- **Deneyler: Yeni temel inancımı desteklemek için daha fazla kanıt toplamak üzere yapmam gereken özel şeyler:**

Güvendiğim insanlara karşı, onlardan beklemek yerine, ilk adımı atmak.
İnsanlara karşı kendimle ilgili adım adım daha açık olmak - gerçekten benden uzaklaşıyorlar mı bakmak.
Kendim için ödül ve keyif alanları planlamak - Hak ediyorum.
Eğitime vakit ayırmak. Uygun bir kurs için birikim yapmaya başlamak.
İşlerin yolunda gitmesi için evdekilere daha fazla sorumluluk vermek.
Gerçekten daha iyisini yapabileceğim daha iyi bir iş aramak.

9
Toparlama ve gelecek planı

Giriş

Bu kitap boyunca çalışırken, düşük özgüveni sürdüren düşünme alışkanlıklarıyla uğraştınız ve yaşam için yeni kurallar, yeni bir temel inanç belirlediniz. Gündelik yaşamınızda bu inanç doğruymuş gibi düşünerek davrandınız. Bu bölümde, düşük özgüvenin üstesinden gelmek için üzerinde çalıştığınız pratik fikirler 2. Bölüm'deki çizelgeyle bağdaştırılacaktır (sayfa 39). Böylelikle şimdiye kadar yapmış olduklarınızın, başlarken tarif edilen düşük özgüvenin bilişsel açıklaması ile nasıl uyum içinde olduğunu görebilirsiniz. O zaman, kitabı kapattığınızda arkanızda kalacak bilgiler olmak yerine, değişikliklerin yerleşmesi ve sürdürülmesini garantilemek için ilerleyelim. Bölüm, burada okuduğunuz fikirleri ilginç ve geçerli bulmanız halinde başarılı şekilde harekete geçebilmek için dışarıdan nasıl yardım isteyebileceğinizle ilgili bazı fikirlerle sonlanacaktır.

Düşük özgüvenin üstesinden gelmek: Her şey hangi noktada birleşiyor?

255-56'ncı sayfalarda düşük özgüvenin ortaya çıkması ve sürmesini açıklayan çizelgeyi bulacaksınız. Zaten daha önceki bölümlerden buna aşinasınız. Burada, düşük özgüvenin nasıl geliştiği ve sürdüğü yerine;

eski temel inancınızı zayıflatmak ve yenisini güçlendirmek için kullandığınız yöntemleri farklı başlıklar altında göreceksiniz. Bu, yaptığınız değişikliklerin özgüven düşüklüğünü altetmek için yaptığınız planla ne kadar uygun olduğunu açıkça görebilmeniz içindir. Düşük özgüveni anlamak için çizelgede gösterilen bilişsel yaklaşım, düşünce ve inanışların günlük duygu ve davranıştaki etkisini vurgular. Bu vurgu, izlediğiniz yolda atmış olduğunuz her adım hakkında size bilgi verir.

Geleceği planlamak

Endişeli beklentiler ve özeleştirel düşünceleri ele almak, kendinizle ilgili olumlu yönlere odaklanmak, rahatlamak ve keyiflenmek, yeni kurallar ve daha esnek bir temel inanç geliştirmekle ilgili oldukça başarılı olmuş olabilirsiniz. Ancak öğrendiğinizi düzenli olarak pratiğe dökmedikçe, şimdi içgörü gibi görünen şeylerin belirsiz ve değerlendirmesi zor şeyler durumuna gelmesi olasıdır. Kendinize daha anlayışlı davranma yollarınız da zamanla bozulur.

Daha önce söylediğimiz gibi, eski alışkanlıklar zor yok olur. Özellikle stresliyseniz, baskı altındaysanız veya kendinizi aşağı, kötü veya değersiz hissediyorsanız, dünyadaki en iyi durumda olsanız bile, eski temel inancınız tekrar yüzeye çıkacak ve onunla birlikte kendinizle ilgili katı, affetmeyen standartlarınız, en kötüsünü bekleme, olumluları eleme, olumsuzlara odaklanma, kendinizi eleştirme ve kendinize iyi davranmama durumu tekrar ortaya çıkacaktır.

Bununla ilgili endişelenecek bir şey yoktur. Sonuçta artık düşük özgüveni sürdüren kısırdöngüyü nasıl kıracağınızı biliyorsunuz ve Yeni Yaşam Kuralları ile yeni bir temel inanç oluşturup, pratiğini yaptınız. Sadece kendinizi tekrar dengeli bir omurgaya oturtana kadar halihazırda bildiğiniz ve sistematik olarak pratiğini yaptığınız eski duruma geri dönmek söz konusu olacaktır.

Tablo 39. Düşük özgüvenin üstesinden gelmek: Alanın haritası

Düşük özgüvenin temelinde yatan olumsuz düşünceleri zayıflatmak:

(Erken) Deneyim
Hangi deneyimler (olaylar, ilişkiler, yaşam koşulları) kendiniz hakkındaki olumsuz düşüncelerin gelişmesine katkıda bulundu?
Hangi deneyimler onların sürmesine katkıda bulundu?

Bu deneyimler kendinizle ilgili olumsuz görüşü destekleyen "kanıtlar"ın bir parçası mı?

↓

Temel İnanç
Deneyime dayanarak, kendiniz hakkında nasıl sonuçlar çıkardınız?
Hakkınızdaki eski, olumsuz inanışlar nelerdi?

Hakkınızdaki hangi bakış açısı size daha anlamlı gelir?
Yeni Temel İnancınız ne?

Eski Temel İnancınızı desteklemek için hangi "kanıtlar"ı kullandınız?
Bu "kanıtlar" ı başka türlü nasıl anlayabilirdiniz?

↓

Hangi deneyimler (kanıtlar) yeni Temel İnancınızı destekliyor ve eskisiyle çelişiyor?
Hangi yeni bilgiye karşı (elediğiniz/yok saydığınız şeyler) uyanık olmanız gerekiyor?
Hangi deneyimleri sürdürmeniz gerekiyor?

↓

Yararsız Kuralları Değiştirmek:

Yaşam Kuralları
Yaşam Kurallarınız neler? Hangi şekilde mantıksız ve yararsızlar?

Hangi alternatifler daha mantıklı ve yararlı olurdu?
Onların test sürüşünü nasıl yapardınız?

↓

Kısırdöngüyü Kırmak:

Tetikleyen Durumlar
Hangi durumlarda Yaşam Kurallarınızı kırma riskini alabilirsiniz?

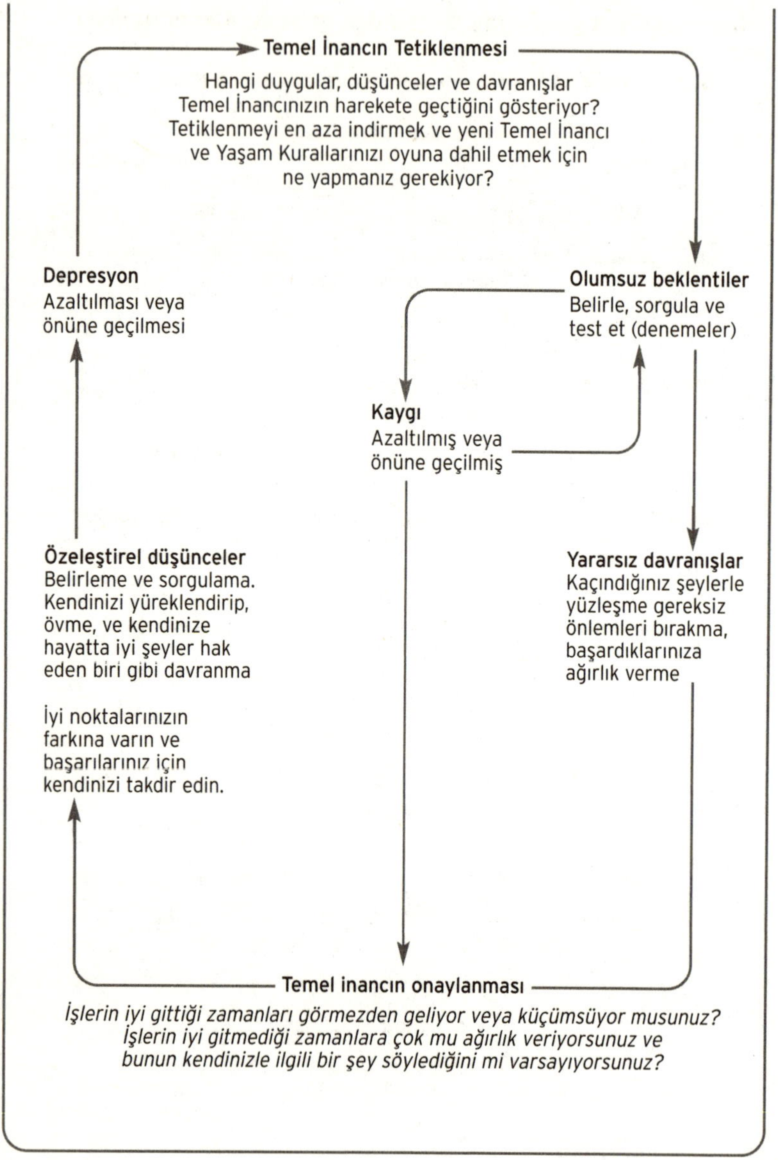
Temel İnancın Tetiklenmesi
Hangi duygular, düşünceler ve davranışlar Temel İnancınızın harekete geçtiğini gösteriyor? Tetiklenmeyi en aza indirmek ve yeni Temel İnancı ve Yaşam Kurallarınızı oyuna dahil etmek için ne yapmanız gerekiyor?
Depresyon
Azaltılması veya önüne geçilmesi
Olumsuz beklentiler
Belirle, sorgula ve test et (denemeler)
Kaygı
Azaltılmış veya önüne geçilmiş
Özeleştirel düşünceler
Belirleme ve sorgulama. Kendinizi yüreklendirip, övme, ve kendinize hayatta iyi şeyler hak eden biri gibi davranma
İyi noktalarınızın farkına varın ve başarılarınız için kendinizi takdir edin.
Yararsız davranışlar
Kaçındığınız şeylerle yüzleşme gereksiz önlemleri bırakma, başardıklarınıza ağırlık verme
Temel inancın onaylanması
İşlerin iyi gittiği zamanları görmezden geliyor veya küçümsüyor musunuz?
İşlerin iyi gitmediği zamanlara çok mu ağırlık veriyorsunuz ve bunun kendinizle ilgili bir şey söylediğini mi varsayıyorsunuz?

Eğer bir aksiliğin oluşabileceği konusunda sağlıklı bir farkındalığınız varsa, eski Temel İnancınızın tekrar ortaya çıkmasının erken işaretlerini belirlemek ve onunla gecikmeden uğraşmak için olası en uygun durumda olacaksınızdır. Onu neredeyse hemen eski yerine oturtabilirsiniz ("Off, tekrar oluyor"dan, hızlı bir vites değişikliğine geçersiniz) Veya bu sizin için biraz süre gerektirebilir.

Her şekilde de, deneyiminiz değerli olacaktır. Bu deneyim, yeni fikir ve becerilerinizin işinize yarayabileceğini keşfetmenize, çantanızdaki yeni olumlu bakışınızı ayarlamanıza olanak sağlar. İleriyi planlamak ve nasıl aksilikler olabileceğini ve onlarla ilgili ne yapabileceğinizi gözönünde bulundurmak, yaptığınız değişikliklerin uzun vadede sürekli olmasını sağlayacaktır.

Alternatif olarak, çok şey öğrendiğinizi düşünüp, kendinize yönelik düşünce ve davranışınızın hâlâ kırılgan olduğunu hissedebilirsiniz. Bu, eğer düşük özgüveniniz uzun yıllar boyunca yerinde kalmışsa ve yaşamanızda önemli etkisi olduysa doğru olabilir. Burada tekrar ne öğrendiğinizi özetlemek; ileriye bakmak ve yeni inancınızı nasıl pekiştireceğinizi planlamak, günlük yaşamınızla ilgili değişimlerin etkisini görmek ve yeni temel inancınıza olan inancınızı güçlendirmek yaptığınız değişikliklerin uzun vadeye taşınması için değerli olabilir.

İlerleyen bölümde gelecek için kendinize yönelik bir hareket planı geliştirmek için bazı sorular bulacaksınız. (Özet için bkz. sayfa 259 ve örnek için sayfa 226-27.)

Bu sorular, öğrendiğiniz ana noktalar için kısa bir özet hazırlamanız, yeni fikirleri günlük pratiğe koymaya devam etmeniz ve aksiliklerle en iyi şekilde baş etmeye hazırlanmanız için tasarlanmıştır.

Su geçirmez bir hareket planının adımları

İlk taslak

Sorulara verdiğiniz yanıtları, onları cevaplarken oluşan yararlı yardımcı noktalarla birlikte, yazın. Bu hareket planınızın ilk taslağıdır. Taslağı tamamladığınızda, inceleyin ve önemli bir şeyi unutup unutmadığınıza bakın. Kendinize yaptığınız her şeyi hatırlatmak için kitapta ve tuttuğunuz kayıtlarda geriye gidin. O an için en iyi versiyonu elde ettiğinizden emin olunca, hareket planınızı birkaç hafta pratiğe koyun.

İkinci taslak

İlk taslağınızı iki ya da üç hafta boyunca pratiğe dökmek size hareket planınızın ne kadar yardımcı olduğuna ilişkin iyi bir fikir vermiştir. Şimdi eğer isterseniz onu inceleme ve rafine etme zamanı. Çok önemli bir şeyi veya uyuşmadığınız şeylerin ortaya çıktığını dışarıda bıraktığınızı veya yazdığınızda açık görünen şeylerin gerçek hayatta uygulamaya çalıştığınızda veya bir süre sonra geriye baktığınızda daha az yararlı olduğunu keşfedebilirsiniz.

Sizin için gerekli görünen tüm değişiklikleri yapın ve daha uzun bir test sürüşü için yenilenmiş bir versiyon yazın. Bu yeni versiyonu ne kadar süreyle uygulamada tutacağınıza karar verin – üç ay, altı ay? Uzun vadede planın ne kadar yardımcı olacağını görmek için zamana gereksiniminiz var. Yeni temel inancınızın ne kadar iyi tasarlandığını görmek ve sizi günlük yaşamda kendinizle ilgili nasıl etkilediğini keşfetmek için fırsata ihtiyacınız var. Ayrıca hareket planınızın iniş çıkışlarınızı nasıl ele alacağınıza ve eski temel inancınız tekrar ortaya çıktığında ne kadar yardımcı olduğu konusunda da fikre ihtiyaç duyarsınız.

Sonuç taslağı

Uzun bir pratik sürecinden sonra, bir kez daha hareket planınızı tam olarak gözden geçirin. Size ne kadar yardımı oldu? Sizi ne kadar yolunuzda tuttu? Büyüyüp gelişmenizi sağladı mı? Aksilikleri mümkün olan en iyi şekilde ele almanızı sağladı mı?

Eğer her şey yolundaysa, ikinci taslak sonuç taslağınız olabilir. Ama öte yandan hareket planınızın hâlâ kusurları varsa, gerekli değişiklikleri yapın ve onaylayana kadar bir süre yeni versiyonun test sürüşünü yapın. Sonra tekrar gözden geçirin.

Eğer geleceği görmek gibi insanüstü yetenekleriniz yoksa, hareket planının her şeyi halletmeyeceğini bilmek gerekir. Sonuç taslağınız, taşlara kazınmış sonsuz bir gerçeklik tableti değil hâlâ bir taslaktır. Ne kadar uyumlu ve yardımcı olsa da; ileriki bir noktada geliştirilebileceğini fark ettiğinizde üzerinde durmak ve geliştirmek için değiştirip ayarlamaya hazırlıklı olun.

AKILLI olmak*

Hareket planı kurarken, plana göre yapacaklarınızın sizi istediğiniz yere götürmesini sağlamak önemlidir. Eğer planınız çok hırslıysa, başarıyla uygulamaya geçiremeyeceksinizdir ve bunun sizin cesaretinizi kırması, moralinizi bozması muhtemeldir. Eğer planınız çok belirsizse, bir hafta sonra (veya bir ay) veya iki ay sonra ne yapmanız gerektiği konusunda gerçek bir fikriniz olmadığını fark edebilirsiniz. Eğer planınız çok sınırlıysa, olmak istediğiniz kişi olmak konusunda bir gelişme kaydedemediğinizi hissedebilirsiniz. Yani hangi aşamada olursanız olun –ilk veya ikinci taslakta– Hareket Planınızın AKILLI kriterleri karşıladığından emin olun.

Tablo 40. Hareket planı: AKILLI kriterler

S	Yeteri kadar basit ve özel mi?
M	Ölçülebilir mi?
A	Üzerinde anlaşmaya varılmış mı?
R	Gerçekçi mi?
T	Zaman çizelgesi uygun mu?

Yeteri kadar Basit ve Özel mi?

Ne planladığınızı kısaca açıklayabilir misiniz? Bir çocuğun bile anlayabileceği kadar direkt mi? Bunu kontrol etmek için güvendiğiniz bir arkadaşınıza veya bir aile üyenize okumayı deneyin. Herhangi bir kıs-mı-

* Çevirenin notu: Sözcük, özgün İngilizce metinde "smart" (akıllı) olarak geçmektedir ve verilen kriter kelimelerinin ilk harflerinden oluşturulmuştur.

nı açıklayıp, netleştirmenizi istiyorlar mı? Eğer öyleyse, o kısmının tekrar taslak haline gelmesi gerekir. Tekrar yaptığınızda, onların kulağına nasıl geldiğini tekrar test edin.

Ölçülebilir mi?

Yapmak için önünüze koyduğunuz şeyi ne zaman başardığınızı nasıl anlarsınız? Örneğin, eğer hareket planınıza altı ay sadık kalsanız ne hissederdiniz? Hangi yeni alışkanlıklarınız hâlâ yerinde olurdu? Hangi özel hedeflere ulaşmış olurdunuz?

Yeni durumunuzun hâlâ güçlü olduğunu nasıl anlardınız? Ve eğer hâlâ değişiklik yapmanız gerekseydi, şu an yapmadığınız neyi yapıyor olurdunuz?

Eğer neyi aradığınızı açıklıkla belirlerseniz, planınızı pratiğe koymakta ne kadar iyi olduğunuza, nerede işe yaramadığına ve size nasıl yardımcı olduğuna karar vermeniz çok daha kolaylaşır.

Üzerinde anlaşmaya varılmış mı?

Planınızdan etkilenecek insanların fikir ve duygularını hesaba kattınız mı? Neyi belirttiği konusunda onların onayını aldınız mı (veya en azından anlayışlarını)? Bununla, yapmayı denediğiniz şey için ancak başkalarının hoşgörmesi halinde ilerlemeniz gerektiğini kastetmiyorum. Kendinizi daha iyi hissetmek ve özgüveninizi geliştirecek değişiklikleri yaşamınızda yapmak için izne ihtiyacınız yok. Ancak yaptığınız değişiklikler, başkaları için de değişiklik anlamına gelecektir. Örneğin, eğer fikirlerinizi dile getirmek ve ihtiyaçlarınızın karşılanması için daha ısrarcı olmayı planlıyorsanız, bunun kaçınılmaz olarak etrafınızdakiler üzerinde bir etkisi olacaktır. İş yaşamınızı nasıl organize ettiğinizi değiştirmeyi düşünüyorsanız (örneğin; daha fazla boş ve keyifli zaman geçirmek için çalışma saatlerinizi azaltmak veya daha mücadeleci görevler aramak gibi) bunun hem evde, hem işyerinde başkaları üzerinde etkisi olacaktır.

Hareket planınızı yaptığınızda bunu hesaba katmak önemlidir. Niyetlerinizle ilgili başkalarıyla iletişime girmenizi gerektiren şeyler var mı? Yapmak istediğiniz değişikler için en yakınınız ve sevdiklerinizle anlaşmaya varmak size yardımcı olur mu? Planınıza sadık kalmak için onların yardımını almaya ne dersiniz?

Ve başkalarını direkt olarak katmak istemeseniz bile, yaşamınızdaki değişikliklerin onlar üzerindeki etkisini gözönünde bulundurun. Herhangi bir şekilde olumsuz davranabilirler mi? Neyi öngörüyorsunuz? Yanılıyor olabilirsiniz – ama yine de gerçekçi olarak ne olabileceğini gözönünde bulundurursanız ve onu nasıl ele alacağınızı planlamışsanız (eğer gerekirse dış yardımla) konu üzerinde daha güçlü bir konumda olacaksınızdır.

Örneğin, Briony'nin planının bir parçası keyif aldığı şeylere daha fazla zaman ayırmaktı. Bunun, ev işlerinin üstesinden tek başına gelemeyeceği anlamına geldiğini fark etti. İyi bir anne olduğunu hissetmek için, eşi ona yardım edebilecekken ve çocukları katkıda bulunabilecek kadar büyümüş olmasına rağmen ailesinin tüm alışveriş, yemek pişirme, çamaşır ve temizlik işlerini yapmak zorunda olduğunu düşünüyordu.

Briony, ailesini tüm ev işini kendisine yüklemek konusunda eğittiğini fark etti. Özgüvenine katkıda bulunmak için onları da işe dahil etmenin iyi bir fikir olduğunu gördü ve onlara ev işini bölüşmek için daha adil bir plan yaptığını söyledi. Teoride ailesinin bundaki adaleti göreceğini öngördü ve yapmak istediği şeyin yararına olabileceğini düşündü. Ayrıca kendilerine düşeni yapmakta çekimser davranıp ve anlaşılır biçimde işleri olduğu gibi bırakacaklarını öngördü. Sonuçta işleri yapacak gönüllü bir hizmetçi varken, ellerini niye kirletsinlerdi ki? Bu durumda planına dikkatlice ailesinin onunla işleri paylaşırken başaramayacakları şeyler ile ilgili bazı ayrıntılar ekledi. Buna, kendisi için de değişikliği yapma nedenlerini ekledi: Yaşamda hizmetçi gibi çalışmaktan fazlasını hak eden değerli bir insandı.

Gerçekçi mi?

İlerisi için plan yaptığınızda, hesaba katın:

- Duygusal durumunuz, fiziksel sağlığınız
- Kaynaklarınız (Örneğin: Para, zaman, sizi önemseyip saygı gösterenler)
- Zaman ve enerjiniz üzerindeki diğer talepler ve
- Arkadaşlarınız, aileniz, meslektaşlarınız ve diğerlerinden aldığınız destek seviyesi (örneğin: Ait olduğunuz kadın grupları gibi)

Hareket planınız en çok bu etkenleri hesaba kattığında sağlam ve gerçekçi olacaktır. Ek olarak, bu plan en fazla bir veya iki sayfaya yazıldığında size çok yardımcı olacaktır. Daha uzun ve daha ayrıntılı olunca, ona dönmeniz ve zaman ilerledikçe ona başvurmanız daha az olasıdır. Eğer daha fazla ayrıntıya girmek istediğiniz noktalar varsa, onları hareket planında başvurabilmeniz için başka bir sayfaya yazın ve beraberinde tutun.

Zaman çizelgesi uygun mu?

Sonuç olarak, zaman çizelgesi açısından hareket planınızı devreye sokmak için ne kadar zaman ayıracağınızdan ve koyduğunuz hedefleri dikkatlice ele aldığınızdan emin olun. Bu, sizin için hangi değişikliklerin en önemli olduğunu ve hangilerinin daha az öncelikli olduğunu da içerebilir. Kendinize sorun:

- Öncelikleriniz neler? Eğer planınızın yüzde 20'sini kullanabilseydiniz, bunun hangi yüzde 20 olmasını isterdiniz?
- Hareket planınızı gerçekleştirmek için her hafta ne kadar zaman ayırmanız gerekiyor? Eğer hâlâ düşüncelerinizi yazıp sorgulamanın sizin için yararlı olduğunu düşünüyorsanız, kendinizi baskı altında hissetmeksizin veya acele etmeden bunu en yararlı şekilde yapabilmeniz için ne kadar zaman ayırmanız gerekecek (bu, her gün kaç örnek üzerinde çalışmak isteyeceğinizi de içerebilir)? Diğer taraftan aklınızdaki rahatsız edici düşüncelerle uğraşmak aşamasında olun ve düzenli olarak yeni temel inancınızı destekleyen

kanıtları yazmaya gereksinim duymaksızın fark edin. Bu noktada, düzenli gözlemleri planlamak yardımcı olabilir. Her şeyin nasıl gittiğini değerlendirmek ve kendinizi yeni meydan okumalara hazırlamak için her hafta (veya ay) ne kadar zaman ayıracaksınız?

- Özgüven düşünüldüğünde kişisel amaçlarınız neler? Üç ay sonra nerede olmak istiyorsunuz? Altı ay sonra? Bir yıl sonra?
- Gelişimi ne kadar sıklıkla gözden geçireceksiniz (başarı, zorluklar, size neyin yardımcı olduğu ve yolunuzu kesenler)?
- İlk gözden geçirme için bir tarih belirlediniz mi? Bu, gelecek hafta veya gelecek ay veya daha sonrası olabilir. Her ne zamansa, bir tarihe karar verip, kendinizle randevulaşın. Gözden geçirmenizi özel bir durum haline getirin. Öğle yemeğine çıkın, kendinize doğada veya sağlık spasında, deniz kenarında zaman ayırın. En azından evde kendinizi rahat hissettiğiniz huzurlu bir köşe bulun ve rahatsız edilmeyeceğiniz bir zaman yaratın. Ne elde ettiğinizi yansıtabilecek, rahat hissedebileceğiniz bir mekân oluşturun ve ileriyi düşünün.

İlk gözden geçirmenizi günlüğünüze veya takviminize tarihi ve saati ile hemen not edin. Ertelemenize veya dikkatinizin dağılmasına izin vermeyin. Bu, kendiniz için yaptığınız bir şey. Önemli. Ve hak ediyorsunuz.

Uyarı Notu

Hareket planları dosyalanıp, unutulabilir. Eğer nerede olduğunu bilmiyorsanız, ondan yararlanamazsınız. Onun bir köşede paslanıp, unutulup kalması aslında kendinize verdiğiniz "hiç önemli olmadığı" mesajıdır. Hareket planınızın nerede olduğunu bilin ve ihtiyaç duyduğunuzda kolaylıkla bulabileceğinizden emin olun. Özel bir yere koyun, eğer yapabiliyorsanız sadece size ait bir yere.

Hareket planlama: Yararlı sorular

Tablo 41. Hareket planı: AKILLI kriterler

1. Düşük özgüvenim nasıl gelişti?
2. Devamını ne sağladı?
3. Kitap boyunca yolumda ilerlerken neler öğrendim?
4. En önemli yararsız düşüncelerim, kurallarım ve inanışlarım nelerdi? Onlara hangi alternatifleri buldum?
5. Öğrendiklerimi nasıl yapılandırırım?
6. Benim için ne, bir aksiliğe neden olabilir?
7. Eğer bir aksilik olursa, ne yapacağım?

1. DÜŞÜK ÖZGÜVENİM NASIL GELİŞTİ?

Eski temel inancınızın oluşumuna yol açan deneyimlemeleri kısaca özetleyin. İlgiliyse onu daha sonra güçlendiren ileriki deneyimleri de dahil edin.

2. DEVAMINI NE SAĞLADI?

Bu sorunun yanıtında temel inancınızla başetmek için geliştirdiğiniz yararsız Yaşam Kurallarını ve kısırdöngüyü ateşleyen düşünceyi (size özel endişeli beklentiler ve özeleştirel düşünceleri) özetleyin. Buna, fark ettiğiniz ve ağırlık verdiğiniz önyargıları da dahil edin. Otomatik olarak neyi elediniz, görmezden geldiniz veya değersizleştirdiniz? Sonuç olarak, öngörülerinizin doğru olmadığını keşfetmekten sizi alıkoyan ve sizi aşağıda tutan gereksiz önlemlerinizi ve size zarar veren davranışlarınızı not edin.

3. KİTAP BOYUNCA YOLUMDA İLERLERKEN NELER ÖĞRENDİM?

Yardımcı bulduğunuz yeni fikirleri not edin (örneğin: "Kendimle ilgili inanışlarım düşüncedir, gerçekler değil.") Endişeli ve özeleştirel düşüncelerle, kurallar ve inanışlarla (örneğin: "Kanıtlara göz atıp, büyük resme bak", "Varsayma-kontrol et") başetmek için öğrendiğiniz özel yöntemleri de dahil edin. Geri dönüp ne yaptığınıza bakın ve size anlamlı gelen, kişisel olarak pratikte yararlı bulduğunuz her şeyi not edin.

4. En önemli yararsız düşüncelerim, kurallarım ve inanışlarım nelerdi? Onlara hangi alternatifleri buldum?

Size en çok sorun çıkartan endişeli beklentiler, özeleştirel düşünceler, Yaşam Kuralları ve temel inancınızı yazın. Hepsine karşı keşfettiğiniz alternatifleri özetleyin. Eğer özetlemek için yararlı bulduğunuz maddeler varsa, bunu başka bir sayfada yapmak yararlı olabilir. Aşağıdaki biçimi kullanabilirsiniz:

Yararsız düşünce/kural/inanış	Alternatif
....	....
....	....
....	....
....	....

5. Öğrendiklerimi nasıl yapılandırırım?

Öğrendiğiniz yeni fikir ve becerilerin pekişmesini sağlamak ve yaşamınızda nasıl ilerleyeceğinizin rutin bir parçası haline getirmek için geleceği düşünüp, ne yapacağınızı ayrıntılandırmak için fırsat burada. Bu, hâlâ yapmak istediğiniz değişiklikler varsa, onların üzerinde çalışmak için de bir şans da olabilir. Kitabın önceki sayfalarındaki belirli bölümlere dönüp ve bazı bölümler üzerinde tekrar çalışmak, yararsız Yaşam Kurallarını değiştirmek veya kendinizle ilgili henüz odaklanmadığınız inanışlara yönelmek de bu sürece dahil olabilir. Daha fazla okumayı veya ne keşfettiğinizi daha öteye götürmek veya daha etkili şekilde pratiğe sokmak için yardım arama kararı almayı da içerebilir. (arka sayfaya bakınız.)

Özellikle bölüm bölüm ele alındığında:

- Düşük özgüveninizin nasıl geliştiği ve onun devamını neyin sağladığı konusunda hâlâ tamamen anlamadığınız kısımlar var mı? Eğer öyleyse, onları netleştirmek için ne yapabilirsiniz?
- Kendinizi hâlâ endişeli hissettiğiniz ama neden olduğunu anlamadığınız durumlar var mı? Eğer öyleyse, o durumlardaki öngörüleriniz hakkında daha net bir bakışaçısı elde etmek için neye ihtiyacınız var? Öngörülerinizin neler olduğunu tamamen anladığınız halde, gereksiz tüm öngörülerinizi bırakmadığınız ve onlarla tamamen yüzleşmediğiniz durumlar var mı? Eğer öyleyse, onların adım adım çaresine bakmak için nasıl bir plan yapabilirsiniz? Sizi endişelendiren durumlarla başarıyla yüzleştiyseniz ve öngörülerinizin gerçek dışı olduğunu keşfettiyseniz bile gelecekte başka endişelerle karşılaşacak olabilirsiniz. (Endişe, insan deneyiminin normal bir parçası olduğu için, temel inancınızın bu olmaması sıradışı olurdu.) Gelecek endişelerle başetmek için öğrendiklerinizi nasıl kullanacaksınız?
- Özeleştirel düşünceleri belirlemek ve meydan okumak için yeteneğinizi becerinizi geliştirmeyi nasıl sağlayacaksınız? Hangi kendine zarar veren davranışlara hâlâ dikkat etmeniz gerekiyor? Bu davranışlar yerine ne planlıyorsunuz?
- İyi noktalarınızı aklınızda bulundurmak ve özellikleriniz, güçlü noktalarınız, becerileriniz ve yeteneklerinizin örneklerini günlük olarak fark etmekte ne kadar iyisiniz? Hâlâ yazılı kayıt tutmanız gerekiyor mu? Eğer gerekmese bile, öyle yapmak iyi olabilir miydi? Eğer ileride bir aksilik yaşarsanız, üzerinden geçmek için yararlı bir kaynak olabilir mi?
- Günlük ve haftalık örneğine baktığınızda "U" aktiviteleri (görevler, zorunluluklar, işler) ve "K" aktiviteleri (keyif ve rahatlama) arasında iyi bir denge sağlıyor musunuz? Eğer öyleyse, böyle devam etmeyi nasıl sağlayacaksınız? Ve eğer öyle değilse, yaptığınız değişikliklere ne katmanız gerekiyor?
- Yaptıklarınız ve başardıklarınız için kendinize düzenli olarak hakkınızı teslim ediyor musunuz? Eğer öyleyse, böyle devam etmeyi nasıl sağlayacaksınız? Eğer değilse, neden? Örneğin, özeleştirel düşünceler mi beliriyor? Veya kendiniz için hâlâ mükemmeliyetçi standartlara mı tutunuyorsunuz? Eğer öyleyse, onlar hakkında ne yapmanız gerekiyor?

- Yeni Yaşam Kurallarınızı ne kadar ikna edici buluyorsunuz? Onları pratiğe dökmek ne kadar kolay? Eğer size tamamen anlamlı geliyorlarsa ve onlarla uyum için hareket etmekte zorluk çekmiyorsanız, gidişat zorlaşıp, eski temel inanç tetiklenince durumun böyle devam etmesini nasıl sağlayacaksınız? Eski kurallara karşı karşı çıkmak ve sonuçlarını gözlemlemek konusundaki tutumunuz nasıl olması? Yazdığınızın zihninizde taze kalmasını sağlamak için "Kuralları Değiştirmek Özet Sayfası" nı ne kadar sıklıkla okumalısınız? Eğer hâlâ yeni kurallarınız veya onları kullanıma sokmak konusunda, onların güvenirliğini güçlendirmek ve alışkanlık haline getirmek için ne yapmanız gerekiyor? Hâlâ hangi denemeleri sürdürmeniz gerekiyor? Hangi düşünceler yolunuzu kesiyor ve onlarla nasıl başedebilirsiniz.
- Yeni temel inancınıza ne kadar inanıyorsunuz? Ve eskisine? Yeni temel inanç gerçekmişçesine ne kadar davranabiliyorsunuz? Eğer yeni temel inanca güçlü şekilde inanıp, düzenli olarak gerçekmiş gibi davranabiliyorsanız, baskı ve sıkıntı durumunda kaya gibi sağlam kalmasını nasıl sağlıyorsunuz? (Eğer artık düzenli olarak yazmasanız bile) hangi bilgiyi fark etmeye ihtiyacınız var? Hangi deneyimleri sürdürmeye veya yaşamınızın parçası yapmaya ihtiyacınız var? Zihninizin merkezinde kalmasını sağlamak için "Temel İnanç Özet Sayfası"nı ne kadar sıklıkla okumalısınız?

6. Benim için ne, bir aksiliğe neden olabilir?

Sizin durumunuzda eski temel inancınızın devreye girmesi durumunda hangi deneyimleme ve değişikliklerin hâlâ sorunlara neden olabileceğini gözönünde bulundurun. Geçmişte temel inancınızı harekete geçiren durumlarla ilgili bilginiz burada yararlı olacaktır (bkz. Bölüm 3, s. 61). Olasılıkla şimdi bu durumları çok daha yapıcı olarak ele alabilecek pozisyondasınız. Ancak yüksek seviyede stresle karşı karşıya olduğunuz veya yaşam durumunuzun çok zor olduğu veya yorgun, kötü, hissettiğinizde veya başka bir nedenle moralinizin bozuk olduğu varsayıldığında, bu sizi kişisel kuşkulara karşı kırılgan duruma getirebilir.

Kişisel incinebilirlikleriniz üzerinde çalışmanız, sizi işler kötü gittiğinde kolay fark etmeye ve bu konuda bir şeyler yapabilmeye hazırlayabilir.

7. EĞER BİR AKSİLİK OLURSA, NE YAPACAĞIM?

Öncelikle burada can alıcı nokta ne olup bittiğini fark etmektir. Eski temel inancınızın devrede olduğunun işaretlerinin neler olabileceğini ele alın. Nasıl hissetmeyi beklersiniz? Bedeninizde ne oluyor olabilir? Zihninizden hangi fikirler geçiyor olabilir? Hayalinizde hangi görüntüler belirebilir? Davranışınız hakkında ne fark ederdiniz? (Örneğin: Meydan okumaktan kaçınmak, zevk veren faaliyetlerden vazgeçmek, kendiniz için ayakta durmak ve ihtiyaçlarınızı karşılamayı kesmek gibi) Başkalarında ne fark ederdiniz? (Örneğin: Rahatsızlık, güvence verme, özürler.) Özgüveninizin dibe battığının güçlü işaretlerinin neler olabileceğini not edin.

Ayrıntılarıyla ele alınabilecek diğer bir şey de, bir aksiliğin başladığını gördüğünüzde ne yapmanız gerektiğidir. Kendinize söyleyeceğiniz ilk şey Douglas Adams'ın *'Otostopçunun Galaksi Rehberi'* kitabındaki acil durum açıklamasıdır: PANİĞE KAPILMAYIN! Özellikle uzun süredir bu sorununuz varsa, düşük özgüvenin üstesinden gelmeye yönelik yolculuğunuzda aksiliklerin çıkması doğaldır.

Bu, ilk kareye geri döndüğünüz veya kendinize yardımcı olabilecek bir şey yapmayı sürdürmeye gerek olmadığı anlamına gelmez. Tersine, dengenizi tekrar sağlayana dek ne öğrendiğinize geri dönüp ve sistematik olarak kullanıma sokmaya başlamanız gerekmektedir. Bu en temel noktalara, örneğin; belki bir süredir ihtiyaç duymuyorken her şeyi düzenli olarak yazmaya yeniden başlamak. Bu, geri adım gibi görünebilir. Aslında bu, kısa bir süre için Yeni Temel İnancı oluşturmak için fazladan zaman ve çaba harcamanız gerektiğini gösteren basit bir işarettir. Bu, daha çok, yabancı dilini öğrendiğiniz bir ülkeyi ziyaret etmek gibidir. Oldukça akıcı olsanız bile, başarılı bir meydan okuma için bildiklerinizi gözden geçirmek iyi bir fikirdir.

Dışarıdan yardım almak gerektiğinde yapılacaklar

Eğer bu kitaptaki fikirler sizin için anlam ifade ediyor fakat onları pratiğe dökmekte zorlanıyorsanız (belki Eski Temel İnancınız çok güçlü olduğu için veya yaşamınızda çok fazla etkisi olduğu için), o zaman kendi başınıza süreci ileri götürmek yerine size yardımcı olabilecek bir terapist aramak yardım sağlayabilir. Eğer düşük özgüveni bu şekilde anlamak ve üstesinden gelme fikrini sevdiyseniz, bir bilişsel davranışçı terapist aramak sizin için en iyi seçenek olabilir. Diğer taraftan daha dolaylı, daha az yapılandırılmış, günlük yaşamda değişiklik yapmak için pratik teknikler kazanmak yerine içgörü geliştirmeye daha çok vurgu yapan bir yaklaşım seçerseniz, o zaman farklı ekollerden bir danışman ya da psikoterapist size daha uygun olabilir.

1. Bölüm sayfa 28-29'da belirttiğim gibi, psikolojik yardım arama konusunda utanılacak bir şey yoktur. Bu yenilgiyi kabullenme değil, daha çok, yaşamınızın kontrolünü elde etmeye doğru bir adım ve olmak istediğiniz insan olmak için yapılması gerekeni yapmaktır. Diyelim ki, bilinmez bir bölgede karanlıkta yolculuk yapmayı gerektiren bir yolculuktasınız, bataklığa saplanıp yolunuzu kaybetmeniz yolunuzu şans eseri bulmanız yerine bir rehberin olmasından memnuniyet duyabilirsiniz. Terapist bir rehber gibidir. Yolculuğunuzu başarıyla tamamlamanız için gerekli harita okuma tekniklerini kazanmanıza yardımcı olacak ve tuzaklar ile meydan okumaları fark edip, onları yapıcı şekilde ele almanızı size öğretecektir.

Benzer şekilde yeni bir beceri öğreniyor olsaydınız (örneğin; kamyon kullanmak veya bir spor dalında ustalaşmak) ders almak veya bir koç aramak muhtemelen makul görünebilirdi. Terapistler koçlar gibidir. Ana amaçları kendi becerilerinizi geliştirmeniz için size yardımcı olmaktır. Terapist size fazla gelmeye başladığında, bu artık bunları kendi başınıza yapabileceğinizdendir.

ÖZET

1. Kitap boyunca çalışırken öğrendiğiniz fikir ve teknikler -her biri düşük özgüvene yönelik bilişsel bakışaçısı ile ilişkili olan- değişim için uygun bir program oluşturur.
2. Öğrendiklerinizi sürdürmek ve yaşam boyu nasıl ilerleyeceğinizin bir parçası haline getirmek amacıyla, gelecek için yazılı bir hareket planı hazırlamak yararlı olacaktır.
3. Hareket planı apaçık ve gerçekçi olmalıdır. Gelişiminizi sürdürürken ölçüme açık olmasını ve değişikliklerin kendiniz ve etrafınızdakiler için etkisini gözönünde bulundurmasını sağlamalısınız. Zaman ve kaynaklarınızla ilgili kısıtlamaları da hesaba katmalı ve gerçekçi bir zaman çizelgesi hazırlamalısınız.
4. Hareket planında düşük özgüveninizin nasıl geliştiği ve onu neyin devam ettirdiği konusundaki anlayışınızı özetleyin. Kitap boyunca ilerlerken öğrendiklerinizi ve yeni fikirler, beceriler oluşturmak için ne planladığınızı not edin. Sizin için aksiliklere neden olabilecek ilerideki olayları ve stres etmenlerini belirleyin ve olması durumunda ne yapacağınız konusunda çalışın.

Tablo 42. Gelecek için Hareket Planı: Briony için

1. Düşük özgüvenim nasıl gelişti?

Ebeveynim öldüğünde bunun benim suçum olduğunu düşündüm. Üvey ailem bana çok kötü davrandığında, bunu doğrulamış oldu. Son olarak üvey babam beni kötüye kullanmaya başladığında, olan her şeyin benimle ilgili olduğu sonucuna vardım. Hepsi KÖTÜ olduğum anlamına geliyordu. Bu benim eski temel inancımdı. Bu fikir yerinde oldukça, olan diğer şeyler onu onaylıyor görünüyordu. Örneğin, ilk evliliğimi beni sürekli eleştiren ve alay eden biriyle yaptım. Bana daha önce olanlardan dolayı, bunun benim hak ettiğim bir şey olduğunu düşündüm.

2. Devamını ne sağladı?

Gerçekten kötü bir insan olduğumu düşünüp davranmaya devam ettim. Kendimle ilgili iyi şeylere hiç dikkat etmedim: Gerçek kendimi insanlardan gizledim çünkü benim gerçekten kim olduğumu keşfetmeleri halinde benimle daha fazla hiçbir şey yapmayacaklarından emindim. Kendime karşı her zaman çok serttim. Yaptığım her yanlış beni ümitsizliğe sürükledi - hatta ne kadar kötü biri olduğum konusunda kanıtlar topladım. Geri çekildiğimde direnen az sayıda insan dışında yakın ilişkiler kuramadım. İnsanların beni aklından çıkartmasına ve kötü davranmasına izin verdim. Daha iyi bir şey hak ettiğimi düşünmedim.

3. Kitap boyunca yolumda ilerlerken neler öğrendim?

Olan biteni daha iyi anlamak için "kötü" olduğumu düşünüyorum, sorun bu. Sorun, gerçekten kötü olmam değil. Eğer üzerinde çalışırsam uzun süredir inandığım kendimle ilgili görüşlerimi değiştirebilmenin mümkün olduğunu öğrendim. Eleştirel sesimi susturup hakkımdaki iyi şeylere odaklanmayı öğrendim. Kurallarımı değiştiriyor ve insanların benim gerçek halimi görmeleri riskini göze alıyorum.

4. En önemli yararsız düşüncelerim, kurallarım ve inanışlarım nelerdi? Onlara hangi alternatifleri buldum?

Kötüyüm → Değerliyim

Eğer birini kendime yaklaştırırsam; beni incitip, istismar eder eğer insanları kendime yakınlaştırırsam, ihtiyacım olan sıcaklık ve sevgiyi alırım. Pek çok kişi bana nazik davranacaktır
ve öyle davranmayanlardan kendimi koruyabilirim.

Kimsenin gerçek kendimi görmesine izin vermemeliyim
Gerçek kendim değerli olduğu için, onu saklamam gerekmiyor.
Eğer bazı insanlar beğenmiyorsa, onların sorunudur.

5. Öğrendiklerimi nasıl yapılandırırım?
Yeni kurallarım ve temel inancım ile ilgili Özet Sayfalarını günlük olarak okumam ve onları sindirmem gerekiyor. Onlar doğruymuş gibi davranmak ve sonuçları gözlemlemek. Endişeli olmaya başladığımı fark ettiğimde ve olanlardan kaçınmak, kendimi korumak istediğimde; öngördüğüm nokta üzerinde çalışmak ve test etmek. Özeleştiri konusuna dikkat etmek -iyi gizlenmiştir ve onunla mücadele etmeyi sürdürmeliyim. Hakkımdaki iyi şeyleri kaydetmek- değişiklik sağladı bile. Kendime zaman ayırmak - eski alışkanlıklarına döndüklerinde bunları aileye hatırlatmaktan korkmamak.

6. Benim için ne, bir aksiliğe neden olabilir?
Herhangi bir nedenden ötürü depresif hale gelmek. Biri tarafından sürekli olarak kötü muamele görmek. Önem verdiğim biri için bir şeyin sürekli kötü gitmesi (kendimi suçlamaya meylederim.).

7. Eğer bir aksilik olursa, ne yapacağım?
Başlangıç olarak erken uyarı sinyallerini fark etmeyi denemek. Eşimden bununla ilgili yardım istemek - kendimi saklamaya başladığımda, alıngan, korumacı olduğumda; o bu noktalara karşı çok duyarlıdır ve kendimi aşağı çektiğimde bunu fark eder. O zaman notlarımı, özellikle Özet Sayfalarını ve hareket planını çıkartmak ve neyin işe yaradığını takip etmek. Geri adım atma ile ilgili olarak kendime karşı sert olmamak - ne kadar süredir kendimi kötü hissettiğime ve nasıl bu hale geldiğime bağlı olarak bu zaman zaman ortaya çıkabilir. Kendime karşı cesaretlendirici ve nazik olmak, alabileceğim tüm desteği almak ve temel adımlara geri dönmek.

Ekler

BEKLENTİ VE ÖNLEMLER KAYIT SAYFASI

Tarih/Zaman	**Durum** Kendinizi endişeli hissetmeye başladığınızda ne yapıyordunuz?	**Duygular ve beden duyumları** (Örneğin: Endişe, panik, gerginlik, kalp çarpıntısı) Yoğunluğu 0-100 arasında derecelendirin.	**Endişeli beklentiler** Kendinizi endişeli hissetmeye başladığınızda aklınızdan tam olarak ne geçiyordu? (Örneğin: Sözel veya imgesel düşünceler) Yoğunluğu 0-100 arasında derecelendirin.	**Önlemler** Beklentilerinizin gerçekleşmesini önlemek için ne yaptınız? (Örneğin: Kaçınmak, güvenlik arayan davranışlar)

BEKLENTİ VE ÖNLEMLER KAYIT SAYFASI

Tarih/Zaman	**Durum** Kendinizi endişeli hissetmeye başladığınızda ne yapıyordunuz?	**Duygular ve beden duyumları** (Örneğin: Endişe, panik, gerginlik, kalp çarpıntısı) Yoğunluğu 0-100 arasında derecelendirin.	**Endişeli beklentiler** Kendinizi endişeli hissetmeye başladığınızda aklınızdan tam olarak ne geçiyordu? (Örneğin: Sözel veya imgesel düşünceler) Yoğunluğu 0-100 arasında derecelendirin.	**Önlemler** Beklentilerinizin gerçekleşmesini önlemek için ne yaptınız? (Örneğin: Kaçınmak, güvenlik arayan davranışlar)

ENDİŞELİ BEKLENTİLERİ KONTROL KAYIT SAYFASI

Tarih/Zaman	Durum	**Duygular ve beden duyumları** Yoğunluk derecesi 0- 100.	**Alternatif bakış açıları** Duruma başka bakış açıları bulmak için anahtar soruları kullanın. Yoğunluk derecesi 0- %100	**Deneyim** 1- Her zamanki önlemleriniz yerine ne yaptınız? 2- Sonucu ne oldu?

ENDİŞELİ BEKLENTİLERİ KONTROL KAYIT SAYFASI

Tarih/Zaman	**Durum**	**Duygular ve beden duyumları** Yoğunluk derecesi 0- 100.	**Alternatif bakış açıları** Duruma başka bakış açıları bulmak için anahtar soruları kullanın. Yoğunluk derecesi 0- %100	**Deneyim** 1- Her zamanki önlemleriniz yerine ne yaptınız? 2- Sonucu ne oldu?

ÖZELEŞTİREL DÜŞÜNCELERİ BULMAK KAYIT SAYFASI

Tarih/Zaman	**Durum** Kendinizi kötü hissettiğinizde ne yapıyordunuz?	**Duygular ve beden duyumları** (Örneğin: Üzgün, sinirli, suçlu) Yoğunlukları 0-100 arasında derecelendirin.)	**Özeleştirel düşünceler** Kendinizi kötü hissettiğinizde zihninizden tam olarak ne geçiyordu? (Örneğin: sözle ifade edilen düşünceler, görüntüler, anlamlar) İnanışınızı 0-%100 arasında derecelendirin.)	**Özyıkıcı davranışlar** Özeleştirel düşüncelerinizin sonucu olarak ne yaptınız?

ÖZELEŞTİREL DÜŞÜNCELERİ BULMAK KAYIT SAYFASI

Tarih/Zaman	**Durum** Kendinizi kötü hissettiğinizde ne yapıyordunuz?	**Duygular ve beden duyumları** (Örneğin: Üzgün, sinirli, suçlu) Yoğunlukları 0-100 arasında derecelendirin.)	**Özeleştirel düşünceler** Kendinizi kötü hissettiğinizde zihninizden tam olarak ne geçiyordu? (Örneğin: sözle ifade edilen düşünceler, görüntüler, anlamlar) İnanışınızı 0-%100 arasında derecelendirin.)	**Özyıkıcı davranışlar** Özeleştirel düşüncelerinizin sonucu olarak ne yaptınız?

ÖZELEŞTİREL DÜŞÜNCELERİ BULMAK KAYIT SAYFASI

Tarih/Zaman	**Durum** Kendinizi kötü hissettiğinizde ne yapıyordunuz?	**Duygular ve beden duyumları** (Örneğin: Üzgün, sinirli, suçlu) Yoğunlukları 0-100 arasında derecelendirin.)	**Özeleştirel düşünceler** Kendinizi kötü hissettiğinizde zihninizden tam olarak ne geçiyordu? (Örneğin: sözle ifade edilen düşünceler, görüntüler, anlamlar) İnanışınızı 0-%100 arasında derecelendirin.)	**Özyıkıcı davranışlar** Özeleştirel düşüncelerinizin sonucu olarak ne yaptınız?

ÖZ ELEŞTİREL DÜŞÜNCELERLE MÜCADELE ETME KAYIT SAYFASI

Tarih/Zaman	Durum	**Duygular ve beden duyumları** Her birini 0-100 arasında derecelendirin	**Özeleştirel düşünceler** Her birinde inanışı 0-100 arasında derecelendirin	**Alternatif bakış açıları** Kendinizle ilgili başka bakış açıları bulmak için anahtar soruları kullanın. İnanışı 0-%100 arasında derecelendirin.	**Sonuç** 1- Şimdi özeleştirel düşüncelerinize alternatif bulduğunuza göre nasıl hissediyorsunuz? (0-100) 2- Şimdi özeleştirel düşüncelere ne kadar inanıyorsunuz? (0-100) 3-Ne yapabilirsiniz? (hareket planı, deneyimler)

AKTİVİTE GÜNLÜĞÜ

		Pazartesi	Salı	Çarşamba	Perşembe	Cuma	Cumartesi	Pazar
S	6-7							
A	7-8							
B	8-9							
A	9-10							
H	10-11							
	11-12							

AKTİVİTE GÜNLÜĞÜ

ÖĞLEDEN SONRA

	Pazartesi	Salı	Çarşamba	Perşembe	Cuma	Cumartesi	Pazar
12-13							
13-14							
14-15							
15-16							
16-17							

AKTİVİTE GÜNLÜĞÜ

AKŞAM

	Pazartesi	Salı	Çarşamba	Perşembe	Cuma	Cumartesi	Pazar
17-18							
18-19							
19-20							
20-21							
21-22							

AKTİVİTE GÜNLÜĞÜ

AKŞAM

	Pazartesi	Salı	Çarşamba	Perşembe	Cuma	Cumartesi	Pazar
22-23							
23-24							
24-01							

Gözden geçir (Gününüzle ilgili ne fark ediyorsunuz? Sizin için ne işe yaradı? Ne işe yaramadı? Neyi değiştirmek isterdiniz?

Pazartesi:

Salı:

Çarşamba:

Perşembe:

Cuma:

Cumartesi:

Pazar:

Yararlı kitaplar

Alberti, Robert E. ve Emmons, Micheal L. *Your Perfect Right: A guide to assertive living*, San Luis Obispo, Kaliforniya: Impact Publishers, 1982.

Beck, Aaron T. *Love is Never Enough*, New York: Penguin Books, 1989.

Burns, David D. *İyi Hissetmek: Yeni Duygudurum Tedavisi*, İstanbul: Psikonet Yayınları, 2015 (21. basım).

Butler, Gillian. *Overcoming Shyness and Social Anxiety*, Londra: Robinson, 1999.

Butler, Gillian ve Hope, Tony. *Manage Your Mind: The Mental Fitness Guide*, Oxford: Oxford University Press, 1995.

Gilbert, Paul. *Overcoming Depression*, Londra: Robinson, 1997.

Gloubermann, Dina. *Life Choices and Life Changes Through Imagework: The Art of Developing Personal Vision*, Londra: Unwin, 1989.

Greenberger, Dennis ve Padesky, Christine A. *Mind Over Mood: A Cognitive Therapy Treatment Manuel for Clients*, New York: Guildford, 1995.

Lerner, Harriet G. *The Dance of Anger*, New York: Harper & Row, 1989.

McKay, Matthew ve Fanning, Patrick. *Prisoners of Blief*, Oakland, Kaliforniya: New Harbinger Publications, 1991.

McKay, Matthew ve Fanning, Patrick. *Self Esteem*, Oakland, Kaliforniya: New Harbinger Publications, 1992 (2. basım).

Young, Jeffrey ve Klosko, Jan. *Hayatı Yeniden Keşfedin*, İstanbul: Psikonet Yayınları, 2015 (6. basım).

Sevgiyi, anlayışı, hoşgörüyü, kabullenmeyi hep başkalarının gözlerinde arıyor ve mutsuzluğa mahkum, ömrümüzü tüketiyoruz. Sanıyoruz ki olaylar, insanlar, sahip olduklarımız ya da olmadıklarımız mutsuzluğumuzun kaynağı.

Eğer kendi içimize bakarsak İçimizdeki Rehber'in önce kısık, sonra giderek yükselen sesini duyabiliriz. O bize, aranılanın arayan olduğunu söyleyecektir.

Hayatınızdaki narsist kişilerle nasıl başa çıkarsınız? Sizi yıldırabilir ve gözünüzü korkutabilirler! Sosyal ya da profesyonel ortamlarda böyle bir kişi ile etkileşim halinde olmak zorunda kalabilir ve hatta onu seviyor olabilirsiniz. Bu nedenle onu görmezden gelmek işe yaramaz. İşe yaramayan güç savaşlarını ve anlamsız tartışmaları bir kenara bırakıp; hayatınızdaki narsistle işlevsel bir şekilde iletişim kurmanın, ona kendinizi anlatmanın ve ihtiyaçlarınızı karşılamanın bir yolunu bulmalısınız. Bu kitap, dünyanın merkezinde yer aldığını düşünen bu kişilerle başa çıkmak için size etkili stratejiler sunuyor.

Hepimizin zaman zaman sıradışı düşünceleri olur. Örneğin, gözümüzün önüne şöyle bir görüntü gelir; akan trafikte arabamızı birdenbire ters bir yöne doğru sürebiliriz ya da akşam yemeği hazırlarken kullandığımız bıçağı alıp sevdiğimiz birine zarar vermek için kullanabiliriz. Birçoğumuz, bu tür düşünceleri hiç önemsemez, ama kimilerimizin zihni sürekli bunlarla meşgul olur. Şiddet içeren, hoş olmayan, dine saygısızlık içeren düşüncelerden, ne kadar deneseniz de kurtulamıyorsanız, bu kitap size yardımcı olabilir. Bu tür takıntılı düşünceler, obsesif-kompulsif bozukluğun (OKB) belirtileri olabilir. OKB tanısı almışsanız ya da tanı almamış olsanız da bu tür düşünceleriniz varsa, bu kitaptaki güvenli ve etkili teknikler tekrar huzura kavuşmanız için size yardımcı olabilirler.

Hepimizde çeşitli nesnelere veya durumlara yönelik korku, takıntı ve tutkular olabilir. Örneğin kimimiz köpeklerden korkarız, kimimiz hediye alıp verme konusunda takıntılıdır, kimimiz içinse kitap okumak vazgeçilmez bir tutku halini almıştır.

Bahsedilen bu kavramlar, insanlık tarihiyle yaşıttır ve uygarlığın gelişimiyle birlikte yenileri çıkmaktadır. Bazılarına gündelik hayatımızda yakından aşina olduğumuz ve sonu -fobi, -manya ve -fili ile biten yüzlerce kavram, ülkemizde ilk kez birbiriyle bağlantılı ve düşündürücü bir şekilde bu sözlükte biraraya geliyor.

ş e m a   m a s a l l a r ı   s e r i s i

Şema Masalları, Psikiyatrist ve Şema Terapisti
Dr. Alp Karaosmanoğlu tarafından yazılmıştır.
Şema terapi, psikoloji alanında dünyada hızla yaygınlaşmakta olan bir terapi türüdür ve bilimsel araştırmalarla da desteklenmiştir.

"Şemalar", değiştirilmesi güç düşünme, duygulanma ve davranış kalıpları olarak adlandırılır. Kişinin tüm duygu ve davranışları küçük yaştan itibaren "şemalar"a bağlı olarak şekillenir.

Şema Masalları, çocuklara olduğu kadar ebeveynlere de yöneliktir. Masallar aracılığıyla ebeveynlerin, şemaları tanıması ve çocuk yetiştirmede yeni bakış açıları kazanmaları amaçlanmaktadır.

Yeteneksiz Kral

Obur Dev

Uçurtmacı Kral

Oyun Kasabası

Psikonet Yayınları • info@psikonet.com • www.psikonet.com

roman serisi

Kehanet ve gizemlerle dolu İstanbul...

Öncesi ve sonrasıyla kaderi kehanetlerle belirlenmiş, Doğu Roma Başkenti'nin soluk kesen ilk 100 yılı...

Sadece "Sır Sahibi" olanların aralayabildiği gizemle dokunmuş, kalın esrar perdesi...

Yeraltında binlerce yıl süren bir serüven...

Büyük Kent'e dair kulaktan kulağa fısıldanan söylenceleri geçmişten bugüne soluk soluğa öykülerle taşıyor.

Gizemli kentin tarihinden esinlenmiş bir roman...